【典藏】
厦 门 文 史 丛 书

中国人民政治协商会议
福建省厦门市委员会 编

洪卜仁 主编

厦门解放前后

厦门大学出版社

图书在版编目(CIP)数据

厦门解放前后 / 洪卜仁主编. —厦门:厦门大学出版社,2019.12
(厦门文史丛书)
ISBN 978-7-5615-7711-0

Ⅰ.①厦… Ⅱ.①洪… Ⅲ.①厦门—地方史—1945—1952 Ⅳ.①K295.73

中国版本图书馆 CIP 数据核字(2019)第 301360 号

出 版 人	郑文礼
责任编辑	薛鹏志
版式设计	鼎盛时代
技术编辑	朱 楷

出版发行 *厦门大学出版社*

社 址	厦门市软件园二期望海路 39 号
邮政编码	361008
总 机	0592-2181111 0592-2181406(传真)
营销中心	0592-2184458 0592-2181365
网 址	http://www.xmupress.com
邮 箱	xmup@xmupress.com
印 刷	厦门集大印刷厂

开本	720 mm×1 000 mm 1/16
印张	15.5
插页	3
字数	280 千字
印数	1~2 000 册
版次	2019 年 12 月第 1 版
印次	2019 年 12 月第 1 次印刷
定价	64.00 元

本书如有印装质量问题请直接寄承印厂调换

厦门大学出版社
微信二维码

厦门大学出版社
微博二维码

《厦门文史丛书》编委会

- ■顾　问　张　健　高玉顺　江曙霞　陈昌生　黄世忠
　　　　　　黄培强　黄学惠　陈永裕　黄国彬　王　焱
- ■主　任　黄学惠
- ■副主任　张仁苇　徐文东　邱太厦
- ■主　编　洪卜仁
- ■编　委　张昭春　董　慧　毛　鑫

《厦门解放前后》编写组

- ■主　编　洪卜仁
- ■副主编　叶胜伟
- ■作　者　朱　平　吴仰荣　叶舒雯　王科武
- ■编　务　张元基　李跃忠

【前言】

  2019年,是新中国成立70周年和厦门解放70周年。70年前的今天,厦门翻天覆地,人民政权在鹭岛开始成长壮大,厦门人民当家作主,满怀热情地投身新中国建设。

  国民党政权在旧中国统治的覆亡,其来有自。抗战胜利后,全国人民扬眉吐气,欢欣鼓舞,盼望在打败敌寇后,得以安居乐业,重建家园。然而,国民党为争权夺利,不惜耽搁接受日军投降,让厦门人民足足等待了一个半月有余。厦门光复后,司法黑暗,官员贪赃枉法,包庇轻惩汉奸,甚至沆瀣一气。接收大员搜刮资财,中饱私囊,"接收"变"劫收",房子、条子(金条)、票子、车子、女子"五子"统统拢到怀里,贪污腐败令百姓痛恨。

  战争废墟中的厦门,满目疮痍,百业待兴,各行各业民众努力复业,国民党政府却忙着巧取豪夺,弃光复重建于不顾。新加坡华侨黄重吉在厦门投资开办10家工厂,竟因投资环境恶化,关的关,停的停,最后灰心丧气地重返新加坡。

  1946年,国民党挑起内战,厦门人民重陷水深火热。国民党四处抓壮丁,无暇社会管理,杀人越货日炽,社会治安混乱,一起"中兴轮"劫案,162人死难。厦门物价暴涨,米珠薪桂。1948年6月16日,厦门一粒米的价格,在沦陷前的1937年可买5颗上好珍珠。国民党政府放任粮荒,民不果腹,卖儿鬻女,路遗尸骨。厦门大学学生组织活命自助筹备会，围住省政府粮食处处长陈拱北要粮，学子们那一声声"我们要吃饭！""我们要活命！"的呼喊，令人心痛。百姓生活难熬，公务员无炊可米，只得请假借贷，法官、警察集体脱岗罢工。国民党统治集团却施行所谓的"币制改革"，法币贬值，百姓拒用，就换成金圆券，搜刮黄金银圆，然后再掏空央行作为金圆券准备金的国库黄金，将少部分密运厦门充作打内战的预支军费，大部分运往台湾，为其没落政权的苟延残喘做准备。风雨如晦的那段日子，国民党当局大肆抓捕共产党人和进步人士，镇压人民，与人民为敌。如此种种倒行逆施，国民党政权却还想在厦门扳回败局，简直如同痴人说梦。

1949年4月23日，第三野战军占领南京，宣告了国民党反动统治的灭亡。此后，中国人民解放军一路席卷，国民党军队一溃千里。7月，浙江全省解放，解放军挥师福建。8月，福州解放，泉州解放，漳厦国民党守军如惊弓之鸟。1949年10月7日，蒋介石在蒋经国的陪同下第二次来厦布置防卫，为部队打气。然而，汤恩伯向他宣称"固若金汤""守三五年没问题"的厦门，十天后就被解放了。

为了迎接厦门解放的曙光，中共厦门地下党组织始终坚持对敌斗争。他们对国民党党政军要员进行策反，搜集厦门岛上国民党军防御体系和兵力部署情报。晋江、南安、同安、角美、石码、海澄、港尾等沿海各地广大人民群众，踊跃报名参加支前船工，积极为解放军渡海作战征集船只，驾船运兵，为解放厦门做出了不可磨灭的贡献。

从1949年10月15日至17日中午，渡海解放厦门的战斗连连告捷，经过不到三天的战斗，厦门解放了！这座饱受西方列强踩躏和国民党残酷统治的海滨城市回到了人民的怀抱。

新中国成立后，厦门市军事管制委员会、中共厦门市委和厦门市人民政府领导机构相继建立，全面接管旧政权，镇压反动分子，肃清一切反动武装残余力量。人民政权建立金融新秩序，保护侨民利益，复工复业，整顿文化教育事业。1950年1月12日至17日，厦门市第一届各界人民代表会议正式召开，宣告接管工作顺利完成，新的人民民主管理机构逐步建立。

此后，厦门人民防特肃奸镇反，巩固人民政权。1950年至1953年的镇压反革命运动，基本扫除了国民党政权在厦门的残余势力，铲除了反革命势力进行反革命破坏活动的各种社会基础，粉碎了他们配合帝国主义和国民党反动派妄图反攻倒算的罪恶阴谋，巩固了人民民主专政，稳定了社会秩序，保障了社会经济的恢复和发展，使人民群众得以安居乐业。

紧接着，在农村开展大规模土地改革的同时，厦门城乡各项民主改革与社会改造也全面展开。1950年至1952年底，厦门市开展了一场扫除各种社会丑恶现象的斗争，禁娼、禁毒、禁赌，净化了社会风气。厦门逐渐进入了新民主主义革命的建设高潮。

"我们不但善于破坏一个旧世界，我们还将善于建设一个新世界。"这是毛泽东主席1949年3月在中共七届二中全会上发出的豪迈宣言。时空移转70年，中国共产党人不仅说到了，而且做到了。

70年筚路蓝缕，70载铸就辉煌。经过70年特别是改革开放40年来的建设发展，厦门已由昔日一个落后的海滨小城，蜕变成一座高素质高颜值的现代化国际化城市。厦门的建设发展，是新中国建设发展的一个精彩缩影，也诠释了中国共产党人"为中国人民谋幸福，为中华民族谋复兴"的初心和使命。

厦门解放前后的情形对比，会给我们什么样的历史凝思呢？解放厦门，人民解放军摧枯拉朽，如风卷残云，得到了厦门人民的支持；建立新中国，巩固政权，涤秽布新，厦门人民满腔热忱跟着共产党投入新中国建设，这些体现的正是"民心是最大的政治"。

2019年5月20日至22日，习近平总书记到赣南考察。在红军长征出发纪念碑前，习总书记语重心长地说:"今年是中华人民共和国成立 70 周年,我们一定要牢记红色政权是从哪里来的,新中国是怎么建立起来的。"

以史为鉴,可以知兴替。诚哉斯言!

编者
2019 年 11 月

目录

第一章　抗战胜利，厦门光复　/　1

第一节　抗战胜利，百姓喜迎光复　/　1
第二节　国民党接收变劫收　/　16
第三节　城市百业待兴，复业困难　/　20

第二章　内战风烟再起，百姓重入水火　/　32

第一节　内战爆发，厦门再陷困境　/　32
第二节　通货膨胀，民不聊生　/　39
第三节　币制改革，经济崩溃　/　45
第四节　厦门与黄金密运　/　51

第三章　民主运动高涨，国民党政权风雨飘摇　/　77

第一节　民主运动高涨　/　77
第二节　地下党积极活动，准备迎接解放　/　83

第三节　国民党残酷镇压进步运动 / 88

第四章　解放大军南下，鹭岛战云密布 / 100

第一节　解放战争摧枯拉朽，国民党军节节败退 / 100
第二节　军政机构纷纷迁厦，城市陷入一片混乱 / 106
第三节　加强军事部署，蒋介石两次来厦 / 110

第五章　红旗插上鹭岛，蒋军溃逃台湾 / 120

第一节　岛外得解放，厦门成孤城 / 120
第二节　解放军隔海备战，人民踊跃支前 / 126
第三节　解放军跨海作战，五星红旗插上神山 / 141

第六章　人民政权建立，全面接管旧政权 / 158

第一节　建立新政权，成立市区政府 / 158
第二节　全面接管旧政权 / 161

第七章　防特肃奸镇反，巩固人民政权 / 178

第一节　防特肃奸剿匪 / 178
第二节　镇压反革命 / 182
第三节　民主改革与社会改造 / 189
第四节　文化教育改造与建设 / 195
第五节　贯彻《婚姻法》与移风易俗 / 201

第八章　反封锁恢复生产，抗美援朝保家卫国 / 205

第一节　恢复生产，冲破美蒋封锁 / 205
第二节　开展三反五反，打击贪污腐败 / 218
第三节　抗美援朝，保家卫国 / 224

参考文献 / 233

后记 / 235

第一章 抗战胜利，厦门光复

1945年8月15日，日本宣布无条件投降，历经14年抗战，中国人民获得最后的胜利，举国欢庆。直到1945年9月28日，侵厦日本海军才向国民党海军投降。1945年10月3日，侵厦日军向国民政府投降，国民政府接收厦门，厦门人民才迎来扬眉吐气的日子。但是，随后的接收工作在磕磕绊绊中进行，虽然表面上汉奸得到惩处，但大多被包庇轻惩。接收大员们中饱私囊，接收变劫收。

第一节 抗战胜利，百姓喜迎光复

一、厦门沦陷成炼狱

抗战之前，因为独特的港口优势，再加上作为华侨出入境和侨批、侨汇的集散地，外资、侨资投资较多，厦门开启了近现代城市化的进程。开辟马路、开发房地产，海滨矗立不少四层以上的洋房。彼时商业繁荣，有着"小上海"之美誉。在1945年8月15日日本宣布无条件投降后，国民党中央社记者进入厦门看到的却是："惟见数处高大洋房被日机炸毁，或汉奸拆卖，断垣残壁，野草滋蔓。若十大商店行门户半闭，楼阁空虚。觅食乞丐与赤裸儿童，布满于中山公园一带，面呈黄色。"[1]

厦门为何遭此灭顶之灾，源于1938年5月13日的沦陷。

1938年5月10日，日寇侵犯厦门，国民党陆军75师厦门守备队官兵奋起阻击。厦门的武装警察、保安队、壮丁队及市民也英勇反抗，但终因敌我力量悬殊太大，三天后厦门沦陷。据《福建民报》1938年5月13日报道，在日机的轰炸及枪炮下，厦门市民死亡、断肢、折骨者，比比皆是，惨不忍睹。日寇甚至不放过妇孺，当无辜的妇孺为逃避战火，乘船逃往公共地界鼓浪屿时，残忍的日寇竟然开枪射击，被敌机枪射中落海的不在少数。一个亲日的僧人文心在其写的一篇题为《友邦协力建设厦门乐土一周年纪念之感言》描述到："日本海军登陆之际，厦禾群众，均逃走一空。所谓商停于市，士辍于学，农罢于野，工止于业，有屋无人住，有路无人践……20余日之后，余从万石莲寺步返南普陀视察之时，一路所见，城市荒凉，不见行人……寂寞之尘寰，悲惨异常，墙断扉破，户闭垒惨，加之炎日如焚，飞鸟不下，鸡犬亡群……呜呼！惨不忍睹！"[2]这是为了媚谄日寇而作之文，都描述如此惨状，可以想见当时厦门沦陷时的惨烈。

日寇残害我同胞的残酷手法令人发指。当年的"鼓浪屿兆和案"[3]，身受日寇酷刑的当事人庄曼星、骆欣荣、林遵行、吴新民、吴世进等32人联名向国民党福建省主席刘建绪控告日寇罪行：

渠等自历或亲身所见，敌寇所用酷刑，共达十余种。其主要者：

1. 用柴油浇烧或以烛火焦灼肌肤。
2. 用细竹鞭打男人阳具或以竹签揿钉男女阳具、阴道。
3. 将人体倒悬，并以木棍皮鞭股打。
4. 将污水痰唾或粪便灌入受刑人口中。
5. 用枪柄戳刺胸部、乳部。
6. 手足上镣铐，复束以绳，左右各5人，用木棍皮鞭分击，使人晕绝，不致倒地。
7. 以粗木根或铁棍猛击头部出血。
8. 令盘坐或直立14小时，不准移动，否则毒打，此乃其常荦荦之大者。拘入警察本部，绝少生还，无辜罹难者数千人。[4]

厦门人口在战前总数为265631人，到厦门收复之时，人口仅有8万余人，这其中还包括日本人、日籍台湾人及朝鲜人在内，这三种人合计有8300人，也就是说，战后厦门人口不及战前的三分之一，"其三分之二以上之人口，惨遭日人剥夺压迫，饿毙流亡，且所存在厦之民众，尽皆鸠形鹄首"。[5]

厦门沦陷后，日寇大肆掠夺我资产，没收了厦门电灯电力公司、公用电话公司、自来水公司，举凡大规模的企业，莫不被他们强夺殆尽。日寇还

第一章 抗战胜利，厦门光复

以各种名目，霸占厦门的土地，日本兴亚院厦门联络部宣布厦门港民生、碧山、大学路等拟建筑"化工厂"，把全部房屋都拆了；沙坡尾、大桥头要浚为船坞，土地全部充公；思明南路、晨光路、虎头山脚拟建营房，所有房屋土地则全部被"收买"。日寇霸占土地的名目繁多，花样新奇，以至于当年厦门市内的楼阁房舍土地均被日寇霸占。从1939年起，日寇还以开办"农田试验地""海军农场""嘉禾果植公司"为名，先后强行霸占了梧村、塘边、乌石浦、小东山等处土地1200亩。1939年日军为修建飞机场，强占高崎农田600亩。整个沦陷期间，日伪当局向禾山强派苦役修工事、公路、码头达15000人次，同时对无辜农民动辄以抗日"不法分子"加以捕杀。[6]厦门较大资本的商业也被他们的势力所支配。

日寇同时利用烟赌妓，极尽毒化与搜刮之能事。在市面上，5家就有1家烟馆，兼营售卖吗啡、白面、海洛因等毒品；10家必有1家娼寮，任何角落都有一二个赌场。[7]日寇为了毒化我民众，公然推销鸦片，成立鸦片公卖局，并先后设立了福裕、福和、福庆（后改名为福隆）3家鸦片公司。公卖局和三家鸦片公司虽同为日寇推行毒化政策的机构，但任务各有不同。公卖局是伪维持会及伪市政府的一个局，实际上是先归属日本海军司令部，后归兴亚院厦门联络部经济部领导，任务是供应制造鸦片烟膏的原料，领导、监督三家鸦片公司的生产和销售业务，颁发二盘商和三盘商的营业牌照。福裕公司成立于1938年12月，月产鸦片2万两，利润极其丰厚，其中65%上缴兴亚院。福庆公司成立于1939年初，任务为经销福裕公司的产品。凡公卖局批准给二盘商和兴亚院批准交通船外运的鸦片，均凭营业牌照或特别许可证由福庆公司供应。福和公司实际上是福裕公司的附属工厂，专门利用福裕公司的下脚料配制制浆料膏。日寇还强迫金门和厦门农民种植罂粟，金门种植罂粟的面积竟达全县农业土地的五分之一。日据厦门7年多，"烟馆设立约500所，运入毒品20000000两，毒化人民约10000人（指厦门岛，其他输入内地不在内）"。[8]日寇统治期间竟开设大千娱乐、兴南俱乐部等公开赌场，与鸦片一样，从厦门掠夺大量钱财，毒害无数民众。大千娱乐场属兴亚院经济课，于1938年秋成立，主要经营赌博、鸦片，利润上缴一部分给日伪市政府。兴南俱乐部也是由兴亚院掌控，兴亚院派出日本人渡边忠三郎任顾问，甲斐纪伊智为联络员，掌握着兴南俱乐部的实权。这两家赌场使不少人家破人亡。厦门中山路大三元酒家五层大楼的业主王万全将大楼卖了，拿着卖楼的10万元到兴南俱乐部赌博，结果输得精光。当时，厦门有不少人因赌博卖妻卖儿，甚至有人被逼跳楼自杀，家破人亡。厦门沦陷后,娼妓成为合法,单在磁安路就聚集了20多家妓院,有数百名妓女。同时还有打着"御料理"的所谓餐馆,实际上是日本官兵寻欢嫖淫之地。[9] 此类"御料理"仅中山路就有"八洲庵""喜乐"等8家。周厝巷另设有"安田""明月"等日寇"海军慰安所",是日寇的军妓馆。这些"御料理"和"海军慰安所",都是强迫诱骗贫穷的日本、朝鲜、台湾妇女充当娼妓和女招待,供日伪权贵蹂躏。

在金融方面,利用日本官办台湾银行厦门支行进行掠夺。因为台湾银行的纸币,特别得到日本海军的支持,所以敌伪当局强迫厦门市须以日金为贸易单位,并须将海关的收入存台湾银行。1942年6月5日,台湾银行发行新法币。这种曾经在汪伪政权中央储备银行发行的新币与沦陷前国民党政府发行的旧法币比值为一比二。7月10日,日伪当局宣布,厦门市域全面流通汪伪政权的储备券。1943年4月1日宣布不准使用其他外币,违者以扰乱金融严咎。截至日本投降的1945年9月,日伪当局在厦门共发行伪币10.999457亿元。日伪政府滥发伪币使厦门市的通货膨胀陷入失控状态,特别是粮食、盐、食油、柴火等日用必需品,三五倍、数十倍甚至上百倍地上涨。日伪时期,日伪当局还以商人"资敌""暴利""囤积"为借口,封存商行米店,冻结商家银行资产、拘禁商人。截至1942年7月底,全市受祸商家有587家,其中粮业商店近70家,被没收与罚款达30余万元(法币),使得厦门粮食供应雪上加霜,极度匮乏。下面厦门粮食价格的数字即可清楚地了解这一状况。[10]

表1-1 厦门沦陷前后主要粮油价格比较表

单位:市担/元(伪储备券)

年度 品种价格	大米	面粉	生油	黄豆	杂粮
1937年	6.40	6.80	22.00	10.50	6.00
1944年12月	12800.00	20000.00	34000.00	13000.00	13500.00
1945年1月	15000.00	21000.00	38000.00	14000.00	17100.00
1945年8月	53000.00	25000.00	42000.00	20000.00	60000.00

由上表可知,大米从沦陷前每市担6.40元到沦陷后期1945年8月53000.00元,暴涨8281倍;面粉暴涨3676倍;生油暴涨1909倍;黄豆暴

涨 1904 倍；杂粮暴涨 10000 倍。日寇还实行粮食配给制度，日本人每人每月 24 斤，其所养的狗每头每月 12 斤，日籍台湾人、朝鲜人每人每月 18 斤，中国人每人每月只有 2 斤，"轩轾至巨，且统制甚严，无处购买，致饿死至众"，[11] 可以想见当年我同胞是如何在死亡线上挣扎的。

厦门沦陷后，日寇为了奴化我民众，极力摧残我文化，轰炸图书馆，搜查各书店，把原有的书籍，全部运至演武场焚毁。[12] 日伪政府极力推行奴化教育，中小学增日文为必修科，编印媚日补充教材。在市区成立日语讲习班，全盛时，仅市内就有 44 所日语讲习所。同时，日寇毁我学校，仅集美学校，自厦门沦陷后，据历次报纸所载的消息统计，日寇往集美学村投掷了 2000 枚炮弹，机关枪子弹无法胜数。学村校舍有的被烧得只剩一座空壳，有的被炸成一片瓦砾，未被烧或没有倒塌的校舍也是被炮弹子弹打得千疮百孔，从前巍峨壮丽的校舍，已没有一座完整的。学校的仪器设备、图书资料均被毁。[13]

日寇残害我同胞罄竹难书，难怪日本投降，国民政府接收时，厦门民众"列队迎接，其狂欢神情，莫不令人心碎，民众曰：'设日本再延六个月投降，则厦门将无中国人存在'，言词沉痛，闻者恻然"。[14]

二、日军夹着尾巴来洽降

1945 年 8 月 15 日，日本宣布无条件投降。接收金门、厦门提到议事日程，国民政府将成立接收金厦委员会。福建省主席兼第三战区副司令刘建绪向第三战区司令顾祝同推荐福建省保安处处长兼保安纵队司令严泽元为接收金厦委员会主任委员，得到同意。而后，第三战区司令长官顾祝同和副司令长官兼福建省政府主席刘建绪发布命令，所有入厦的各机关部队均归严泽元指挥。严泽元毕业于黄埔军校三期，曾任驻日武官，对日本政治、经济及军事均有所研究。严泽元奉命组建了接收班子，有上校参谋丁维禧（还有中校参谋 1 人由纵队司令部调用）、中校副官周维新、少校副官陈惊奇、军需苏东海、秘书任仲泉，还有译电员 2 人、司书 2 人，由纵队司令部调用。随从副官上尉陈庆云，并配备一个班的卫士。福建省已任命省府委员黄天爵兼厦门市市长。黄天爵也带来一套人马集中在漳州和集美待命。第三战区司令长官部派少将专员李致中，副司令长官部（驻南平原十集团军总司令部）也派少将参谋唐精武来漳州协助接收。[15]

金厦接收委员会一行人前往漳州，租住龙溪九龙饭店办公。1945 年 8

月18日，严泽元派联络参谋李连华带着顾祝同致厦门区日军最高指挥官原田清一中将的备忘录，从海沧到厦门递交此备忘录。备忘录告知日方厦门区的接收，授权福建省保安副司令兼第一纵队司令严泽元少将办理；命令日方迅速准备缴械投降，并规定：（1）限其于接收前两日内肃清厦门区海陆所布置的水雷和地雷。（2）速即恢复厦门、金门及漳州间交通。严泽元还告知日方将于9月2日先在厦门设立前进指挥所，由第一纵队副司令阙渊主持，接收部队同日进驻金门、鼓浪屿。8月21日至8月23日，冈村宁次派副总参谋长今井武夫少将到湖南芷江向中国陆军总司令部洽降时，中方给日方的第一号备忘录规定："日本中国派遣军最高指挥官冈村宁次将军自接到本备忘录时起，应立即执行本司令（注：中国陆军总司令何应钦）之一切规定；台湾及越南北纬16度以北地区内之日本军亦按此规定执行，且冈村宁次应负责指导该项日军之投降，冈村宁次将军在接到本备忘录后，宜将下列有关事项，即时向日本陆海空军下达必要命令……"

在这种形势下，原田清一此后三次主动派员向严泽元洽降。[16]1945年8月28日，严泽元命令日方请降代表到与厦门隔海相望的龙海石码的石码商会会所洽谈投降事宜。于是，原田清一派出海军少佐驹林力和日本驻厦门领事馆总领事永岩弥生以战败国军使身份来到龙海石码与中国方面洽降。严泽元接见他们时，发现两人均未携带身份证件，当即勒令其返厦。8月29日，原田清一改派海军大佐松本一郎、日本领事馆书记官林乃恭等人乘汽艇到石码正式洽降。在石码商会，松本一郎呈验证明书后，递交请降书。福建省保安纵队副司令（后兼厦门警备副司令）阙渊少将宣读了第三战区司令长官顾祝同给原田清一的备忘录和福建省政府闽字第一号备忘录。松本一郎在备忘录上签字，表示驻厦日军向国民政府和国民革命军投降。

当时，曾以记者身份获得参加受降仪式资格的《石码日报》记者吴达云曾撰文《追记日本侵略者在石码受降经过》，记录下日军在石码受降这一重要历史细节：

8月29日，厦门日本最高司令部指挥原田清一，派遣海军大佐松本和日本领事馆书记官林乃恭并随员等六人，乘"烟台山"电船前来石码投降。

日本降使自晏海路码头上陆后，手执降书齐举于胸前，腰佩指挥刀，刀把扎上白布。以正步走步伐，自码头开始，经中镇路（即现今九二〇路）直至商会受降处（今文化馆大楼）。沿途军警岗哨林立，气氛严肃，百姓扶老携幼，争相目睹日本侵略者来降的狼狈情景。

第一章 抗战胜利，厦门光复

下午3时30分开始，先由松本大佐解去佩刀，呈验证明文件，接着是进呈降书，然后保安纵队副司令阙渊宣读第三战区司令给厦门日军最高司令部指挥原田清一的备忘录和闽字第一号备忘录，最后由日本降使松本在降书签字。参加受降仪式的，尚有七五师副师长范子明，厦门市市长黄天爵，国民党三青团书记陈达元，龙溪县党部书记卢德明等。受降仪式历时40分钟，仪式结束后，降使一行立即退出，循原路上船回厦门。

可惜当时在匆忙中忘了携带相机，吴达云在追忆里不无遗憾地写道："我当时以记者身份参加受降仪式，可惜未带相机，没拍摄下这一让中国人民扬眉吐气的历史镜头。"

其实，这次应只是日军请降。因为是中日交战双方代表初次会谈，地点选择在漳厦的交界处石码。请降也有仪式。日军降使手持

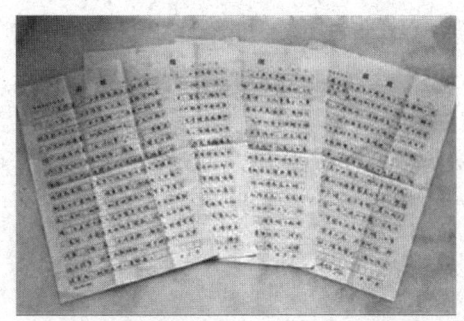

记者吴达云《追记日本侵略者在石码受降经过》文稿

福建漳州龙海石码镇受降亭

请降书,腰刀挂白布,从码头一路正步走到金厦接收委员会驻地石码商会。当时,石码万人空巷,民众目睹这一情形,以为厦门日军来投降了。[17]其实,厦门有三次日军投降仪式,将在下文详述。

接收厦金迫在眉睫,8月31日,福建省保安纵队司令部在龙溪县政府召开接收厦门座谈会。会议由严泽元主持,对接收厦门的一些具体事项,做了部署:

(一)接收初期出入厦市人口应如何管制案。

议决:出入均应请求许可,由市政府负责办理。

(二)交通船只应如何管制案。

议决:设管制委员会,由1.保安纵队司令部,2.闽南区指挥部,3.市政府,4.市党部,5.青年团厦门分团,6.海军陆战队,7.水警队,8.厦市警局,9.宪兵连等九机关组成之,并以纵队司令部为主任委员,其他各机关分任委员,办理登记分配事项。

(三)禁止民间私藏军火及便衣携带武器,以维地方治安案。

议决:1.由纵队司令部、闽南区指挥部、市政府等机关会衔布告,对未领照枪枝,限期缴呈警察机关保管;2.前项布告同时请军风纪巡察团揭示民众遵照;3.各机关公务人员如因公携带武器者,应报请纵队司令部发给临时枪照。

(四)汉奸案件应如何统一处理案。

议决:1.设立敌奸罪行调查委员会,由下列五机关成之:A.市政府,B.市党部,C.青年团,D.保安纵队司令部,F.闽南区指挥部。

2.检举汉奸应向敌奸罪行调查委员会检举,经初步侦查认有确证时,由宪警予以逮捕,移送司法机关办理。

3.委员会组织规程由市政府草拟。

(五)逆产应如何处理案。

议决:汉奸经敌奸罪行调查委员会拘捕时,应同时标封其财产,并通知市政府管理之。

(六)关于善后救济柴米供应问题案。

议决:柴米医药除由市政府准备外,并奖励商民自由营运,但交通工具须经管制委员会之允许。

(七)机关人民迁入厦门市,应如何予以规定案。

议决:1.机关进入厦门市,应事先将人数通知保安纵队司令部;2.各机关入厦先后由纵队司令部定之;3.各机关进入厦门市,暂以回驻旧址为原则，其无旧址者，由市政府设法调整；4. 应迁入市区各机关，以石码为集中地点，候船输送。

（八）禁止非法团体活动案。

议决：1. 党部政府认为健全者，当然存在。2. 凡不健全者，由党部政府派员整理。3. 除以上两项外之非法团体，禁止活动。[18]

从以上安排看，接收厦门的工作似乎有条不紊地进行着，但接收工作的进展并不顺利。

三、接收工作多波折

当金厦接收委员会紧锣密鼓地进行着接收准备工作，不料再与原田清一洽谈接收事宜时，原田清一却以"奉中国派遣军总司令冈村宁次之命，本地区应向中国海军投降，未便遵办"为词，拒绝向金厦受降主官严泽元投降。

原来，当时国民党高层对受降接管这一大事，各派有着各自的小九九，海陆军双方各执一词。海军总司令陈绍宽命海军第三舰队司令李世甲为接收厦门日本海军专员。李世甲于8月20日率领海军陆战队一个营，由福州南下，于8月26日抵达集美，准备从集美渡海到厦门。但是，他们一行人在集美被集结在集美的福建省保安团拦住了。保安团长陈重对李世甲说：福建省政府已经组成接收厦门委员会，主任委员是保安副司令兼第一纵队司令严泽元，接收厦门的任务是由福建省保安处负责的。李世甲只好命令他的部队留驻集美，他自己则赶往龙溪面晤严泽元。严泽元告诉李世甲，接收厦门是第三战区司令顾祝同和副司令兼福建省主席刘建绪做出决定交省保安处负责的。严泽元同时劝李世甲不要渡海到厦门。结果，福建省保安处与海军陆战队竟在厦门海对岸的集美，僵持了近了一个月。[19]与此同时，设在华安的中美合作所第六特种训练班（简称华安班），培训班副主任陈元达、雷镇钟也认为接收工作非其莫属，在日本宣布投降的第三天就命令其所属的四个营约3000人，向厦门开进。这样，就形成了福建省政府、海军和华安班三股势力争着要进入厦门接受日军投降的局面。

1945年9月9日9点，中国战区陆军总司令何应钦、第三战区司令顾祝同、海军总司令陈绍宽、空军司令周至柔、陆军总司令部参谋长萧毅肃在南京中央陆军军官学校大礼堂接受侵华日军头目冈村宁次投降后，就组织了全国统一接收委员会。何应钦为主任委员，海陆空均有人员参加。海军以海军司令中将参谋长曾以鼎主办接收日伪海军工作。

在这期间,严泽元依然主持厦门接收工作的准备。9月12日,严泽元又召集厦门市国民政府的党政机关负责人开会,进一步明确接收厦门的接收步骤、范围、顺序及纪律,具体如下:

1. 接收之步骤:前进指挥所进入时,其他任何机关团体人员,不必随同前往,党政机关须随接收部队同时进入。

2. 接收之范围:包括各种设备、仓库、工事、器械、邮信等。

3. 接收之顺序。

4. 接收之纪律:凡扰乱治安、破坏秩序者,一律以匪徒论罪,并严禁便衣带枪私相授受。任何接收须在我接收长官及负责接收之机关与缴降之敌伪,按照所具清册点收,会同盖印。[20]

这边曾以鼎主办接收日伪海军工作后,即派闽江防司令海军少将刘德浦赶到厦门,协助李世甲接收厦门日本海军。刘德浦带着上校参谋长郑沅、少校副官刘景篁及翻译李择一等于9月24日飞抵厦门,又即刻赶赴龙溪与李世甲晤面。李世甲命令刘德浦以接收厦门日本海军前进指挥所的名义,向日本海军司令原田清一发布命令。同时李世甲用电话向还在永安的福建省主席刘建绪报告刘德浦衔命来厦门的经过,及他将率陆战队渡海接收日本海军的决定。李世甲还表示,他们海军接收的范围仅限日本海军厦门要港司令部、海军要塞、海军飞机场、海军造船厂、海军医院和海军电台等机构。地方行政单位,如金融机构、海关、税务、司法、邮电等,海军均不参与接收,请省府自行派员接收。[21]实际上,刘建绪也接到顾祝同的通知,于是刘建绪电令严泽元将相关的各项清册图表移交刘德浦,并派保安团队协作其接收。[22]华安班实力最强,自以为隶属国民党军委会,对接收工作一直虎视眈眈。但华安班只是中美合作的一个机构,不能作为接收机构,为了顾全华安班的权势,各方商量后,把鼓浪屿让给华安班做驻地,安排华安班在10月初在鼓浪屿主持举行一个接收仪式。10月5日,由华安班主持的受降仪式在菽庄花园前的海滩举行。

刘德浦回到厦门,命令原田清一编造日本投降官兵的名册及舰艇、军械、弹药物资等清册,并规定9月28日为受降日期。1945年9月28日,国民政府海军在鼓浪屿海滨饭店(鼓浪屿鹿礁路2号)举行受降仪式。参加受降仪式的有国民政府海军第二舰队兼接收厦门海军专员李世甲少将、厦门要塞司令刘德浦少将、参谋长郑沅上校及副官等人,翻译李择一(福建省政府顾问)。日方为驻厦海军司令原田清一中将及参谋长等五人,原田清一献上

第一章 抗战胜利，厦门光复

请降书。[23]

民国厦门市政府9月29日晚，召开紧急座谈会，决定所属各单位人员于30日上午10时，从漳州前往石码集中候命，准备进入厦门。黄天爵及各机关高级人员定于10月1日乘专轮入厦门，其余各级机关2日向厦门推进。[24]

9月30日下午7时以后，台风大作，石码到厦门的交通受阻。接收人员全部被困在龙溪。纵队副司令阙渊率的前进指挥所的队伍被困在海澄；严泽元、黄天爵、黄谦若等被阻在石码。一直到10月3日，台风解除。保安纵队所派先遣指挥官阙渊在3日晨率前进指挥所宪警300余人由海澄入厦门，10时登岸。他们分乘两部卡车，5辆小汽车，绕市游行一周，"沿途万众欢呼，鞭炮不绝"。

举行受降仪式的鼓浪屿鹿礁路2号（海滨旅社）

1945年日军投降，在厦门的侵华日军海军总部换上了中国旗帜（蒋滨建供图）

10月3日上午，"金再兴""金再发""菲菲"三艘平底汽船，一艘载接收官员及国民政府厦门市党政机关主管，一艘载卫队、宪兵，一艘载水警队。各船均悬挂国旗。水警船做先导，受降官员乘的船居中，宪兵、卫队殿后保护，从石码向厦门驶去。11时许，三艘汽船到达厦门港。但见码头上聚集无数的厦门同胞，鞭炮声、欢呼声如雷贯耳。严泽元命令三艘汽船鸣笛并在海上环行三圈，用以报慰沦陷了7年又5个月的受难同胞。这时，岸上的同胞更是欢声雷动。然后，三艘汽船停靠在第五码头登陆。日军原田清一、驻厦总领事永岩弥生率众恭立码头，弯腰致敬。午后3时，严泽元少将、黄天爵市长等均未乘车，而是从码头步行到柏原旅社（今思明西路民主大厦），接受日军的投降。民众也跟随他们一路来到柏原旅社外。半小时后，严泽元见民众依然围在柏原旅社周围不肯散去，于是登上柏原旅社的五楼，在阳台上挥帽致意，一时间，民众爆发出雷鸣般的欢呼声。午后3时，前进指挥所命令日军撤岗。10分钟后，市区的大街小巷皆换上了

【11】

保安纵队士兵和我方警察。民众奔走相告,喜极而泣。[25]

7年5个月,厦门民众生活在日寇的铁蹄下,民不聊生,在死亡线上挣扎。在1945年11月厦门市政府统计室所做的《厦门市抗战损失》的报告中写道:日寇"抢夺厦民,奸淫妇女,逼良为娼,任意杀伐,摧毁教育文化机关、医院、渔船,强迫栽种罂粟,开设烟馆,征募兵役,滥发伪币,罪大恶极,罄竹难书"。[26]厦门民众欢呼厦门重光是7年多积郁的放怀倾泻。

日本投降了,厦门民众以为就此能过上安居乐业的生活,厦门各界民众自发组织厦门各界欢迎受降团庆祝抗战胜利筹备委员会。该委员会发出呼吁,要求全市百姓行动起来,参加庆祝活动,各家各户把门口打扫干净,布置街景,在中山路、大同路、思明路、中华路、开元路、开禾路、厦禾路等扎了五米高的彩牌楼,不仅有各种花色,还嵌着"庆祝抗战胜利""还我山河""光复失土"等标语。牌楼上有的挂着中、美、英、苏四个反法西斯同盟国的国旗或贴着四国领导人的照片。[27]

厦门著名文史学者洪卜仁先生曾回忆,8月15日那天,他搭船从鼓浪屿到厦门,登上轮渡码头后,没走多远,就看到中山路厦门商会(今黄则和花生汤店)前的马路上,有人在准备搭制庆祝抗战胜利的牌楼。回到鼓浪屿后,邻居郑忠德和卢万金等人向洪卜仁建议一起搭建一座牌楼庆祝抗战胜利。"我们那座牌楼就建在现在的鼓浪屿龙头路和泉州路口之间。"洪卜仁先生说,当年大家一起凑了钱,搭了一座约八米宽、两层楼高的牌楼。牌楼的正反面写有"普天同庆""四海同欢",最顶端则写着"四大强国"。卢万金特地邀请了他的父亲、厦门文化名人卢文启为牌楼写了庆祝抗战胜利的对联。"这是当时鼓浪屿上唯一的牌楼。"洪卜仁先生说,牌楼在搭建时还安装了电灯,夜晚时灯火辉煌,吸引了不少百姓驻足观望。牌楼搭建好后,美彰照相馆还为几位青年在牌楼前拍照留念,可惜年代久远,照片已不知去向。[28]

四、汉奸被惩伸正义

在1945年11月厦门市政府统计室所做的《厦门市抗战损失》的报告中写道:"沦陷后日军为进行其政治、经济剥夺政策,即拉拢一帮败类、地痞、流氓为傀儡,出面组织维持会,继改组特别市政府,卖弄花样,想尽办法,奴役厦民,消灭我中华民族。"[29]厦门光复后,10月4日国民政府就恢复厦门市政府建制。黄天爵任厦门市市长,各部门得以恢复并投入工作，惩办汉奸就提上议事日程。严泽元下令逮捕汉奸。据中央社1945年10月17日南平电讯报道，已有伪厦门市市长李思贤、伪经济局局长卢用川、伪财政局局长金馥生、伪禁烟局局长林济川、伪教育局局长叶则庵、伪市府秘书长陈见园、伪秘书张修荣、伪金门特别区署长王廷植、伪金门特区署科长王天和、伪开发公司董事蔡文篇、伪稽征所主任陈刚池、伪法院书记长郭光斗、伪警长傅炳宽等19名汉奸被捉拿归案，待移交法院审讯。[30] 这些汉奸的财产也被查封。

厦门沦陷时期，汉奸认贼为父，为虎作伥，残害同胞，尤为可恨。尽管主要的汉奸已被抓捕，但仍有逍遥法外的。1946年2月16日至23日，召开国民政府厦门市临时参议会第一届第一次大会，通过了两个关于肃清汉奸的决议案。

关于肃清汉奸的决议案内容如下：

厦门市临时参议会第一届第一次大会关于肃清汉奸的决议案

（1946年2月16日至23日）

特字第6号（提案第60、66号合并审议）

议题：调查奸伪罪迹，以便向肃奸机关告发法办，俾伸国法案

提案人：丘崖兢、杨绪宝

连署人：许杨三、陈清波

理由：查厦鼓沦陷期间，敌人作恶，固属可恨，而一班无耻汉奸及附逆败类，摧残祖国，欺侮良善，尤为可痛。现虽有一部分就捕，但逍遥法外者，亦不乏人，市民慑于淫威积习，亦多不敢告发。本会为代表民意机关，告发奸伪，责无旁贷，自应积极进行，而伸法纪。

办法：一、本会各参议员应负访查告发奸伪之责，如访得实情，当密报驻会委员会报请肃奸机关办理，惟驻会委员会须为保守秘密。

二、本会应置意见箱，接受民众意见，其办法另订之。

议决：照审查意见通过。[31]

第二个通过的决议案是关于征集民众受汉奸迫害的案情，以为民伸冤。决议内容如下：

厦门市临时参议会第一届第一次大会关于通告广征民隐的决议案

（1946年2月16日至23日）

特字第1号（临时动议）

议题：本会应通告广征民隐，招纳民众告诉，以伸民冤，是否有当，请公决策。

　　动议人：吴雅纯

　　附议人：许耿光、陈秉璋

　　理由：厦门沦陷八年，民众冤苦最重，亟待伸雪。际兹复员伊始，本会成立之初，自应广征民隐，为民申诉。

　　议决：通过，由本会通告并登载各报。[32]

　　虽然民国厦门市政府、临时参议会都做出要把汉奸缉拿归案的样子，但是由于这些汉奸与国民政府的各方人员有着千丝万缕的关系，因此，对汉奸，有包庇的，有掩护的，有为之奔走求情的。为了各种利益，各等人物轮番上场为汉奸开脱。而先后主办处理汉奸的机关，对汉奸要么纵容而没有拘捕，要么抓捕后即释放，要么久押而迟迟不予侦查，要么一经侦查就轻易准予保外，即使是被起诉的汉奸，大罪被判成小罪，小罪者或被判成大罪，[33]令民众无法理解，抗议声沸腾。这促使厦门市参议会召集全体议员会议，通过肃清汉奸决议案以及在报章上广为刊登动员民众控告汉奸。据金厦肃奸会发表经办汉奸案件情形的报告，按各种不同处理情况，做了披露。金厦肃奸会是由军统特工人员为主组成的，自1945年10月22日该会奉命成立以来，在侦查过程中，就释放了一批汉奸。金厦肃奸会计接收各军政机关移解汉奸案件及该会自行捕拿的汉奸总数为231人，其中触犯《惩治汉奸条例》的有197人，解送福建高等法院第一分院及该分院检察处讯办。该会认为罪嫌不足，予以交保开释的有8人。台湾人仅充伪职而无其他罪行的，经该会报上级批准按陆军总部颁布台湾人处理办法规定，解送市警察局接收管理、责付保释者有16人。国民党军统局在厦门担任地下工作人员4人被保释，还有1人亦系国民党军统局在厦门担任地下工作人员，因病保外，报上级指示处理。另有以战争罪犯移送海军厦门港口运输司令部办理的1人，被控有汉奸行为的，经侦查后将案移送高检处缉办的有2人。还有未逮捕的汉奸，经金厦肃奸会调查后，依据《处理汉奸案件条例》第7条规定，将汉奸罪行调查资料送到闽高一分院及该分院检查处辑办的还有385人。同时，该会还特别说明："所有讯明无罪开释，及解送市警察局发落之人犯，本会因恐侦查或有未周之处，仍将案卷移送高一分院检察处继续侦查，如有新事实发现，足以证明各该被告有犯罪行为时，仍可依法提起公诉。"[34]对于汉奸的逆产，金厦肃奸会则按照上级的规定，邀请党政军团法各界组织第三战区金厦汉奸逆产清查保管委员会负责办理。经初步侦讯，凡是触犯汉奸罪行者，即通知金厦汉奸逆产清查保管委员会予以查封。逆产查封后，按规定格式造具清册，移送粤桂闽区敌伪产业处理局驻闽办事处点收保管,并分送高一分院查照。

汉奸被肃奸会拘捕的固然不少,而漏网者也不少,如巨奸李启芳似被放纵而得以逃脱;再如汉奸林启章逃到泉州再转道台湾而逃脱。被肃奸会逮捕的汉奸 200 多人中,移交高检处的卷宗中认定无汉奸罪行的就有 31 件。由于国民党政权的纵奸政策,对汉奸多数重罪轻处。高一分院检察处处分不起诉 74 名(包括肃奸会早已交保,只移送案卷而无人犯的被告 23 名,狱中死亡 1 名)。被当作无罪处理的这一大批汉奸,大多双手沾满了沦陷区人民的鲜血,如日伪厦门地方法院院长黄仲康,日寇兴亚院厦门联络第二特务队负责人、联络部驻伪军张逸舟部顾问梁廷清,台湾浪人"十八大哥"之一的何兴化等。高一分院审理的 78 起汉奸案,被判刑的仅有 60 人。厦门头号汉奸、伪市长李思贤经高一分院一审判处死刑,被告不服上诉到最高法院浙赣分院,被判重审,结果改判为 15 年徒刑;伪华南日报社社长、保卫团总团长林谷判刑 8 年;伪财政局局长金馥生、经济局局长卢用川各判 7 年。其他汉奸判刑更轻,如日伪高等检察署检察长杨廷枢仅判 3 年 6 个月;伪市政府秘书长陈见园判 2 年 8 个月;日伪厦门地方法院检察署检察长谢若濂只判 1 年 3 个月,谢不服上诉,最高法院浙赣分院竟然撤销原判,改判徒刑 1 年 3 个月,缓刑 3 年。其中只有向日本告密造成"兆和惨案"的林光明 1 人被判处死刑。

汉奸已被如此轻判了,却还有不少汉奸虽被高一分院判了刑,却用钱得到保外。如前面所说的被判了 8 年徒刑的大汉奸林谷,被判 6 年 6 个月的伪东区警察署署长林燕青,被判 2 年 6 个月的伪保长陈永泰、伪金门县财政局局长陈水池、伪财政局税务科长李仰春等人,竟然均在判刑后立即保外,逍遥法外。

沦陷期间的鸦片巨头、专事制造和贩卖鸦片的福裕公司监察、福隆公司经理陈裕乞,用金钱买通了高一分院检察处首席检察官张慎微,并将房屋送给张慎微的姘头居住,因而被处理不起诉,交保释放。[35] 高检的首席检察官张慎微准保了 100 个汉奸嫌疑人,其中 50 人不被起诉。金厦肃奸委员会及司法部门的贪污腐败纵奸政策,令舆论哗然,厦门各界民众强烈抗议,纷纷指控张慎微的受贿舞弊、卖放汉奸行为。厦门市参议会不得不在 1946 年 5 月 15 日召集全体参议员,做出决议:

1. 组织厦门市奸逆处理研究会,推党、团、农、工、商、教、妇女等首长及记者、律师、专家等共 21 人为委员。2. 漏网奸逆,督促严缉彻办。3. 保外奸逆,务请还押。4. 在押久侦查者,促速侦讯起诉判决。5.已侦查终结起诉者，汇案研究。6.确无奸逆罪证之在押嫌疑犯，促迅查明开释。7.就捕后释放之奸逆，予以发动检举，查实罪状，督促仍予拘押法办。总之，对于奸逆之制裁，务求于国法许可下，采纳民意，尤当以全厦民众力量，作有效之督促，做到无枉无纵云。[36]

由此可见，金厦肃奸会肃清金厦汉奸，因为国民党接收官员抱着种种私利，在追查汉奸财产、汉奸保释做了不少手脚，中饱私囊。

第二节 国民党接收变劫收

一、接收乱象

1945年9月5日，抗战胜利后，国民党政府决定在陆军总部下成立以何应钦为主任委员的沦陷区党政接收委员会。同时，各战区、省、市也相应设立党政接收委员会。到10月，行政院院长宋子文又报蒋介石成立了行政院收复区全国性事业接收委员会，由行政院副院长翁文灏主持。各省市相应设立敌伪物资产业处理局。全国经济接收分七大区进行，有苏浙皖、湘鄂赣、粤桂闽、冀察热、鲁豫晋、东北、台湾。[37] 从1945年9月到1946年上半年，接收告一段落。因为接收中不同系统重复接收，大批机关相互争夺，在接收的过程中，国民党接收官员中饱私囊，丑态百出。房子、条子（金条）、票子、车子、女子，统统拢到怀里，民众用"五子"来称这些接收官员。

厦门与全国各地一样，同样经历接收乱象。日本投降了，厦门人民盼望着国民政府早日派员接受日本投降，收缴日军的武器弹药和被日本掠夺的财产。可是，国民政府竟然因各派系的利益分配不匀，在日本宣布投降一个月后才进入厦门接受日本投降。

在1945年8月15日日本投降后，国民党第三战区司令顾祝同和副司令、福建省政府主席刘建绪立即组建金厦接收委员会，决定任命福建省保安处处长、保安纵队司令严泽元少将为受降主官，并为接收金门、厦门的主任委员。同时，福建省政府委派省府委员黄天爵兼任厦门市市长。这些

第一章 抗战胜利，厦门光复

军政人员在当时的龙溪县组成了厦门受降代表团。龙海到厦门交通方便，水陆皆宜，不过三小时，然而厦门人民却在日本宣布投降一个多月还未见过受降代表团，原因就在于在这个派系林立的国民党，各派都认为接收厦门是肥缺，每一派都想捞好处。因此就发生了保安队与海军在厦门对岸的集美渡口对峙的事情。一场"接收"演变成"劫收"闹剧。

1945年10月3日，国民党厦门市政府进入厦门市开展接收工作。由于要清查的敌伪机构颇多，接收保管与登记清查工作繁重，为了统一管理，事有主管，1945年10月24日成立了厦门市敌伪财产清查委员会，专事点收工作。清查委员会设委员13人，以市长黄天爵为主任委员，秘书主任为副主任委员，其余各科局室及其他机关主管为委员。委员会之下，设总干事、干事、办事员、保管员、雇员等。业务分为11个组：文化、教育、金融、物资、业产、交通、企业、保管、稽核、调查、医药等，可谓组织齐全、分工细致。

与全国的伪产接收一样，当时厦门的伪产接收也出现抢、漏、占、盗的乱象。

"抢"：美国中央情报局与国民党军统联合在福建华安举办的第六培训班进入厦门接收，其他军统特务也跟进，还有中统特务、宪兵等等势力均迫不及待地进入厦门，到处贴封条，宣布接收。伪仓库或不动产因此竟然出现横七竖八的标识不同单位的封条。

"漏"：大概是接收名册与实际点收的差距较大，为了掩盖事实，厦门市敌伪财产清查委员会在1946年发布的工作报告中首先通报："此次接收厦门敌伪机构……根据日领馆造送清册点收，然内中多不完全，且历年账簿均被焚毁，无从查考，接收人员至感困难。"厦门市敌伪财产清查委员会的接收范围，限于行政及经济部门，即日侨商行、社团、株式会社、文化机构等财产与伪组织，计有：福大公司、东亚海运公司等70多个单位。所接收的物资包括房屋、家具、工厂、农场、汽车、船舶、布匹、洋货、钞票及其他物资等类。可见点收的范围之广。厦门市敌伪财产清查委员会在工作报告中抱怨："敌伪各机构及商行、工厂，账簿在本府未接收前，即全部焚毁，所有物资移交，仅凭敌伪自己编造，各接收人无从考查其内容，接收较为困难。"困难何在呢？在于移交财产与册列财产不符。其实，这应该是日伪人员为讨好接收官员，把一些值钱的物品或现金故意漏列，使之直接纳入接收官员的私囊。

"占"：此次接收系根据敌伪造送清册，厦门市敌伪财产清查委员会逐一点收，但发现其中财产多比原清册减少。追究起来，原先接收人则说："接收时间延迟，人员生活费无法维持，不得不变卖一部分物资，借以维持膳食等项费用。"清点伪敌资产时还发现财产被各机关借用，无法点收。敌伪各机构房屋家具，在厦门市政府未入厦之前，多被各机关借用，到厦门市敌伪财产清查委员会清点接收时，发现短缺，移交人要么指证被某机关借用，而某机关则严词否认，要么就说数量原本就不符。厦门市敌伪财产清查委员会的工作报告未列出账簿与实际物资的具体短缺数量，而是避重就轻、轻描淡写地说移交财产与册列财产不符，财产多比原清册减少；再则，财产被各机关借用，无法点收，各单位借了不还。[38]据此，我们可发现，1945年10月3日金厦鼓军政开始接收，到1945年10月24日厦门市敌伪财产清查委员会成立并开始工作的20多天时间里，各路人马乘乱侵吞敌伪资产。厦门市接收了日本人的船艇五六十艘，汽车一百多辆，机关枪、步枪、短枪几千支，却没有拨为治安使用，而是或搁置在仓库，或分给接收官员去倒卖。厦门市政府接收日伪市管企业中有"福和""福裕"两家鸦片公司，接收时这两家库存的鸦片烟土还有2000多公斤，一些接收官员竟然用猪皮煮膏去换套烟土，并将这些烟土秘密运销内地，牟取暴利。接收大员中饱私囊，接收真是"劫收"。《东南日报》1946年7月29日的报道中写道："来此接收的人员……一到，就急如星火的搬家具，封房屋，抢包车，包舞女，开商店，寻路线，找财路，除此外的事情，当然都轻轻地丢到脑后去了。所以，厦门收复到今天，已是八个多月了，除了日俘已输送回国外，其他一切依然如故。"[39]该报还揭露："最具体而且众目所睹的是：大官们来时都是光棍一条，去时皆行李百件。小至一个看守，租一张床铺给汉奸，一个星期也得到二十万元；开一次铐镣，接见一次亲人也须五六万元。看仓库的卫兵，会把保管的布匹一批一批的拿出去。办公厅勤务会替老爷们把公家好沙发桌椅换光。某局一个职员每月薪津不下六七万元，还要卖黑市船票。真是有吏皆污，无官不贪！"严格管理日俘、交通复原、平抑物价、巩固治安、惩办汉奸、救济难民等亟需进行的事项，全然被这些接收官员抛于脑后。"入舞场及菜馆者如非发胜利财之阔佬，即系税务人员。"[40]接收官员的贪婪无耻引起厦门民众的极大愤慨，因此有些官员甚至接到恐吓信，大意是警告贪官们如不把贪妄所得钱财拿出来救济难民，就要用手榴弹炸他们。

"盗"：光复后，厦门市区和附近海面上发生的盗窃不下百余起，可是破案的不到十分之一。据厦门警察局局长在参议会上的汇报，厦门市所发生的盗窃案，据统计有三分之二以上是军人干的。第三战区少将专员李致中在接收物资中因盗卖汽车案发，经军法审讯属实，判处死刑。[41]

如果说接收官员的劫夺和敲诈勒索是个人品质恶劣的话，那么国民党政府规定的法币与伪币的兑换率，则是赤裸裸地对广大民众的公开掠夺了。厦门市政府在1946年2月发布的《抗战胜利初厦门市财政经济状况》中提到，伪币兑换率"每200元折合国币1元，自去年11月起至本年3月底止为有效兑换期间，逾期不得使用"，这就是1945年9月27日，财政部公布《伪中央储蓄银行钞票收换办法》，将法币与伪中储券的兑换率定为1∶200，意味着沦陷区民众的动产价值，一夜之间变成了只有1/200，这无疑是对沦陷区民众财产的一次洗劫。法币的购买力无形中增加了好几倍。当时，国统区来的人，一个个都成了腰缠万贯的大员，凭着本已不值钱的法币在沦陷区大发横财，如在柳州理一次发的法币，够在上海高级理发店理上一年，在重庆只能购买2根油条的法币，到了上海竟能在上好的酒楼摆2桌酒席。这种兑换率的规定无疑是对沦陷区百姓的公开掠夺。

二、接收官员纵奸受贿

接收官员利用收受汉奸的贿赂，为大大小小的汉奸脱罪。虽然金厦肃奸会查封了汉奸的资产，但这些资产多为不动产，汉奸的动产有些早已转移。汉奸在高检处获准保释之后，动辄交纳数十万数百万的保证金，就可知被查封的资产仅为部分而已。此外，各汉奸委托律师所交辩护费，每案也是要数十万元的，可见汉奸的逆产私藏为数尚多，给了他们贿赂官员的便利。如高检的首席检察官张慎微，把办案当成了发财机会，准保了100人，其中不起诉50人，从中收受贿赂。这情形引起社会人士的强烈不满，并引发舆论抨击。厦门市参议会和肃奸会相继向上级检举。国民政府司法部派员调查，结果仅认为张慎微"违法失职""行为不检"，由监察院闽台监察使杨亮功提起弹劾，后监察院移付公务员惩戒委员会，该会于1947年7月2日鉴字第1288号决议书，决定对张慎微降一级的处分。但张慎微仅受到闽台监察署检发惩处而已，早在1946年10月已由国民党司法部调任江苏高等法院淮阴第一分院检察处首席检察官去了，并于1947年4月赴任。

金厦肃奸会的官员利用各自手中掌握的权力，除了纵奸，还侵占汉奸的房屋、掠夺财物，甚至霸占汉奸的妻妾，从中大发横财。如日伪禾山联保主任、警防团分团长，被称为"禾山皇帝"的台籍汉奸林身，在虎园路有一幢洋房，肃奸会主任沈觐康将林身的老婆、洋房和金银财宝都占为己有，林身则逍遥法外逃回台湾。肃奸会委员胡子萍则占有台籍汉奸梁廷清的妾，梁家的贵重财物也被梁廷清占有。胡子萍刚来厦门时两手空空，几个月后离开厦门时腰缠万贯，行李竟达20多件。肃奸会委员王兆畿侵占虎园路五号之二的房屋及开元路万镒当店，还让台籍汉奸匿居其家。王兆畿还与另一台籍汉奸的妾姘居。肃奸会的大大小小官员基本都有相类似的劫收丑闻。汉奸伪侨务局局长谭培棨被高一分院判刑2年6个月，财产标封，但当高一分院检察处会同敌伪产业清理处福建分处前往启封拍卖时，谭家竟然只剩1个时钟和1件家具。

国民党接收官员纵奸受贿在当时已是公开的秘密，厦门监察院闽台监察使杨亮功，迫于舆论的压力，不得不表态："第一，关于接收人员舞弊情事，现正彻查中，各原始清册亦均发现漏洞甚多，正尽量搜集实证。第二，高检处首席张慎微宽纵汉奸一案，现正搜集罪证并电请层峰查究。至有关惩奸诸事，因依法应由法院办理，本人现除调阅惩奸案卷外，尚有望各被害人尽量检举，对于法院纵奸受贿情形，更望多多提供事实来团告发，以凭究办。"[42]

到1948年元旦，为国民政府行宪之期，国民政府大赦，凡被判处徒刑的汉奸，减刑三分之二，并准假保释，被判无期徒刑的汉奸可改判为有期徒刑。[43]这样，国民党政权实施纵奸政策，使汉奸得以逃避处罚，国民党的腐败，昭然若揭。

第三节　城市百业待兴，复业困难

一、各行各业艰难复业

厦门光复后，首要的事情就是恢复生产，方可使民众居有定所，食能果腹。各个阶层都行动起来，为厦门的复业做努力。

工业方面，厦门战前的工业本就不发达，只有若干小型工厂，而符合《工厂法》规定，有使用动力作业、工人在30人以上者，只有21家。沦陷后，厦门的工业遭到极大的破坏，损失惨重。虽然光复了，但工厂复业依然十分困难，特别是机器和动力很缺乏，电气发动机在沦陷时悉数被敌寇没收，机件被破坏的达半数，要想恢复原有规模很困难。[44]

农业方面，据1946年5月国民政府行政院善后救济署浙闽分署（厦门）农情调查，彼时厦门有农民约3.2万人，可耕作土地面积因日伪破坏而无参考资料无法统计，公私立农场计有580亩在沦陷期间被日军破坏损失严重，森林在沦陷期间已被破坏殆尽。1946年11月20日由调查人郭雄飞出具的关于厦门中心区公所农具损失的调查数据可得知，这一片区原有农田面积约500亩，因战事而荒芜了430亩。战前农户约650户，因战事失耕者500户，农具完全损失者占农户的80%，农具损失一半的占农户的10%，农具未受损失的仅占农户的10%。[45]可见沦陷后，厦门的农业生产遭到何等的破坏。

渔业方面，在战前，厦门有渔船500余艘，渔民4500人，可远达台湾澎湖捕鱼。沦陷后，厦门渔业遭到破坏，渔民被害或改业约占总数的90%，计4050人，渔船损失430艘，渔产仅及战前的15%。[46]沦陷时，日伪在厦门成立水产会，由伪市长李思贤任会长，日本人富田直重充任主事，接着演变为垄断性质的水产组合。1938年7月8日，所谓"全闽水产公司"正式开张，总经理为日本人穴井亨。敌伪的水产公司、水产会垄断全市的渔业，大肆敲诈渔民所得，渔民所捕获的渔产品必须全部运到日本人的水产公司拍卖，而原鱼行被强制改为仲卖行（二盘商），然后由仲卖行转卖给水产零售商及鱼贩。同时还强征渔民拍卖手续费10%，仲卖行佣金10%，共同计算所清账代劳金25%，水产会会费2%，这些加起来就占渔民渔获所得的47%。渔民们还要再被敌伪军警抢鱼。另外，渔民所用的渔具和日用品也要被敌伪配给限制，兼以黑市商人操纵，渔民们的收入不敷支出，生活陷入危境。再加渔船被敌伪毁坏，成千渔民相继失业，流浪街头。光复后，多数渔民依然因缺乏生产工具而挣扎于失业的境地。[47]此时的国民政府虽说要扶持渔业，但发放渔贷数量极少，无济于事。尽管已经光复，但厦门渔业依然日渐衰败，满目疮痍。

商贸方面，厦门凭着得天独厚的地理环境及深水良港，成为闽西南的商贸中心、国际贸易港口、华侨出入的口岸。战前，厦门商船往来如织，商人如鲫。厦门沦陷期间，日本人及加入日本籍的台湾商人直接在市区开店经商，较大的商社和洋行达100多家，操纵和控制着厦门的商业命脉，市场到处充斥日本货，大量地方商店倒闭。据统计，到1945年日本投降前，全市大小商店仅剩3705家，店员19806人，与1937年的5344家，店员3万人相比，商店减少1639家，店员减少万余人。[48] 光复后，流离各地的商人陆续回到厦门，准备整顿复业。但是，一切完全不一样了，有的房屋被日伪拆了，没拆完的业权和佃权转移了，家具物品被盗占散失了。商人们忙着追讨房屋及物品。这种状况一直持续到光复后的大半年，才勉强安定了一些。各商号或复业或改经营其他商品。但是并没有上轨道，原因在于一是商户缺乏资金，二是货物供应跟不上，如粮食缺乏，调剂不灵，棉纱布匹进货十分有限，交通不畅，秩序不安。凡此种种，厦门在光复后一年，商业仍然没有步上正轨。根据不完全统计，光复后回厦门复业和新来的商人经营的商店，达800家以上，但因业务不振，无法继续经营而收盘或改组的不下半数。[49]

金融方面，沦陷时，银行、钱庄、民信局有的撤往外地，有的迁入鼓浪屿租界。日伪当局统制厦门金融市场，滥发货币，垄断金融。后日伪虽批准商办的中南、新华、国华、中国通商等4家银行复业，但因交通、贸易受阻，业务不振。抗日战争胜利后，外迁的银行渐次返厦复业。新设立的银行有厦门市银行、中央信托局厦门办事处、中央合作金库厦门支库、邮政储金汇业局厦门办事处、商办中国工矿银行厦门分行、亿中银行厦门分行，以及广东省银行厦门通汇处等。据不完全统计，到1949年上半年，厦门有银行22家、钱庄50多家、民信局100多家，以及保险公司等金融机构。按当时厦门市人口计算，每7000人就有一家金融机构。[50]

外国银行也派人来厦筹备复业。据《江声报》1946年12月24日报道，外资美丰银行、汇丰银行及其他外资银行均直接派人或表示等各项对外贸易政策及对外汇率明朗，即来厦复业。战前物价基本稳定，一般钱庄经营存放款，国内及香港、南洋各埠汇兑，买卖金银和代发私营银行的钞票，门市零星兑换等业务，资金比较雄厚，组织比较健全。沦陷时期，由于日寇对金融的严格控制，钱庄因资金短少，大多只经营零星的金银外币兑换，或兼理香港、南洋等轮船客票，赚取些微佣金，钱庄实际上只是钱店而已。日本投降后，钱庄也重新开张营业。除了华记、永记、同安公司等老钱庄开业，新开设的有泰兴等20多家钱庄，[51] 似乎金融的繁兴来临了。

交通航方面，战前，厦门海外交通极其便利，西南可下达汕头、广州、香港及南洋群岛，东北上通福州、宁波、上海、青岛、天津、营口及海参崴。据1936年5月的调查，1935年出入厦门港的船只有2352艘，运载计4197158吨。但厦门沦陷时，船艘燃炸殆尽，小舟被破坏半数以上。初光复时，只能以航船、机帆及小型汽船充用，至1946年航路还未尽畅通。由于厦门的机关林立，一只船进入港口，最少也有17个单位检查和登记，这样一只入港的船最快也要21天才能走完入港程序；税收手续不仅麻烦，而且税负重。因此，为了避免损失，商船直接载货到厦门的就寥寥无几了。厦门原来是漳泉的货物转运枢纽，此时却少有商船直驶靠岸。因此，当时的厦门海上交通，不仅船舶缺乏，再加税收的问题，要恢复战前的繁荣，"诚恐非短期内所可实现"。[52] 战后重建，交通是首要的事，特别是当时的厦门是孤岛，交通若无法恢复，不仅经济难以恢复，而且以商业赖以生存的厦门十几万民众，也将难以果腹。当时福建省主席刘建绪曾到厦门，新闻界列举了十件厦门亟需解决的事项，其中关于交通的诉求最为具体。刘建绪曾当着记者的面允诺三五周内设法恢复厦台、厦榕交通。福建建设厅负责人表示已与台湾省交通处联系，台厦交通将派两艘电船经常往返航行，还与中南旅运社签了合同，让中南旅运社可先行让旅客预订船票，要求水警队严禁帆船带客到台湾，以求垄断这条航线。人们望眼欲穿时，果然来了一艘44吨的小汽船，载了80多位客人去台湾。但是，船公司来了一纸电报，说是"亏本过甚，无法续航"。台厦的通航，因私利不厚就这样昙花一现了。榕厦航线亦然，从厦门到福州或者从福州到厦门都要经过上海转道。招商局的一艘国大轮已经破烂不堪，180里的航程，要驶一个星期，且航行一次要修理好几次，比走陆路还慢得多。要兴修榕厦公路，只见报纸新闻讨论，不见动工。[53] 厦门的水陆交通困顿，行路难啊。

粮食方面，光复后的厦门面临着与民生生死攸关的粮食短缺问题，国民厦门市政府在1946年2月就发布了《厦门市政府供应民食暂行办法》，规定了粮食的销售办法、销售价格以及对承办粮商的种种规定等，目的在于满足厦门的粮食供应及防止粮食价格的失控。但是粮荒依然笼罩着厦门城。《江声报》在1946年7月间连发数文《粮食问题与厦门民食》《粮食问题不许敷衍》《节食救灾自救厦门》《厦市米荒主因》，讨论厦门的粮荒，足见粮荒的严重。

厦门仅从1946年1月至7月间，半年中米价已三度暴涨，1月底至2月中旬，两旬中每市斤由58.3元涨至140元；4月一旬期间自245元涨至550元；6月底至7月初，一旬间自510元涨至700元。前后仅数月，竟涨12倍。难怪《江声报》发出哀鸣："什么人受得了？厦门90%以上非农民，至少14万人口完全为米之消费者，无田自获食米，有什么办法于5个月间增加12倍收入，以买入涨价12倍的食米？难怪有人到山上剪草尖来吃。

或者有人说厦门现在还没饿死人,但大多数正在'慢性饿死'的途中!"[54]当局对粮食调度无方,听任粮食价格飞涨,民怨沸腾。当时民间流传着这样一首民谣:"粮价跳,商民笑,老百姓上吊,黄市长睡觉!"痛批政府无能不作为。物价最怕涨到食物上,人人皆要吃饭,这是最敏感、影响最大的。粮价涨价不已,这边纱布类价格也开始飞涨,仅两三天时间就涨了五成以上。上海《文汇报》记者吴刚在1946年10月23日的《秋凉话厦门》中写道:"于是厦市十五万市民中三分之一的贫民,莫不望米摇头,望布兴叹。"在这种状况下,不断有自杀或卖儿卖女的消息传入人们耳中。据估计,当时厦门有15万人口,失业人口约有五万人,占全市人口的三分之一,因为米价的暴涨,吃不上米饭的以吃水草、树皮、番薯等为生;半失业的人口约有两万人,以吃番薯及杂粮为生。

有鉴于此,光复后的厦门各行各业的复业是十分艰难的。

二、百姓苦盼好日子

厦门得以光复,民众欢欣鼓舞,希望抱团自救以尽快恢复生产,各行各业的民众纷纷恢复成立协会。

厦门的农民成立农会,厦门农会发起人陈日铭在给市政府的报告中写道:"窃本市自失陷以还,农村在暴政蹂躏之下,支离破碎之局面已表露无遗。际兹抗战胜利,国家正迈进复兴建设,对于本市农民以及民族观念之培植,农民智识之提高,农村建设之发展,与夫农民生活之改善等等,均为当务之急。日铭等有鉴及此,爰将发起筹备组织厦门市农会,以期促进农村各种建设。"[55]厦门市农会以厦门市行政区域为区域,会址设在黄厝巷3号(即市党部内)。该农会明确提出其宗旨为:"以发展农民经济,增进农民智识,改善农民生活而图农业发达为宗旨。"农会的任务是:1. 关于土地、水利之改良事项;2. 关于种子、肥料及农具之改良事项;3. 关于森林之培植及保护事项;4. 关于水旱、虫灾之预防及救济事项;5. 关于粮食之储积及调剂事项;6. 关于农业教育及农村教育之推进事项;7. 关于治疗所、托儿所及养老济贫事业之举办事项;8. 关于公共图书室、阅报室之设置事项;9. 关于公共娱乐之举办事项;10. 关于农业及农民调查统计事项;11. 关于政府机关之咨询及委托事项;12. 其他关于农业及农村之发展改良推广事项。本会经厦门市政府之核准,得办理下列事项:1. 设置示范农田农产陈列所;2. 经营农仓及合作事业;3. 举行农产展览会及农业讲习会。

第一章 抗战胜利，厦门光复

本会对于有关农业之发展改良事项，得建议于地方及中央政府。本会应接受省农会之委托，为农业调查及报告。[56] 在农会的组织下，光复后的厦门农业似乎慢慢地恢复生产。

1945年12月，厦门市渔会成立。该会以厦门市行政区域为区域，会址设在厦港沙坡尾。该会成立的目的在于"增进渔业人之知识技能，改善其生活并发达渔业生产为目的"。在渔会章程中规定了渔会的任务14条："1. 改良渔业事项；2. 整理渔村鱼市事项；3. 筹措渔业资金及租赁渔船渔具事项；4. 筹办渔业共同贩卖制造运输事项；5. 举办渔业教育事项；6. 筹办水产陈列所及赛会事项；7. 组织生产、消费、购买信用住宅等合作事项；8. 举办储蓄、保险、医疗所、托儿所事项；9. 关于渔业之保护及救恤事项；10. 关于渔业之调查及建议事项；11. 关于官署之咨询及委托事项；12. 关于调处渔业间之争议事项；13. 筹设水上标识事项；14. 其他关于会员共同利益之事项。"[57] 从这些任务可看出光复后的渔民是如何的努力，希望恢复战前厦门渔业的状况。

厦门商会虽然是一个商人组织，但是它拥有其他社团所没有的经济优势，具有特殊的社会经济地位，因此，厦门行业的复兴，厦门商会起了不小的作用。1945年10月4日厦门市商会就向政府要求接收伪商会，并于10月5日上午9时接收伪商会及鼓浪屿区商会。同时，还发布公告，"无同业工会之工业、商业、输出业各公司行号，均得加入该区域之商会"。1946年3月初，根据厦门市政府的指派，由严焰、庄金章等9人为改组负责人，严焰为召集人，筹备改组。1946年3月25日的商会复员改组会员大会，共有绸布公会等37个公会及2个非公会会员单位参会。在会上，严焰主席致辞，提出商会要："必须力谋繁荣厦门市场，建设工商业，发展对外贸易，而其目标，必须做到贸易出超，以求国家地方两得其利"，彰显了光复后广大厦门民众恢复社会繁荣，生活安定的祈望和努力方向。[58] 在1946年3月25日会员大会上通过的商会章程中明确商会的宗旨是：以图谋工商业及对外贸易之发展，增进工商业公共之福利。商会的任务是：1. 筹议工商业之改良及发展事项。2. 关于工商业之征调及通报事项。3. 关于国际贸易之介绍及指导事项。4. 关于工商业之调处及公断事项。5. 关于工商业证明事项。6. 关于统计之调查编纂事项。7. 呈经主管官署核准后，得设办商品陈列所、工商业补习学校，或其他关于工商业之公共事业。8. 遇有市面恐慌等事，有维持及请求地方政府维持之责任。9. 办理合于第三条所揭示宗旨之其他事项。[59]

此时的商会一面策划市区商业复业，一面联络南洋各埠华侨团体，共谋发展海外贸易，策进复兴建设。商会积极筹划，复员后就先后函商招商局，请速调派船只，恢复厦门与国内外航线的通航，以尽快流通货物，使厦门的商业尽快恢复。由于沦陷时，厦门的许多物业被日伪侵占，业权等发生变化，业权、租佃及商业债务等纠纷、案件甚多，商会一面参加政府的复业委员会调解组的工作帮助调解，一面自行调解商民纠纷案件。除一部分悬案移送法院外，商会竟然调解了结了百起各种商务纠纷。1946年10月，福建省政府主席刘建绪来厦视察，厦门商会以严焰为首的理事，向刘建绪递交了关于加紧厦门商业复业的条陈。具体内容如下[60]：

1. 民穷财尽，请求急赈，乞拨白米1万石散赈；2. 抑平物价，端赖交通，海道未通，地方经济枯竭，恳拨谷5万担，依照市价7折平沽；3. 陷区收复，豁免田赋，厦市埠请求豁免杂捐，除屠宰、宴席、娱乐三项外，余请于1946年7月以后开征；4. 民营公用事业，请提前交还民办，以助未来投资；5. 市办或暂营公用事业，请极度减低价格，但求繁荣为宗旨，不以营利为目的；6. 厦门沦陷时，不愿在敌伪治下图生存，财产物资，全部放弃，被敌伪浪人侵占之产权佃权，请求明令交还原主，依法惩处并令赔偿损失，恢复战前原状。

严　焰　庄金章　韩福海　李世俊　杨玉光
石鼎宗　张　瀚　翁吉人　汪筱岩　曾幻痴

1946年加入商会的公会就有：绸布公会、屠宰公会、麦豆公会、金银器公会、烹饪公会、糕饼公会、服装公会、烟酒公会、百货公会、柴炭公会、鞋业公会、中西药公会、米业公会、渔业公会、家私古物公会等15个公会组织，囊括了所有商业的公会。厦门商会做种种努力，上与政府部门沟通，下帮会员排忧解难，为厦门的地方复兴起着一定的作用。因此，虽然厦门遭受粮荒的严重威胁，但商业还是缓慢地逐渐复业。

厦门各行各业的民众努力复业，但是，国民党厦门市政府却忙着对厦门巧取豪夺，对复业之事根本不重视。抗战胜利后，旅居新加坡的华侨黄重吉，决定在厦门投资开办10家工厂。他以橡胶制造为主，其他还有卷烟、电池、罐头、饼干、酿酒、汽水、印刷、钢铁、酱油、纺织等工厂，可容纳男女工人1200多名。由于得不到厦门当局的支持，有的无法开工，有的开开停停，黄重吉失望地回到新加坡。除了黄重吉办厂受挫之外，原有的中小型工厂、手工业也都难以振兴。[61]抗战胜利后，对于渔业，国民党政府不仅贪污渔业赈济金和物品，盗卖接收的伪水产部门财产，而且对

第一章　抗战胜利，厦门光复

渔业生产设立重重关卡，层层剥削，形成骇人听闻的"十大剥削"，包括鱼税、警捐、码头款、壮丁费、鱼牙行名目繁多的剥削、大船主的剥削、高利贷者的暴利、渔具出租人的剥削、地头蛇的敲诈勒索及渔会经费与封建王爷钱等，加上海盗猖獗，厦门渔港又出现渔业破产，渔民卖儿卖女，内迁外逃的悲惨局面。据统计，从1948年底起，有20艘一级钓艚，600多人逃往香港、新加坡等地谋生。1949年10月，国民党军队溃逃前夕，又大肆劫船抓夫，计劫走渔船29艘，毁坏39艘，抓走渔民320人。厦门渔业又落入低谷。[62]

注释：

[1]《劫后厦门巡礼》，《东南日报》1945年10月2日，厦门市档案局、厦门市档案馆编：《厦门抗日战争档案资料》，厦门大学出版社1997年版，第522页。

[2] 洪卜仁主编：《厦门抗战岁月》，厦门大学出版社2015年版，第80页。

[3] 即"兆和惨案"。鼓浪屿兆和食品罐头公司经理陈清和，积极投入抗日活动，为军统兆和情报组负责人。由于叛徒出卖，情报组惨死30多人，被关、被杀的抗日分子及无辜百姓数以百计。洪卜仁主编：《厦门抗战岁月》，厦门大学出版社2015年版，第126~127页。

[4]《鼓浪屿人民控告厦门敌寇罪行》，《中央日报》1945年11月3日，厦门市档案局、厦门市档案馆编：《厦门抗日战争档案资料》，厦门大学出版社1997年版，第377页。

[5] 厦门市政府统计室编：《厦门市抗战损失》（1946年11月），厦门市档案局、厦门市档案馆编：《厦门抗日战争档案资料》，厦门大学出版社1997年版，第572~573页。

[6] 徐国祥等：《日伪时期厦门的粮食与民生》，《厦门文史资料》第12辑，1987年，第78页。

[7]《厦敌经济掠夺一斑》，《前线日报》1941年4月12日，厦门市档案局、厦门市档案馆编：《厦门抗日战争档案资料》，厦门大学出版社1997年版，第393页。

[8]《救济总署沦陷区损失调查（厦门部分）》（1945年11月），厦门市档案局、厦门市档案馆编：《厦门抗日战争档案资料》，厦门大学出版社1997年版，第593页。

[9] 姚自强：《厦门沦陷时期的日伪警察机关（1938.5—1945.9）》，《厦门文史资料》第11辑，1986年，第62~66页。

[10] 徐国祥等：《日伪时期厦门的粮食与民生》，《厦门文史资料》第12辑，1987年，第74~77页。

[11] 厦门市政府统计室编:《厦门市抗战损失》(1946年11月),厦门市档案局、厦门市档案馆编:《厦门抗日战争档案资料》,厦门大学出版社1997年版,第573页。

[12] 江茂夫:《敌伪蹂躏下的厦门》,重庆《国民公报》1940年2月12日,洪卜仁主编:《厦门抗战岁月》,厦门大学出版社2015年版,第271页。

[13]《集美学校战时损失》(1946年3月18日),《集美周刊》第37卷第3期,1946年,厦门市档案局、厦门市档案馆编:《厦门抗日战争档案资料》,厦门大学出版社1997年版,第585~586页。

[14] 厦门市政府统计室:《厦门市抗战损失》(1946年11月),厦门市档案局、厦门市档案馆编:《厦门抗日战争档案资料》,厦门大学出版社1997年版,第574页。

[15] 任仲泉:《参加接收厦门日军投降琐忆》,《厦门文史资料》第17辑,1990年,第160页。

[16] 李度青:《厦门水警第二大队参与接收日军投降的回忆》,《厦门文史资料》第17辑,1990年,第151页。

[17] 戴少岳:《日本投降后厦门接收纪实》,《厦门文史资料》第12辑,1987年,第15页。

[18]《福建省保安纵队司令部接收厦门座谈会记录》,厦门市档案局、厦门市档案馆编:《厦门抗日战争档案资料》,厦门大学出版社1997年版,第519~521页。

[19] 李世甲:《关于接收伪日海军的经过的回忆》,《福建文史资料》第8辑,1984年,福建人民出版社1984年版;李度青:《厦门水警第二大队参与接收日军投降的回忆》,《厦门文史资料》第17辑,1990年,第151页。

[20] 李度青:《厦门水警第二大队参与接收日军投降的回忆》,《厦门文史资料》第17期,1990年,第151~152页。

[21] 李度青:《厦门水警第二大队参与接收日军投降的回忆》,《厦门文史资料》第17期,1990年,第152页。

[22]《黄天爵率属今日接收厦门》,《东南日报》1945年10月1日,厦门市档案局、厦门市档案馆编:《厦门抗日战争档案资料》,厦门大学出版社1997年版,第521页;戴少岳:《日本投降后厦门接收纪实》,《厦门文史资料》第12辑,1987年,第13页。

[23] 李世甲:《关于接收伪日海军的经过的回忆》,《福建文史资料》第8辑,转引自李度青:《厦门水警第二大队参与接收日军投降的回忆》,《厦门文史资料》第17期,1990年,第152页。

[24]《黄天爵率属今日接收厦门》,《东南日报》1945年10月1日,厦门市档案局、厦门市档案馆编:《厦门抗日战争档案资料》,厦门大学出版社1997年版,第521页。

第一章　抗战胜利，厦门光复

[25] 李度青：《厦门水警第二大队参与接收日军投降的回忆》，《厦门文史资料》第17期，1990年，第153~154页；《金厦接收竣事》，《东南日报》1945年10月9日，厦门市档案局、厦门市档案馆编：《厦门抗日战争档案资料》，厦门大学出版社1997年版，第523页；洪卜仁主编：《厦门抗战岁月》，厦门大学出版社2015年版，第235~236页。

[26] 厦门市政府统计室编：《厦门市抗战损失》（1945年11月），厦门市档案局、厦门市档案馆编：《厦门抗日战争档案资料》，厦门大学出版社1997年版，第572~573页。

[27] 厦门市总工会编：《厦门工人运动史》，厦门大学出版社1991年版，第229页。

[28] 洪卜仁主编：《厦门抗战岁月》，厦门大学出版社2015年版，第226页。

[29] 厦门市政府统计室编《厦门市抗战损失》（1945年11月），厦门市档案局、厦门市档案馆编：《厦门抗日战争档案资料》，厦门大学出版社1997年版，第572页。

[30]《金厦奸逆已捕19人》，《东南日报》1945年10月19日。厦门市档案局、厦门市档案馆编：《厦门抗日战争档案资料》，厦门大学出版社1997年版，第596页。

[31]《厦门市临时参议会第一届第一次关于肃清汉奸的决议案》，厦门市档案局、厦门市档案馆编：《厦门抗日战争档案资料》，厦门大学出版社1997年版，第596~597页。

[32]《厦门市临时参议会第一届第一次关于通告广征民隐的决议案》，厦门市档案局、厦门市档案馆编：《厦门抗日战争档案资料》，厦门大学出版社1997年版，第597页。

[33]《奸逆处理启人疑窦市参会严切注视》，《江声报》1945年16日，厦门市档案局、厦门市档案馆编：《厦门抗日战争档案资料》，厦门大学出版社1997年版，第614页。

[34]《金厦肃奸会发表经办汉奸案件情形》，厦门市档案局、厦门市档案馆编：《厦门抗日战争档案资料》，厦门大学出版社1997年版，第597~600页。

[35] 厦门市政法志编委会编：《厦门政法史实（晚清民国部分）》，鹭江出版社1989年版，第180页。

[36]《奸逆处理启人疑窦市参会严切注视》，《江声报》1945年16日，厦门市档案局、厦门市档案馆编：《厦门抗日战争档案资料》，厦门大学出版社1997年版，第614页。

[37] 刘永强：《抗战胜利后国民党政府的经济接收及后果》，《黑龙江教育学院学报》1998年第1期。

[38]《厦门市敌伪财产清查委员会工作报告（1946年）》，厦门市档案局、厦门市档案馆编：《厦门抗日战争档案资料》，厦门大学出版社1997年版，第531页。

[39]《厦门阴影》，《东南日报》1946年7月29日。

[40]《厦门地位日渐陷落》，《江声报》1946年4月15日，厦门市档案局、厦门市档案馆

编:《近代厦门经济档案资料》,厦门大学出版社1997年版,第656页。

[41] 任仲泉:《参加接收厦门日军投降琐忆》,《厦门文史资料》第17辑,1990年,第162页。

[42]《厦市米荒主因》,《江声报》1946年8月29日,厦门市档案局、厦门市档案馆编:《近代厦门经济档案资料》,厦门大学出版社1997年版,第590页。

[43] 厦门市政法志编委会编:《厦门政法史实(晚清民国部分)》,鹭江出版社1989年版,第360页。

[44] 厦门市政府统计室编:《厦门要览(1946)》,厦门市档案局、厦门市档案馆编:《近代厦门经济档案资料》,厦门大学出版社1997年版,第16、23页。

[45]《厦门中心区公所农具损失调查》(1946年11月20日),厦门市档案局、厦门市档案馆编:《厦门抗日战争档案资料》,厦门大学出版社1997年版,第584页。

[46]《救济总署沦陷区损失调查(厦门部分)》(1945年11月),厦门市档案局、厦门市档案馆编:《厦门抗日战争档案资料》,厦门大学出版社1997年版,第592页。

[47]《厦门市渔会关于渔民损失惨重致省府代电》(1946年10月18日),厦门市档案局、厦门市档案馆编:《近代厦门经济档案资料》,厦门大学出版社1997年版,第582页。

[48] 厦门市方志办:《厦门市志》第3册,卷二十四商业,方志出版社2004年版。

[49] 严焰:《厦门商业复员问题》(1946年9月),厦门市档案局、厦门市档案馆编:《近代厦门经济档案资料》,厦门大学出版社1997年版,第120~121页。

[50] 厦门金融志编委会编:《厦门金融志》,鹭江出版社1989年版,第5页。

[51] 洪卜仁:《1945—1949年间厦门钱庄概况》,厦门市档案局、厦门市档案馆编:《近代厦门经济档案资料》,厦门大学出版社1997年版,第341页。

[52]《抗战前夕厦门海运概况》,《厦门地位日渐陷落》,《江声报》1945年4月15日,厦门市档案局、厦门市档案馆编:《近代厦门经济档案资料》,厦门大学出版社1997年版,第476、656页。

[53]《厦门阴影》,《东南日报》1946年7月29日。

[54]《粮食问题不许敷衍》,《江声报》1946年7月25日,厦门市档案局、厦门市档案馆编:《近代厦门经济档案资料》,厦门大学出版社1997年版,第584页。

[55]《厦门市农会筹备会关于筹组市农会及该会成立的呈》(1945年12月—1946年6月),厦门市档案局、厦门市档案馆编:《近代厦门经济档案资料》,厦门大学出版社1997年版,第449页。

[56]《厦门市农会章程》(1946年),厦门市档案局、厦门市档案馆编:《近代厦门经济档案资料》,厦门大学出版社1997年版,第450~451页。

第一章 抗战胜利，厦门光复

[57]《厦门市渔会章程》(1945年12月)，厦门市档案局、厦门市档案馆编：《近代厦门经济档案资料》，厦门大学出版社1997年版，第422页。

[58]《复员改组大会记录》(1946年3月25日)，厦门总商会、厦门市档案馆编：《厦门商会档案史料选编》，鹭江出版社1993年版，第20页。

[59]《1946年商会章程》(1946年3月25日会员大会通过)，厦门总商会、厦门市档案馆编：《厦门商会档案史料选编》，鹭江出版社1993年版，第104页。

[60]《商界人士向省主席刘建绪条陈意见》(1946年11月)，厦门总商会、厦门市档案馆编：《厦门商会档案史料选编》，鹭江出版社1993年版，第174页。

[61] 蔡燕生：《解放初期厦门工人阶级在经济恢复中的重大作用》，曾昭铎、黄坤胜主编：《厦门党史论文集》，中国计划出版社1990年版，第249页。

[62] 厦门市方志办：《厦门市志》第3册，卷三十渔业，方志出版社2004年版。

第二章　内战风烟再起，百姓重入水火

正当厦门民众期盼过上安定乐业的生活，努力工作的时候，国民党却挑起内战，厦门民众又陷入水深火热之中。国民党加强法西斯统治，大肆抓捕共产党人和进步人士；国民党挑起内战需要大量炮灰，四处派员抓壮丁，置民众的生存于不顾，社会治安一片混乱；物价暴涨，百姓生活难熬，蒋介石却掏空央行作为金圆券准备金的国库黄金，将金银密运台湾，厦门见证了这一事实。

第一节　内战爆发，厦门再陷困境

正当厦门民众全心全意地投入生产自救，各业复业的时候，国民党却在内战部署基本就绪后，撕毁停战协定，于1946年6月26日密令郑州绥靖公署主任刘峙进攻中原解放区。国民党以围攻中原解放区为起点，相继在晋南、苏皖边、鲁西南、胶济路及其两侧、冀东、绥东、察南、热河、辽南等地，向解放区展开大规模的进攻，全面内战爆发。厦门民众又陷入水深火热之中。

一、迫害中共党员和进步人士，加强法西斯统治

国民党在抗战胜利接收厦门后，加紧了对中共党员和进步人士的迫害，强化了法西斯统治。各派大肆扩大自己的势力，如国民党厦门市党部行动

第二章　内战风烟再起，百姓重入水火

组组长黄谦若，把厦门流氓纠集在自己手下，把厦门划分成中心区和厦港区，分十几个小组，由流氓头子当组长。这些人的任务就是争夺地盘，包庇走私、赌博和暗娼；拉拢地方势力，威胁百姓；更主要的是调查共产党活动情况、搜捕中共地下党员。1946年蒋介石政府为了统一协调各系特务的活动，以中统和军统为骨干，在厦门市政府设立了福建省厦门市党政军联席特种会议秘书室（简称"特密室"），一致对付共产党。1947年4月，为了加强搜集中共地下党及游击队的情报，国防部二厅在福建省保安司令部情报处下设厦门谍报组。1947年2月，国民党特务逮捕了共产党员吴学诚等人，并杀害了吴学诚。同年5月11日，国民党厦门市警察局据称获共产党活动情报，当晚宣布全市特别戒严。国民党特务机关勾结警察局，对厦门市及厦门大学进步师生进行监视，制订黑名单，逮捕学生运动积极分子，破坏爱国学生运动。1947年1月7日，厦门大学学生举行抗议美军士兵强奸沈崇暴行的示威游行，国民党派出大批警察监视。5月26日，国民党侦缉队队长宋子岑窜到厦大搜查师生中共产党和进步人士。29日，厦门大学学生为开展反内战反饥饿斗争而开始罢课，国民党厦门市市长黄天爵和警察局局长谢桂成带着几百名军警将厦门大学团团围住，指名要逮捕13名学生。经校方交涉，结果拘捕了杨申等3名学生。为了阻止厦门大学学生在6月2日举行反内战反饥饿斗争的游行，福建省保安司令部发布戒严令，6月1日起戒严，实行宵禁。在厦门市市长的直接指挥下，市警察局更是在5月31日就加紧特别戒严，夜间警察巡逻，致使厦门鼓浪屿交通一度断绝。各警察分局设关卡，对来往汽车和汽船进行抽查。面对白色恐怖，厦门大学学生的游行被迫取消。到11月白色恐怖升级，警察局在11月7日宣布，夜间戒严，若夜行必须提灯笼，同时同行者不可超过3人，如不听查问者即可逮捕，若拒捕，警察可开枪。白色恐怖笼罩着厦门，国民党特务还拘讯被东南亚各地驱逐回国的进步侨胞。1946年至1948年间，菲律宾、马来西亚等地政府迫害曾参加共产党及抗日进步活动的华侨，分批将他们驱逐出境，由轮船遣送回国。凡被遣回厦门的侨胞，水警厦门区分局每次都派水警登上轮船按名单将他们拘留讯问，其中还有人被抓到厦门市警察局关押。6月13日，国民党刑警队组长周侣簧带人到"芝沙丹尼号"轮逮捕了菲律宾归侨吕俊庆等6人，认为他们有共产党嫌疑，还好吕俊庆等人后来被民主党派地下工作者张圣才等设法营救出来。6月18日，厦门警备司令部登上昆明轮逮捕了马来西亚归侨傅波等30人，罪名依然是共产党嫌疑。8月1日，特务头子毛森聚集闽南各地的军统、中统特务，在厦门

宣布"东南反共救国军闽南军区"成立,毛森网罗了各地土匪、特务组成了8个纵队。

1949年4月,解放大军渡江南下,时局对国民党越来越不利,国民党加紧强化特务机关。中统特务周仕珊到厦门召开秘密会议,筹备成立内调局闽粤赣边调查处。4月7日,厦门市警察局向各分局和刑警队发出督察2405号代电称:"查近来时局紧张,本市为华南重镇,为防患未然,须将辖区共产党活动情形暨思想不正分子限5月14日接表报核。"在厦门的国民党反动派风声鹤唳,草木皆兵。1949年4月15日,成立厦门警备司令部,统辖金门、厦门各部队。5月1日,宣布金、厦列入戒严区域,定禁令11条,实行对航空、海港、邮电、文化的检查控制,随后夜间封锁水上交通。1949年6月11日晚9时,厦门全市实行户口总清查,水警分局在水上人口中拘留身份不明者72人。1949年7月7日,厦门警备司令部设立稽查处,严格水陆空交通检查、社会调查、邮电检查等。1949年9月10日,厦门警备司令部设立船舶管理处,规定所有船舶必须向该处登记,领取登记证,方准航行;命令征用军差船的船上员工不得逃跑,违者以戒严法论处;规定厦门及鼓浪屿留用一部分码头,其他各口岸一律关闭。与此同时,厦门警备司令部规定:宵禁时间提前自晚10时开始至翌晨5时,轮渡自晚9时起停航至翌晨6时复航,各口岸在晚8时起至翌晨6时禁止一切船只靠岸。宵禁期间随意活动者格杀勿论。[1]

1949年8月17日,福州宣告解放,解放军已逼近厦门,国民党企图做最后的挣扎。1949年8月25日,蒋介石任命曾在上海大肆逮捕杀害上海人民的"杀人魔王"毛森任厦门警备司令。毛森狂言道:"上海600万人口我也把治安解决了,小小的厦门20万人口算什么!"厦门民众陷入空前浩劫。8月31日午夜2时,毛森派出大批军警特务包围了厦门大学,逮捕了学生修省、陈公任、卢鼐,经济系教授安明波、工友张逢明、陈炎千等11名进步师生。厦门要塞司令部参谋长周烈因与中共地下党接洽起义,没想到被特务发现而被毛森逮捕。周烈在厦门解放前夕被杀害于狱中。此时,毛森疯狂地加紧破坏共产党组织和杀害共产党人。9月14日,毛森在厦门公园东路附近公开杀害厦门大学中共党员张逢明、修省、陈炎千。9月18日毛森派出大批特务拘捕了中共党员刘惜芬、周景茂等17人。10月16日凌晨,在厦门即将解放的前夕,毛森在厦港监狱后山杀害中共地下党员及革命群众刘惜芬、周景茂、陈绍裘、庄建福等17人。毛森来厦门任警备司令仅一个多月就公开和秘密杀害了中共地下党员及革命群众几十人。沾满鲜血的毛森后逃亡台湾。

二、抓壮丁毁百姓生计

国民党挑起内战需要大量炮灰，四处派员抓壮丁。规定凡 21 岁即要服兵役，又因兵源不足，将年龄延长到 25 岁。1948 年厦门全年的兵役配额是 599 名，到 1949 年初的首期就定为 1250 名，已经比 1948 年全年超过 2 倍以上。适龄青年数量不足，将服兵役的年龄延长了 10 年，即凡是 21 岁到 36 岁都须服兵役。据国民党厦门市政府军事科的报告，1946 年到 1948 年上半年，全市抓了 661 名壮丁，充当内战的炮灰。仅 1949 年 1 月 9 日深夜，国民党厦门市政府军事科派自卫队会同宪兵、警察挨家挨户搜查壮丁，哄骗住户开门，进门缉拿年轻人当壮丁。若住户不肯开门，即破门而入，或翻墙入内，强行抓走屋内的青年人。仅这一夜就抓了 47 人。被抓壮丁的家庭纷纷到市政府请求保释自家被抓的人，《江声报》的记者在市政府看到了诸多哭成泪人的妇女。只见一个六七十岁的老阿婆，老泪纵横，啼哭不止。一个 40 余岁的妇人哭得双眼肿得只剩一条缝，一群妇女哭成一片。被抓的家人均是她们的顶梁柱，家里的一切经济来源全靠被抓的年轻人，原来的生活就难以维持了，现今再被当壮丁抓走，全家人的生活将无着落了。现场一片哀嚎。被抓壮丁中有记者 1 人，归国华侨 1 人，侨师学生 1 人，消防队员 2 人，自卫警 1 人，这些人按理是缓役之人，却也被抓壮丁。当局却回应说："上峰催兵之令，如雪片飞来。"还说是本年的 1200 余名兵额未开征，1948 年须征 500 名兵未征满，还欠 200 余名未征足，因此不准保释，除非家属能雇人代替，否则一律交送接兵部队。对于穷人而言，自己都吃不饱饭，哪能有钱去雇人代替呢。[2] 抓一个壮丁当炮灰就是毁了一个家庭。但是，国民党当局只顾打内战，哪管百姓死活，催丁电仍像雪片一样飞来。《江声报》的记者到市政府咨询，得到的答复是，"没有接到停止征召壮丁的命令，而且各级兵役机关还一再来电催丁，同时兵役机关还命令必须将上年所欠 100 余名及预征的 304 名壮丁尽快送到。甚至闽南师管区还要派员来厦门坐催"。强征壮丁，使厦门贫苦的民众更是陷入深深的困境。

当时壮丁的配额是按各县市各年中的人口数比例分配的，厦门市 1949 年 1250 人的丁赋是以 1948 年 6 月份的人口数为分配的根据。丁赋约占人口数的 8‰。但这并不是厦门当年丁赋的最后数字，因为根据当时国民政府颁布《征兵要则》第 4 条第 3 项："地方治安情况如有动荡变化，可能时得由各省以不误征兵额为目的,于报准后准为加配预征额,以资调节。"又同条第 4 项:"地方保安警卫等所需壮丁,以不误原则配赋之。"如此再征第 2 期、第 3 期甚至第 4 期的追加丁赋都是很有可能的。1948 年已有第 2 期的丁赋。同时,百姓还需承担逢年过节军队的"优待金"和军警宪的副食品差价。如照《征兵要则》第 15 条优待办法:"每年端午、中秋、年关三节,分别发给优待金,每次不得少于白米 2 市石。"2 市石等于 3 担,每年 3 次共 9 担,1250 人计就是 11250 市担,每市担当时值黄金 1.17 钱,11250 担就值黄金 1316.25 两,这是百姓的一大额外负担。壮丁一被征为伍,就被算为军队人员,民众还要付军宪警副食差价。当时规定每人每月燃柴 40 斤,猪肉 1 斤 2 两,每年每人计柴 480 斤,猪肉 13.5 斤,1250 人全年须柴 6000 担,值黄金 960 两,猪肉 16875 斤,值黄金 907 两,这又是一笔负担。以上这两笔负担已达黄金 3125.25 两,以当时金价每两 135000 元计,为 421908750 元。这还是以 1949 年度将征召 1250 人来计算而已,过去被征召的尚应纳的优待金、军食差价等,以及兵役或保甲人员的额外剥削,临时的劳军款项都不计在内。如此沉重的丁赋负担,民众原来就已贫困的生活更是雪上加霜。因此绝大多数民众没有不盼望战争早日停止的。民众说:请问那些主张打内战的戡乱委员们,从打内战到现在,他们出过多少壮丁? 不要把爱好和平的民众强迫去打不愿意打的仗。[3]

三、厦门治安一片混乱

蒋介石政府发动内战,民不聊生,盗贼蜂起,厦门治安一片混乱,海上抢劫活动更加猖獗。抗战胜利到解放前夕,厦门附近海面抢劫案件数量缺全面资料,但仅据《江声报》刊载的新闻统计,自 1946 年 11 月至 1948 年 9 月,就发生了 24 起海上抢劫杀人案。其中影响最大的是"中兴"轮事件。厦门锦昌船务行所属的"中兴"轮航线往返于厦门、安海。该轮 1946 年元旦下水开航,船身坚固,机车犀利,在当时是一艘质量相当不错的轮船。厦门市工务局批准该船载客 220 人,另船员 20 人,共容 240 人,载货 25503 公担。后来,厦门航政处审核发证时,批准载客 168 人,船员 20 人,共 188 人,载货 28.25 吨。1948 年 2 月 28 日上午,"中兴"轮按计划将从安海返回厦门。这天乘客特别多,共卖了 288 张船票,同时还有按惯例享受免票优待的 20 多人,当天的乘客达到 300 余人,再加上船员,船上至少有 320 人以上,严重超载。临时又上来由保安队大队长汪明远带队的十几

第二章　内战风烟再起，百姓重入水火

个保安队第一团第三大队士兵，他们取道厦门准备前往长泰。下午2时左右，"中兴"轮行驶到大嶝洋塘海面，混在乘客的海盗向坐在船上的、没有防备的保安队人员开枪，大队长汪明远中弹，保安队队员急忙反击，一时枪声大作，船舱成了战场。乘客大乱，左右躲闪，再加之"中兴"轮超载，船体失去平衡，倾侧沉船，一船的官兵、百姓、匪徒也随船落入海中。"中兴"轮沉船一事，直到当天黄昏6时左右，轮船公司才接到报告。轮船公司以找不到司舵及风大无法出海为由，决定第二天再派轮船前往施救。负责沿海巡防的厦门海军巡防处接到报告后，竟然以时间过晚，已经不办公了，赶救不及为由，只发了无线电报给驻防南安炮艇，让他们赶去救援。该炮艇又以风浪大，夜里难辨方向为由折回驻地。锦昌船务行直到第二天先运载一批乘客到安海，回程时才来到失事地点大嶝海面，这时已经是下午2点多了；巡防处的南安炮艇第二天下午3点多才到达失事地点。一场前所未有的因劫财而造成的海难，竟然被有关各方如此处置。这场海难死亡162人，获救者大多是被当时行驶在附近的船舶救起的。因死难者有不少归侨和侨眷，此事在海内外引起很大的震动。

海上抢劫有记录的还有：1946年12月1日，"后溪"帆船在新店海面被劫，"金兴"机帆船在烈屿海面被劫。1947年3月15日，航行于厦门集美之间的"集美7号"轮在牛头山海面被劫，有一个乘客被劫匪当场打死。3月16日，"集美6号"轮被劫。6月19日，"金利兴"帆船在烈屿海面被劫。6月29日，"新漳美"船在从厦门驶往漳州的途中被劫，在船上的角尾乡乡长被杀。7月7日，"菲菲"船在由海澄来厦门的途中被劫，坐船的海澄县港尾警察所的陈姓所长和杨姓警长被海盗枪杀。8月2日，厦门开往港尾的"中美"轮在屿仔尾海面遭劫。8月4日，浮宫柴船在康泰垵海面被劫。9月10日，同安厦门航线的"捷顺"号被劫。9月15日，白石港帆船被劫。12月7日，后溪帆船在牛家村海面被劫。1948年2月1日凌晨，安海石码线的"华青"汽轮在五通海面被劫。7月2日晚，厦港多艘渔船在浯屿海面被劫。7月10日，停泊在鼓浪屿旗尾山海面的一艘帆船被劫。8月8日，一艘帆船在火烧屿海面被劫。10月25日，五通海面一艘渔船被劫。从上面的记载可看出当时厦门每月都要发生几起海上抢劫案。国民党政府忙着打内战，根本无暇顾及百姓的生死。由于海上抢劫事件连续不断发生，1949年7月，厦门市参议会曾致函水警厦门分局，要求水警保护海上安全，水警分局竟然这样回复参议会："查本局对外巡弋海警艇付阙，现有船只，非特破坏不堪，且形体过小，无法签派。"[4]

【37】

海上的打劫如此惨烈，厦门市内的治安更是十分糟糕，打劫、杀人、偷盗，令厦门民众生活在恐慌之中。据不完全统计，从1946年1月5日至1949年2月，厦门市发生抢劫、杀人事件至少有50余起。据1946年10月27日厦门市警察局发表年度1—9月份处案统计：违警类194起，刑事类675起，盗窃最多，特种刑事类贩毒56起，排解类219起，纠纷案件居多。12月31日厦门地方法院检察处编造的一年工作报告，自1月至12月共侦查案件1292件，其中盗窃案最多计361起。水警司法室公布1946年1至12月全年受理人犯统计，全年共抓238人，其中盗窃51人，盗匪48人，行暴28人。当时报纸报道，全市扒手密布，同时分工明确，组织严密。扒手按全市的五大区分工，每区20余人，其中男女儿童10余人，各区均有首领及保护人，区分地界各不相犯。这些扒手有恃无恐，在光天化日之下，通衢大道上进行明掠暗夺，警察却无可奈何。仅1948年3月30日南普陀佛诞，刑警队就抓获扒手10余人。4月更是窃案连连，27日营平路永标五谷店被4人抢劫财物300余万元，连店内铁柜都被抬走。升平路民安药房、中山路建兴五金店先后被盗，建兴老板悬赏100万元缉拿罪犯；思明南路463号思明西装店被窃布料价500余万元；镇邦路建昌钱庄被窃200余万元；中山路青年服务部宿舍被窃现款500万元。6月3日，莲坂归侨叶万围被5人入室抢劫，损失近千万元。7月1日中山医院储藏室被锯窗盗窃药物值2000多万元。抢劫犯盯上了华侨及侨眷，黑手频频伸向他们。月眉池（大同路153号后门）归侨柯松柏，原旅居缅甸40多年，以为抗战胜利了可以安居了，回到国内定居，没想到5月2日凌晨被3人入室抢劫一空，金首饰币钞值20多亿元，被抢价值之大，破了厦门市抢劫案的纪录。7月10日双涵侨眷陈淑清被6人持枪入室抢劫，损失10多亿元。流氓地痞横行街市，6月2日鹭江分驻警察在竹林咖啡馆抓赌，反被赌徒殴伤；10日鹭江道工人吴某被流氓刺了数刀，到医院治疗后回家，又被流氓持枪威胁，如敢报案就要吴的命；26日升平路黄文不愿付看头费（保护费），遭七八人围殴；内厝沃卖豆花的小贩郑喽啰被2人白吃并遭殴打。到1949年，厦门治安更是不堪，仅春节以来，厦门连续发生谋杀、抢劫案10余起。[5]

第二节　通货膨胀，民不聊生

一、物价飞涨，底层民众度日如煎

抗战胜利后，由于复杂的社会背景，从 1946 年到 1949 年，厦门大米的供应依然是一个十分严峻的社会问题。1946 年 6 月底 7 月初，米价又疯狂暴涨，6 月 27 日每市斤大米是 510 元，28 日涨到 560 元，7 月 1 日是 590 元，2 日就达 690 元，5 日间大米暴涨 35.3%。据当时报纸报道的各地米价，6 月 29 日上海每市斤黑市是 450 元，7 月 1 日广州市 550 元，福州是 223 元，唯有厦门高达 690 元，高居全国榜首。[6] 厦门 1947 年 5 月 10 日报载："连日来，米价高涨飞速，由每斤 10 万、12 万、15 万、17 万一直上升，未及 2 天又突破 20 万大关。" 1948 年 6 月 16 日，厦门担米 1065 万元，零售每斤 12 万元，以此计算，每粒米为 5.63 元，这是战前 1937 年可买 5 颗上好珍珠的价格！所以当时人们说："当你咽下一口稀饭，就等于吞下一座小洋楼。"1948 年"八·一九"币改，大米公价是 21.3 元，每担 17～8 元至 19 元，到 11 月 9 日已涨到 210 元，增价 10 倍，到 1949 年 5 月，厦门民众的生活指数比战前上涨了三四万倍。

看看下面的几个关于米价的比较表格，就可知当时的米价上涨速度比火箭还快。

表 2-1　1949 年 1—6 月粮价

月份	大米价格 【元（金圆券）/担】	上涨倍数 （与上月比较）	以 1949 年 1 月为基数
1949 年 1 月	530		
2 月	5328	10	10
3 月	14485	2.5	27.33
4 月	117250	8	221.23
5 月	4830000	41	9113.21
6 月	900000000	186.3	1698113.21

表 2-2　1949 年 5 月 2—5 日粮价

日期	大米价格 【万元（金圆券）/担】	上涨倍数 （与上日比较）	以 2 日为基数
1949 年 5 月 2 日	483		
3 日	544	1.13	1.13
4 日	1030	1.9	2.13
5 日	1172	1.14	2.43

表 2-3　米价比较表

年度	大米价格【元（法币）/担】	上涨倍数（与 1937 年比较）
1937 年	8	
1945 年 10—12 月	3000	375
1946 年	45000	5625
1947 年	5400000	675000
1948 年	11524.5 万	1440.56 万
1949 年 1—10 月	2400 万亿	300 万亿

令人吃惊的是一日一粮价，每天的粮价翻着个涨。到后来，大米竟然一天内涨数次。如 1949 年 5 月 21 日，清晨大米 1.46 亿元/担，下午为 9 亿元/担。1948 年 8 月 19 日国民政府发行金圆券，300 万法币兑换 1 元金圆券。1949 年 7 月 1 日改发银圆券，5 亿元金圆券兑换 1 元银圆券。如此算来 1 元银圆券相当于 1500 万亿元金圆券。那么 1949 年的米价是 1937 年米价的 300 万亿倍。[7]

在 1946 年 12 月 31 日厦门市地方法院检察处的一年工作报告中，有这么一句话："……盗窃案件尤不止此数，不少路旁饿死遗尸，可见社会景气不佳，特此附载。"[8]这句"附载"本不应出现在检察处的工作报告中的，足见当时厦门因贫饿致死的人数不少，以致检察处的报告把这种现象作为"附载"提出，似有提请当局注意的意思。厦门市商会在 1948 年 8 月的《厦门市商会复员周年纪念刊》上也有这样的文字："粮价暴涨不已，贫民挣扎于饥饿线上，街头游乞，饿殍载道。"[9]可见当时厦门民众的生活是如何的凄惨。

第二章 内战风烟再起，百姓重入水火

物价飞涨，百姓食不果腹，造成了"在饥饿威胁下，人间已无母爱，厦门弃婴日益增多"，[10]有人不得不抛弃亲生孩子，路上常有弃婴。1947年5月12日，市上发现多名弃婴，益同人公会门口一名女婴，思明南路巷边一男婴，大中路一女婴。5月22日，公园东路附近有一个妇女抱着刚出生8天的儿子要卖，母亲想去做人奶妈。路上常有饿殍出现。6月9日，厦禾路219号门口发现一女饿尸。1948年1月17日，打铁街新南记民栈梯下发现男尸1具，被认为饥寒致死。1949年6月27日，角尾路79号门前发现一男尸，系老年车夫饿死。"港澳仔岭发现饿死男尸，40多岁衣服破烂，单薄，形瘦如柴，饿狗两头拉噬其腿，互相争食……"[11]"物价涨风未止，升斗小民，度活维艰，逐日两粥一盐苟延残生者，比比皆是。"厦门的物价高涨，一些在饥寒线上挣扎的人们，已经无法自食其力了，不得不以行乞度日。乞丐越来越多，其中以老年妇女儿童居多，"骨瘦如柴，力难支体，多卧于救济总署门前及轮渡码头，有稍健者，便挨户逐店乞讨，非不得所施不走"，[12]随着厦门经济的恶化，乞丐更多了，1949年12月29日，厦门警察局不得不拟设乞丐收容所。[13]厦门市冬令救济会和益同人公会，在1948年农历元旦到初五，联合施粥，五天内统计受赈人共有30528人。当时厦门人口仅近16万人，将近五分之一的人去吃了救济粥。

饥寒交迫，民众生病者众。据1948年5月厦门市的省立厦门医院、中山医院、海军第二诊疗所、救世医院、鼓浪屿卫生事务所等医疗单位的统计，5月份经各医院（所）诊治的各种疾病患者人数，共有13813人。同月份厦门市区和鼓浪屿区的人口统计是133857人，以这个数据，当时厦门人十个里就有1个病人，占10%，这是多么可怕的数据。这里还不包括私人医生诊治及没钱看病任由死活的患者。[14]

原来厦门各中央机关经费还是充裕的，但1949年初，国民党打内战，且节节败退，政府机构忙着疏散，工作人员的薪津乏人料理。厦门大学不仅教职员薪资无着落，公费生的吃饭也成了严重问题。即使国立大专学校公费生能够领到公费，每天的菜金也只够买半根油条。厦门大学的学生不得不自救。厦门大学学生曾要求学校借给每个学生2000元，学校却回复，全校的存款仅有数千元。如学校向银行借款，但到期本息都无法还清。学生们只好自救。学生们组织了活命自助筹备会，决议进行四项工作：拍卖、义卖、短工、开办补习班。他们从最容易做的义卖开始了自救，先行成立了义卖队，下分32个小队，每队5人。1949年2月10日上午8时，有百余名学生举着"厦大学生活命义卖队"的横幅，沿街唱歌，张贴标语，开

展义卖工作,他们带着文具、书报、纸花、香烟、瓜子、糖果等物,在厦门市内及鼓浪屿沿街义卖。2月23日,厦大学生救饥委员会的卖烟队一行5人到漳州,他们走遍漳州市区,沿街推销香烟,以"以劳力换生存代价"。[15]

厦门为何粮荒,从当时厦门商会与政府往来的一些函件、给商会会员单位的通知及报章所言可见,"其非天然灾歉而系人祸"。首先,当局把控着采买粮食的采运证。厦门历来是消费城市,非粮食产地,粮食均需外地运入,当局要求粮商向产粮地采买粮食必须向市府领取采运证,粮食运达厦门后还需报请市府派员点验,缴销运照,手续十分麻烦,这也使得采运证成了官员手中卡粮商的利器,贪腐必不少,小粮商的生机更加困顿。从厦门商会向市府条陈调剂粮食办法中有这样的文字:"便利粮商请领粮商采运证,粮商欲往内地采粮申请,市商会转请市府发给采运证,市府接到申请书,应即核发。"这段文字包含着多少的无奈,可见采运证不好申请。其次,当局控粮不发,甚至劫侨胞济厦粮食。国民政府行政院救济总署厦门办事处在厦门就囤有面粉,却不救济厦门的粮荒。泰国福建会馆侨胞获悉厦门粮荒,筹运2000包大米给厦门赈灾,可是这批大米却被救济总署厦门办事处劫扣不发,完全不顾厦门百姓死活,引发众怒。第三,外地粮食禁运。战前,厦门的粮源主要来自南洋及漳州,战后,南洋的粮源断绝,如缅甸大米就禁运出口。内地的粮食也曾源源不断地供应厦门,但是,1946年以来,由于战事,各地均禁运粮食出境,福建省政府严禁粮食出省,附近各县执行禁令,禁运粮食出境。外省更是如此,厦门粮商曾想在浙江永嘉县采买6万石粮食来救粮荒,但永嘉县也同样禁运粮食出境。厦门粮食公会会员四兴行1947年4月初曾在江苏镇江采购了大米800包计1200石,中旬在准备装运时,就因当地禁运粮食出境而被阻止。第四,奸商、官僚资本走私、哄抬米价。在1946年4月22日,厦门商会召集商会理监事及米业公会各会员的紧急会议,会议决议有这样的条款:"二、由会商请市政府拟具严厉取缔粮囤积办法……四、米商兑米应依照米源价格加合法利润,不得居奇。"在5月1日厦门商会向厦门市政府建议调剂粮食的办法,再次提出:"取缔投机操纵,囤积居奇。"《江声报》也写道:"米价愈高,有米谷者闭藏愈甚,无米谷而有资本者争购愈烈。"[16]一边是极度缺米,另一边是奸商在大肆走私大米,将大米运出厦门牟取暴利。1947年6月15日、18日两天,鹭江警分驻所及水警在第三码头查获运往外地牟利的白米90包;18日,水警又在开往福州的"鹭江"船查获30包大米。[17]1947年7月14

第二章 内战风烟再起，百姓重入水火

日《江声报》的《街头怨语》曾指出，厦门粮米走私出口，是豪门资本、官爷资本、太太资本所为，当局视而不见，民众哀声载道。报纸还指明这些的粮米是从温州运过来的，每天多至10多船，而且还是公开进行交易。[18] 足见，粮价的暴涨有不良米商及资本的推手。第四，兵祸。1949年初，国民党兵败南逃，小小厦门一下子涌进13800余人。到6月，增至2.3万余人。当时解放军已是大兵压境，福建形势紧张，交通阻断，粮食无法调入厦门。这些游兵散勇有的沿途抢劫，禾山一带农民深受散兵所害；有的向商会、行店强行摊派；有的明借暗抢……9月26日，国民党东南补给区第一分区向厦门市商会"筹借"面粉5000袋；27日，又要再借，商会也没有面粉了，只能以大米抵借。至10月17日厦门解放，解放军接管福建省省田粮处厦门直属库时，仓内只有空的大麻袋19940条及32310条废麻袋。直属库的经费仅剩银圆8.82元，其余财产有竹床13张、自行车1辆和公文箱若干，粒米不存。[19]

二、公职人员生活陷困境

由于通货膨胀无法控制，连税收都实行代金制。1946年11月，福建省田粮处电告厦门市政府：厦门市田赋改征代金。12月，市政府规定本市该年度的田赋的征收原则：凡赋额在一元一分以上，征实（应征田赋的正税，缴纳实物）米三市斗，折征代金11814元，征借（国民政府因缺粮，向各省、市田地业主借粮，并发给征借抵纳证，但当局根本无法抵还）3市斗，折金代金11814元。公学粮（指供给各级公务员、教职员以及团、队、警兵役费的公用配给粮食）1市斗5升，折征代金5907元，带征积谷（地方代征储粮，以备灾荒赈济），五市升，折征代金1964元。

通货膨胀的高涨，也使得原本生活比较安逸的公职人员的生活陷入困境。1946年8月17日，厦门大学教授会通电全国呼吁："溯自胜利复员以来，各地物价飞涨……厦门市物价之高，向为全国之冠，甚至有过于京、沪一带……同人等虽种菜采薪，而两口以上之家，仍无以自给……同人生活，益陷于不能维持之境地矣！"对此，国立侨师和一些中、小学的教职员工纷纷响应，要求改善待遇。省立厦门中学职员提出"总请假三天，以便各人分头借贷而维持生活"。据1946年1月统计，厦门失业人数达13000多人，无业游民达30000余人。大批政府公务人员的"全月收入不敷个人半月伙食费，他们当中的许多人，典当卖绝，妻啼子哭，愿为效济难民，

【43】

亦不可得。"[20]

1947年5月，厦门市的教职员工因当局未清欠薪，于21日宣布罢课。7月9日，市政府会计人员因薪津微薄无法对付日益高涨的物价，联合向市府提出："请假十天，以作沿门乞饭，稍充精力。"1947年6月24日，市警察局全体官警因物价高涨，收入少，决定请假3天拉黄包车。[21]

1948年国民政府行政院发布全国各地公教人员生活指数，将厦门列入华南区6.5万倍指数即第二级区域后，厦门的公教人员提出抗议，厦门大学和十几个中央驻厦机构都打电报给行政院、教育部，指出：厦门的物价高冠全国，实际物价指数已达16万倍左右，且依然还在上升。将厦门调整为第二级区域，即6.5万倍指数，将使厦门的公教人员生活陷入困境。[22]

厦门物价如脱缰的野马，绝尘而去，时间的推移，并没能使厦门民众的生活摆脱绝境，而是愈来愈让人窒息。自1949年初，厦门大学的教职员就领不到薪津了，不少人不得不依靠借贷度日，也有人只得典当家中物品以维持生计。教授不得不戒掉香烟，不得不辞了家里的帮佣，由妻子亲自操持家务。不少教授家庭因没钱买菜，所吃的稀饭只能拌酱油，甚至还有用盐水拌饭吃的。日子无法过下去了，只能以罢课的形式来引起当局及世人的关注，解决薪津无着的问题。1949年4月11日，厦门大学教职员联合会发起罢教三天，并发布了告厦门市各界人士书，内容如下[23]：

厦门市各界人士：今日吾人生活，困难已极，教育前途，亦黯淡可悲。政府宣布厦门市区，三月份公教人员生活指数为4200倍，而本校三月份收到政府汇来款项仅为375倍之数，其余至今未见寄来。此外，自二月份迄今，政府尚未拨付本校经费，计有员工薪俸、学术研究费、米贷金、建训班薪俸、学生公费等项，共计6亿众金圆。本校财用遂至枯竭，试思处此情景，全校员生一日三餐如何维持？学校经常事工，如何推行？员生安能耐心研读？学校安能发展？夙夜细思，悲怨交集。夫教育为立国之本，学校为树人之区，尊师重道，政府亦时为言，顾乃事与言违，虽令不行，坐使教育濒于破产，学校员生濒于饥亡。同人等为促醒政府正视事实起见，除电请改善待遇，请发积欠外，决议总请假三天（自本月11日至13日）。同人侧身教育，自知责任重大，固不愿荒废光阴，惟事迫不得已，尚冀各界人士，谅之宥之！起而助之！

厦门大学教职员联合会
（民国）卅八年（1949年）四月十日

生活的困顿，使得原本在安静的校园里教书、研究的厦门大学教师们为了活命，不得不四处奔波。

在1947年至1949年间，暴涨的物价波及司法、警察人员的生活。工资不能按时、足额发放是常态。1946年4月16日，厦门市警察局警察因粮食一直无法解决，市财政局局长杨庚生竟被警察围殴致伤，市警察局局长沈觊康也因杨庚生被打案被迫辞职。因无法供应足额粮食，10月18日，市警察局奉命缩编，裁员35人。[24]

1949年1月7日，市警察局官警90余人以收入微薄，入不敷出，告贷无门、饥寒交迫，联名呈市长陈荣芳，请求加薪。呈文如下："窃查自金圆券贬值以还，物价已增至30倍，公教人员薪俸仅增5倍……"陈市长批："市库空虚，无法解决。"[25]下级司法人员即使能领到工资，也无法按各人的级别领到应发之数额。厦门司法界也不例外，司法人员因未领到1949年四、五月份的工资，酝酿集体请假5天，实则集体罢工，以抗议上级机关扣压拖欠薪俸。1949年6月4日《江声报》披露了此事。"本市高等分院暨检察处全体职员顷以中央久积四、五月份薪俸不发，员工生活濒临绝境……请求转请层峰发薪，否则将于月底全体停止工作。"该报于同年6月16日刊出一则题为《一片呼救声　国库应付难》的报道："最苦者为司法行政部下辖各高、地院。数月来未得到钱，职员更陷罗据具穷境地，多处地方法院已自动关门，形成'无法'状态。法官均叹：'连法官也养不活，这就完了。'"[26]

第三节　币制改革，经济崩溃

一、市场拒用，金圆券疾速贬值

抗战胜利，国民政府宣布禁止伪中储券流通，限定时间向银行兑换法币。当时市面流通的法币票面额为一元、五元、十元及五十元。1946年下半年起，新增的一百元，兼有二百元、四百元、五百元面额和少量一千元面额的大钞陆续上市。由于恶性通货膨胀，物价暴涨，法币急剧贬值。1947

年2月间，市场拒收五十元面额的法币，为了挽救法币的颓势，福建省政府在4月间发布命令，若拒收小钞将以扰乱金融处置。看看电文是如何的严厉："查小型钞票应一律通用，不得拒收歧视，叠经电令饬遵布告在案。近据报各地商民仍有拒用情事，殊属不合，除分电外，合再重申前令，电仰晓谕商民对于小型钞票应照常流通，否则即以扰乱金融依法惩处。"[27]可是，这个禁令根本无济于事，法币狂跌，为了饱腹，人们根本不顾忌什么法令了，5月间市面又拒收百元面额的法币。5月7日厦门商会发布了《发行临时流通券办法》的公函致厦门市参议会。公函提出，鉴于临近个县早已发行金钞实物流通券，或以金银白米交易媒介，厦门本市的税务机关征收税款也已改用银圆或税元了。商会认为要稳住厦门市场，必须成立厦门行商公库，发行自己的临时流通券，以维持市面，安定地方金融。可见此时的国家法币已全然没有信用了。6月间，厦门市面交易，各商户拒绝使用一百元、二百元钞票，甚至四百元的钞票也被拒收，即使买一件小小的物品，均需伍佰元起价。厦门市政府认为"此不惟影响国家币制信用，抑更刺激物价之继续上涨……若不严加取缔，则今后拒用风将接踵而起"。6月20日，厦门市警察局命令侦缉队严办拒用法币的商人们。接着1948年8月间市上拒收五千元面额法币。当时，码头工人、三轮车工人工钱均要收港币、美金、菲币。市面上行商对万元、二万元、四万元3种法币都拒收不用，市郊、乡间小店、肩挑小贩也均拒收法币。12月初万元面额大钞运厦。11日，大钞出笼，人心浮动，市场一片混乱。

鉴于法币信用完全丧失，国民政府为支持内战军需，国民政府于1948年8月19日实施币制改革，取消法币，发行金圆券，票面有五元、十元、五十元、一百元4种，以金圆券1元折合法币300万元收兑急剧贬值的法币；宣布市场商品以金圆券为计价单位，银行存款以金圆券折算登户，并强制收兑民间金银、外币。黄金每市两兑换金圆券二百元；白银每市两兑换金圆券三元；银圆每元兑换金圆券二元；美钞每元兑换金圆券四元。1948年8月23日金圆券在厦门发行。

据1948年10月1日《江声报》登载：财政部广州金融管理局局长朱盛荃9月30日招待记者时谈及厦门市金银、外币收兑情况，自8月23日至9月29日止，"计收入黄金1912393市两，白银148992.47市两，银圆105580元，假角282702枚，美钞4414329.55元，港币1403246.60元，菲币540825元，共值金圆券20852093元。"就这样，国民政府将百姓手中的金银美钞等统统搜刮走。但是，金圆券并无现金准备，发行又无限制，不

第二章　内战风烟再起，百姓重入水火

到 10 个月，全国发行额就增加了 65 万倍，批发物价上涨超过 120 万倍，而普通民众手中的金银、美钞等已被国民政府搜刮而去。自"八·一九"币制改革以后，币值日贬，物价扶摇直上，人心惶惶，金圆券也失去信用。1949 年 1 月 8 日《江声报》载："时局日趋严重，新经济措施欠周，人民因受过去物价恶性膨胀的教训，对金圆券信用起动摇……政府缺少大量物资，仅与老百姓见面未及三个月的金圆券弃如法币，继续抢购物资，各地物价纷纷抬头。"当时，厦门市场多以外币、银圆交易。1949 年 4 月 9 日《江声报》报道："连日金钞狂涨，金圆券已步法币后尘，同掘坟墓，贬值之速，令人惊骇，五十元券被葬送后，为时不及一月，而今百元券又苟延残喘。昨日市上不论巨商贩子，对持百元券均以八折计算……各市场讨价还价声喧，商场怨声沸腾。"当时，连市政府也不要金圆券了，邮电费、公用事业费，甚至税收都改收税元，等于收黄金；海关收关元，等于收美钞。

金圆券的疾速贬值，为了自救，福建省的各县市相继停止流通金圆券，拒用金圆券。连省城福州都在 1949 年 5 月 20 日开始拒用金圆券了。结果整个福建省仅厦门尚在流通金圆券。但是上至有钱人下至一般民众零售小贩等还持有金圆券的人们，无不争相套购美元以免受金圆券贬值损失。厦门的钞市买卖十分活跃，各地的游资纷纷涌入厦门，使得钞市买卖进入疯狂境地。场外的钞币买卖早上与晚上相差 7 倍之多。据《江声报》1949 年 5 月 22 日报道，在早市美元与金圆券的比值不过 1∶2000，到午间即达 1∶3500，买家十分恐慌，只要开价，买家立即蜂拥而至大肆购入；下午 3 点，达到 1∶4500；到晚上比值竟高达 1∶15000，破了记录。恐慌弥漫，小贩因金圆券的断崖式跳水，不敢再售卖东西，因为卖得越多亏得越厉害，他们急忙收摊，继而门市商店也赶紧关门，以避免损失。午后 4 时，歇业之风蔓延至各门市商场，市面上顿呈一片凄凉恐怖气氛。民众对未来生活感到绝望。这严重的事态促使厦门市军政当局的重视，在警备部举行联席会，做出决议：拒用金圆券者将处以军法。[28]但是，即使如此严厉的处罚，也难以挽回金圆券的败势。市面上买卖东西都以实物为标准了，理一次发，须 5 斤米，看一场电影 2.5 斤米，电每度 3 斤米，厦鼓轮渡票涨到 12 两米（旧制每斤 16 两）。[29]当时的厦门市警察局思明分区局长安尚志向市警察局局长报告："市面以金圆贬值，每元美钞折金圆 2 亿元，商家不约而同全体拒用"。

自金圆券发行以来，物价一日数涨。金圆券的飞速贬值，一时一价，使得各种收费都不敢收金圆券了，税收也以米价做标准收代金了。厦门市

的公共事业收费陷入了混乱状态，每每收费，赶不上物价的飞涨，公共事业费按月调整还是无法稳定收支，如不能收支平衡的话，有关的公共事业公司势必关门。因此，1949年2月，自来水公司、电灯公司、轮渡公司、电话公司都上报市政府要求改用白米折收代金为标准。当时，自来水公司用水收费每担征收白米四两，电灯公司电费每度白米三斤三两，轮渡公司票价收费每票征收白米8两，电话公司电话每架折征白米100斤，分机折半。经厦门市政府研究后，准许各公司改收白米的原则。[30]1949年2月20日，厦门的公私立学校及公用事业收费全部以白米折算，粮食公会每日以上中下白米价格及全日白米的涨跌，计算出平均价格，然后报厦门商会，再由商会公告当日白米价格，其他须收费的部门以此作为依据收费。

由于物价飞涨，先是法币后是金圆券的惊人贬值，连政府的税收都以实物为税。如上所述，1946年11月，福建省田粮处就电告厦门市政府：厦门市田赋改征代金，同时也实施了田赋改征代金。到1949年8月，国民党政府强令各省、市田赋全部征税实物，并实行"征一借一"新则。厦门市田赋改征实物，还规定公学粮及其他附税再征收3%，征借只付利息。[31]

币制改革更是使底层民众陷入万劫不复的境地，厦门市统计室编有以"八·一九"币改后为基期之本年9月份起工人生活指数，12月份总指数仅为"八·一九"的14.95倍，但这个月总指数是以本月的5、15、25三日各种工人应用物品价格的平均数计算的，如果以1948年12月30日的物价计算，12月份的总指数应是30倍左右。[32]

表2-4　1948年9—12月工人生活指数表

月份	总指数	食物类	衣着类	燃料类	房租类	杂项类
9月	103.05	98.25	28.38	134.21	100.00	104.21
10月	185.05	179.94	281.62	191.81	100.00	261.68
11月	643.26	590.50	1205.88	821.35	516.20	733.64
12月	1495.44	1358.69	3304.78	1831.58	1088.02	1587.85

1949年5月间警备司令部下令禁止拒用小钞，要各商店张贴"本店不拒用一千元金圆券"字样，其实连五千元面额的金圆券也没人要了。6月间金圆券几成废纸，国民党厦门市党政军民联席会议，只好做出允许市面使用银圆、双毫（二角）银币和铜圆的决定。就在金融全面崩溃之时，控

制厦门经济命脉的官僚资本四行、两局、一库，竟然还争相大搞金融投机，攫取暴利，多数商业银行也跟着以金融投机作为主要业务。当年的《江声报》曾发表社评，揭露中央合作金库厦门支库破坏厦门社会经济的行径。9月间，整个厦门市场陷入停顿状态，仅中央银行、福建省银行和厦门市银行因解付国库、省库、市库关系没有关门，其他银行均告停业。

二、投机者来厦套购外钞，金圆券崩溃

1945年10月至1949年9月，活跃在镇邦路一带的"黄牛"和"银牛"，川流不息，镇邦路一带成为厦门金银、外币、外汇黑市的中心。1948年下半年，京沪广游资汹涌南下，市场上银根充斥，投机家与国家银行互相争购黄金外钞，哄抬金钞价格。

1949年的4月，厦门已是一片"战时景色"，一船船的国民党兵经过厦门尽向南撤，厦门街头三多，车多、兵多、官多，厦门"遍地皆兵"，一间商店平均每月就得养上半打的兵。官多，这些达官贵人带着足够的银圆美钞来厦花销，更促使金圆券的暴跌。《星岛日报》记者来到厦门惊讶不已，如果以当地流通的币制看，"好像我们是处身檀岛、马尼剌或是美国的属地，因为这岛上一切的一切都以美金为本位，所以一向活跃在粤东半壁的通宝，视为银坛骄子的港元，到这里就遇到了劲敌——美元，甚至遭势利眼的商人拒用"。[33] 厦门黑市买卖外钞十分火热。镇邦路一带这厦门最热闹的外币及银圆的露天市场，整条路水泄不通，人头攒动。从事黑市交易的人们或身上挂着钱袋，或携着皮包，手里拿着美元、银圆叫卖着。有的是美元换港币，有的是港币换银圆，"走在这条路上，犹如置身国际贵重货币的交易所，一向不易看到的，闪耀的银圆、黄澄澄的金镑、贵重的美钞、坡币、港币……这里都整袋整叠地传来传去"。[34]

资本就如吸血的蚂蟥，嗜血的野兽，蜂拥抢入厦门。广州、上海等地的投机分子空运了大量金圆券来厦门套购外钞。厦门1949年4月中旬，各报纸都用大标题报道《廿五亿大钞遭殃记》，原来厦门市警察局在1949年4月14日在机场当场查获从上海飞来的施国铨携带金圆券1.24亿元，从广州飞来的陈添灶携带金圆券7亿元、劳福源携带金圆券10.5亿元、王建章携带金圆券5.68亿元。这批查获的金圆券达25亿之多。[35] 除了王建章供称所携带的钞票是要转交厦门南益信局分发侨汇外，施国铨、陈添灶、劳福源等所携带的巨钞均无法拿出正当用途的证据，而且，即使是王建章所提

供的证据也是不足的。这些人都是从广州、上海带金圆券来厦门收购美钞牟利的。运大钞来厦门换美钞获利丰厚，至少有50%的获利空间。他们眼明手快，打时间差。这些投机商都是先从厦门带美钞到上海、广州，先买好回程机票后，再打电话到厦门了解了行情后，在飞机起飞前急速卖出手中的美钞，再买入金圆券大钞带上飞机。上海到厦门仅2小时左右的航程，广州就更近了，在这一两个小时内，厦门的金钞行情一般不会有太大的涨跌，他们一到厦门就抛出手中的金圆券，再吸入美钞。这些投机商赚得盆满钵满，但苦了厦门广大民众，特别是底层的百姓。

查获的25亿金圆券套购外钞不过是冰山一角，金纱暴涨风潮是怎样发生的，从1949年4月7日至16日间的美元兑金圆券暴涨的过程，可略知一二：4月7日美钞与金圆券兑换价晨开仅1∶26000，中午竟跳上1∶30000。当天下午4时，乘坐广州来厦班机的投机客携带来大批钞票，一投入市场，市情狂奔狂涨，金圆券一泻千里，当晚收市的美钞与金圆券比价是1∶37000，仅在10小时内，物价普遍上涨36倍。8日美钞与金圆券兑换价晨开1∶37000，下午3时左右，泉州方面游资入市，遭此哄抬，收市时，美钞与金圆券兑换价高涨1∶43000。9日美钞与金圆券兑换价晨开仅1∶43000，下午1时后，因中央合作金库从上海运来大钞加入购钞，至5时左右，美钞与金圆券兑换价达1∶55000。15日，央行运到大钞30亿，美钞与金圆券兑换价从1∶60000跳上1∶70000。16日，"北京""渤海"两轮船运来大批钞票，美钞与金圆券兑换价从1∶70000冲破1∶100000大关。

谁在操纵厦门金钞市场？从上面看来，金钞的暴涨不仅是被外来游资所影响，还因国民政府印发大钞所刺激以及中央合作金库、央行参与套汇所致。如16日上海央行发行50000元大钞，消息传到厦门，美钞与金圆券兑换价遂从1∶70000跳上1∶100000，500元面值的金圆券币值变得很小了，因而被市场拒用。原来，厦门市金钞行情波动是受着港沪行情的影响，因为在上海大钞出笼抑或银根松弛时，这里有个时间差，厦门金钞行情总比上海低。厦门本地没有大钞，因此，市面银根一紧，市情也就不见得怎样波动了。但是，国民政府的中央合作金库厦门分库却用飞机运大钞来厦门，上海到厦门仅需2小时航程，大钞十分容易地出现在厦门了，大量的金圆券涌入厦门市场，便造成了空前的暴涨风。中央合作金库在厦门收购美钞，运到上海去牟利，再把上海大钞运来厦门，这样一来一往，获利百倍！于是，很多奸商和投机分子，也学会了中央合作金库的勾当，从上海、从广州的班机上，一批批的投机客，把市面的行情搞乱了。

金钞的暴涨风，引发各方的注目，厦门的报纸抨击这次金钞暴涨的人为因素，揭发中央合作金库收购金钞，私运大钞的内幕，引起舆论哗然。物价的暴涨，奸商运大钞来厦牟利，按理市府应该取缔，但是，由于中央合作金库的后台老板相当硬，来头也大，陈立夫也是其中的一个，因此，虽然厦门市场被冲击，物价脱缰，当时的厦门市李怡星市长明知系中央合作金库所作所为，也不敢采取过硬行动。金钞暴涨，除了中央合作金库以及一些走私集团运钞牟利外，其中就有不少的投机分子沾了中央合作金库的光，也在干这投机的生意，哄抬金钞。特别需要提起的是厦门的地下钱庄，这些原来已被政府取缔的金融吸血鬼，利用了政府经济崩溃的机会，再利用了合作金库的权力，大事操纵金融市场，成为中央合作金库的帮凶。

厦门市政府为了推卸责任，若不痛下杀手一次，似乎难脱责任。于是决定拿这些投机分子下手，就有了在机场查获 25 亿大钞的行动。然后，厦门市政府又下了一纸命令，限制旅客来厦门只准携带金圆券 2000 万元。这样既保全了中央合作金库的面子，又不得罪中央合作金库，如果中央合作金库今后再干运大钞牟利的工作，引起金融激烈动荡，那么责任也就不在市府了。

中央合作金库带头炒钞，造成物价飞涨，经济崩溃当然就势不可挡。

第四节　厦门与黄金密运

1949 年，厦门迎来了不少中国当时的众多的重磅人物，蒋介石、蒋经国、宋子文接踵而来，厦门发生了什么，让他们如此关切厦门？这跟黄金有关。因为此时的厦门成为蒋介石密运金银的储存地和转运地。

一、密运金银，掏空国库

1948 年 12 月 1 日，英国记者乔治·瓦因（George Vine）住在华懋饭店（今上海和平饭店北楼）靠中国银行一侧的客房。午夜时分，他听见动静，就从窗口往外望。在昏暗的路灯光下，他仍可以看到有一艘船舰停泊在黄浦江岸边。他又看到了地处黄浦江畔的中国银行在滇池路的侧门及圆明园路口有挑夫在挑抬东西。乔治·瓦因看到挑夫有两人抬一箱，或一人挑两箱，从滇池路走向黄埔江边，且看情形所挑抬之物很是沉重。凭着做记者的专业直觉，乔治·瓦因断定挑夫们所挑的沉重担子里应该装的是黄金。于是，他向伦敦发了如下电讯："……中国的全部黄金正在用传统的方式——用苦力——运走。"第二天，英国报纸就刊载了这则消息，路透社用"国民党政府央行偷运黄金"的标题报道这则消息，上海的《字林西报》《申报》及其他报纸转载了这则消息。这则石破天惊的消息，不仅震惊了上海，也震惊了全中国。[36]

乔治·瓦因的推测是对的。1948年11月29日在国民党中央银行发行局向当时的央行总裁俞鸿钧的报告中是这么写的：

谨密陈者：上周据台处沈代表祖同来局密洽，以奉钧座密谕，向职局接洽移运库存准备金项下之一部分黄金至台北存储，当经面请钧座核示移运办法。奉面谕：此项移动之船只，由沈代表及粤行丁经理负责办理。职局应先将库存内之黄金贰百万两，先行妥为装箱，备运台北，由台处沈代表祖同负责妥密保管，并饬指派押运人员及长川驻台北协助沈代表照料库储者二人，归沈代表指挥监督。等因。自当遵办。兹已将黄金装箱手续完成，计共柒百柒拾四箱，合纯金贰百万零四千四百五拾九市两点伍零陆。兹又据沈代表、丁经理通知，洽妥海关海星巡舰装载，海军总部美朋舰随行护卫，准于十二月一日午夜装运，首途至基隆登陆转台北。等语。职局拟派一等专员兼出纳科主任陈舜、襄理何骥、调拨科主任瞿锦波、副主任刘光禄等四员，随舰押运。其中陈、瞿两员因在沪职务重要，押运到达目的地妥交后，仍即返局，何、刘二员拟属长川驻台，归沈代表指挥。监督服务。上项黄金俟装出后，拟即在金圆券库存现金准备下付出，列记寄存台处户名列账，并密报金圆券发行准备监理委员会核备。所有奉命筹运情形，理合具签呈报。是否即装洽妥舰只运存台及拟派押运或留驻人员是否允当之处，统祈钧座核示，以便遵办为祷。谨呈

总裁
副总裁

发行局密呈

（民国）卅七年（1948年）十一月廿九日

附注：

奉总裁批："照办"。十一月廿九日

第二章　内战风烟再起，百姓重入水火

蒋介石、蒋经国（左二）与吴嵩庆（左一），俞鸿钧（右一）合影

有关往来电文摘录：

十一月廿九日　代电警备部，告知戒严时装运人员活动地区，请加派警卫并协助（代总裁批发）。发电10784。

十二月一日　代电驻台沈代表，告知妥密存储、负责保管，并为协助办事起见，派何襄理、刘副主任长川驻台。发电10783。

十二月三日　函警备部包参谋长送还通行证、臂章等件（陈副局长私函）。发文5771。

十二月四日　陈、瞿电复到基。

十二月五日　抵台北进库。

十二月八日　电告何襄理、刘副主任凭运送清单，另立纪录簿记账，并填制收付报告表寄局。发电10889。

十二月十日　沈代表函还护照（由陈、瞿两员带转）。到文29032。[37]

1948年12月1日，装运黄金2004459.506市两，计774箱。这些黄金装载在海关巡逻舰"海星号"，国民党海军"美朋号"随同护卫运往台湾。发行局还派出"一等专员兼出纳科主任陈舜、襄理何骥、调拨科主任瞿锦波、副主任刘光禄等四员，随舰押运"。这批黄金12月4日到基隆，5日又运抵台北。这些黄金的账"在金圆券库存现金准备下付出"。

1948年12月1日，开启了蒋介石将央行的黄金储备劫运到台湾及厦门的秘密行动。

1948年底，国民党政权已是风雨飘摇。1946年3月到1948年11月，中国人民解放军与国民党军队在东北展开三大战役：四战四平、四保临江及辽沈战役。战役结束后，中国人民解放军的兵力首次超过国民党军。解放军从战略防御转入战略反攻。此时国统区物价飞涨，经济崩溃，当时流传着这样一句话"转条马路，物价就要翻一番"，金圆券像自由落体，直泻而下。副总统桂系李宗仁乘机逼蒋介石"下野"。在统治地位即将不保的情况下蒋介石开始实施他的"军国大计"。

1948年10月9日，蒋介石密召央行总裁俞鸿钧，首次谈及要转移黄金，"改储金地点"。蒋介石在11月22日的日记中写道："另选单纯环境，缩小范围，根本改造，另起炉灶不为功，现局之败，不以为意矣。"[38] 从这日记可看出蒋介石已开始考虑退路。这里所指的"单纯环境"，其实就是台湾。蒋介石眼见国民党军队如此不堪一击，唯恐再失守京沪，密谋将上海央行的黄金储备及银圆、外汇，密运到他认为安全的两个海岛——台湾、厦门。

为什么蒋介石选择台湾作为他的退路呢？这里必须提到一个人：张其昀。此人被称为"陈布雷第二"。张其昀是著名地理学家和专攻国家战略学的学者，在学术领域之外，张其昀曾是蒋介石"有言必纳"的智囊。因此，他的建议毋庸置疑，是很有分量的。

当时国民党的选项只有西撤西南、海南，东撤台湾。张其昀是东撤论的主张者。他认为西撤不妥，西南虽然地势险要，但解放军善于在崇山峻岭中作战，根本抵挡不了解放军。1945年台湾光复后，张其昀曾领队前往考察，熟知台湾地理人文。他提出了东撤台湾的种种优势：从地理方面看，台湾海峡阻断了台湾与大陆，海阔浪高，共产党的海、空军力量极其薄弱，无法跨海追击；从政治方面看，台湾长期与大陆联系较疏，干扰少。从社会经济方面看，台湾的交通较发达，农村经济发展较好，即使社会稍有动荡，也较易处理。因此，国民党若将政治、经济、文化中心迁到台湾，台湾就可以成为"反攻大陆"的基地。[39]

不但张其昀提出东撤的提议，蒋经国甚至比张其昀还要早就提出过相同的看法。1948年6月26日，蒋经国在给蒋介石的家书中就向父亲直言："我政府确已面临空前之危机，且有崩溃之可能，除设法挽回危局之外，似不可不作后退之准备。"蒋经国建议："非台湾似不得以立足，望大人能在无形中从速密筹有关南迁之计划与准备。"[40] 对蒋介石而言，国库的黄金是其立足台湾、另起炉灶的唯一本钱。

第二章　内战风烟再起，百姓重入水火

1948年，为了所谓缓解恶性通货膨胀，国民政府决定以发行金圆券来代替严重贬值的法币，于8月19日以总统命令发布了《财政经济紧急处分令》，规定自即日起以金圆券为本位币，废止法币。规定任何人不得持有黄金、白银、银币及外国币券。但是仅仅三个月后，金圆券便贬值惨烈，到11月底，金圆券已经贬值到发行时的五百分之一。黄金储备是一个国家的经济保障，它在稳定国民经济、抑制通货膨胀、提高国际资信等方面有着特殊作用。中央银行在金圆券发行后第三个月，即奉命将库存黄金密运台北、厦门"以备万一"。作为金圆券准备金的国库黄金几乎被掏空，金圆券的信用完全丧失，金圆券贬值完全失控了。

在乔治·瓦因的报道见报后，国民政府中央银行赶紧出面"辟谣"，声称乔治·瓦因的报道不实，国库中的黄金并没有被运走。为了证明国库黄金的存在，中央银行还修改了禁止私人持有黄金的规定，允诺人们可以到央行用金圆券兑换黄金，兑换比例为1000元金圆券兑换黄金1市两。中央银行将每天投放1000两黄金。这个兑换比例高出当时金圆券的实际市值几百倍，必然就引起了挤兑风潮。成千上万的市民集聚在地处上海外滩的中央银行和汉口路的中国银行外，银行一开门营业，市民们为了兑到黄金不顾一切地挤进银行，发生冲撞、踩踏，结果1948年12月24日酿成挤死7人、伤50多人的惨案。

1948年底正在挤兑黄金的上海市民

法国摄影家布列松（Henri Cartier-Bresson）的名作"轧金子"

挤兑惨案并没有阻止蒋介石抢运国库黄金到台湾、厦门的脚步，抢运黄金依然紧锣密鼓地进行着。尽管由于内外交困，蒋介石于1949年1月21日宣告引退，由李宗仁代总统，但是南运国库黄金的这一切都是蒋介石亲自掌控的。蒋介石1949年的日记里记载着许多与密运黄金有关的关键资料，如下文[41]。

1月15日（下野前6日）

约见鸿钧、席德懋指示中央中国两银行外汇处理要旨，总勿使两行外汇为后来者消耗于无形，略为国家与人民保留一线生机耳。

1月21日

本日为余第三次告退下野之日，只觉心安理得……密告孙吴……金融与外汇之处置与实数。对德邻实告其政治、军事及人事之部署。

5月19日

……督导青岛之撤退与厦门存金之移动……

6月3日

……台湾改革币制基金已经拨定，今后应以台湾防务为第一……鸿钧、攻芸、严家淦来见，报告外汇、头寸及台厦存金之支配，并指拨台湾银行基金共计5000万美金，此乃最主要之政策得以强勉实施为慰……

第二章　内战风烟再起，百姓重入水火

中国第二历史档案馆馆藏南京政府中央银行档案披露，在1948年底至1949年之间，央行频繁地将各地黄金调拨至上海央行及台湾。

1948年12月7日，央行发行局奉宋子文来电，运银洋1千万元到广州，此款由"拟即在金圆券库存准备金项下付出"；[42]1948年12月，将中国银行汉口分行代兑的黄金17885.455两运往台湾储存。[43]1949年1月20日，彼时央行副总裁刘攻芸，指令将业务局库存30万两黄金移拨给发行局作准备金。同时向发行局调回银币3000万元，其中500万元从上海拨交，从在厦行运存、寄存准备金项下转拨2000万元，穗行拨500万元。[44]结果到1月28日，这个调拨的数额变更为：厦行500万元，穗行500万元，上海2000万元。[45]1949年2月5日央行发行局在准备金项下拨出12万两黄金交业务局，而业务局则从香港中国银行拨等值的港币冲抵准备金，实际也就是将香港的资金调拨到了上海央行。[46]1949年3月21日，央行发行局在准备金项下拨出200000.164两黄金交业务局，而业务局则从台湾同数存金拨抵准备金，实际也就是将央行的准备金调拨到了台湾。[47]1949年5月18日，央行行务委员会在提到汤恩伯提取金银时，提到其中有"发行局代部保管新疆省银行缴存发行准备金项下黄金50298.304市两"；[48]1949年5月，解放军已兵临上海城下。5月中旬，蒋介石连续给汤恩伯发了五封亲笔信。顾祝同在上海召开作战会议上，汤恩伯曾拿出蒋介石的手令，其大意为："责成上海市秘书长陈良在上海市市长吴国桢因病请假期间代理市长一职，和汤恩伯一起负责将中央银行所存黄金、白银和积压在上海的大批物资运往台湾。在这批黄金、白银未运完之前，汤恩伯应集中兵力死守上海，直到这批金银全部运出，否则，有任何差错，都拿两人是问。"[49]蒋介石还在一封信中明确指示，"除在沪维持金融之必要数之外，行留黄金2万两，银圆100万元"。[50]这个指令到汤恩伯这里被加码了，5月15日，汤恩伯即对央行亲下手令："为适应军事，贵行现有黄金、银圆除暂留黄金五千两、银圆三十万元外，其余即务存于本部指定之安全地点，需要时陆续提用。"[51]这里所谓安全地点，指的就是台湾。5月18日凌晨，汤恩伯派京沪杭警备总司令部副处长吴本一带领士兵到央行运走"黄金13箱又33桶（据称171141.953两），银圆62箱（据称26.9万元）"，此时的央行仅剩黄金5000两，银圆30万元。[52]从上面的记述，可看到国民政府央行在1948年底到1949年初频频调拨各地黄金，从地方向上海及厦门、广州收拢，或直接运往台湾，掏空了国民政府大陆央行的黄金储备。

国库黄金密运台湾，也曾遭到各界的抵制。国民政府的财界也还是有

【57】

些许不同声音,时任国民政府财政部长的徐堪就是委婉的反对者之一。他明白运走黄金,国库将极度空虚、从而诱发挤兑风潮,这是十分严重的后果。为了消除这种疑虑,蒋介石特别派蒋经国前往上海与俞鸿钧一起说服徐堪。蒋经国在《危急存亡之秋》一书中写道:1949年1月10日,"今日父亲派我赴上海访俞鸿钧先生,希其将中央银行现金移存台湾,以策安全……"同时,蒋家父子还向财界持反对意见者施压。吴嵩庆也在1月10日的日记记下:"预支事……再赴徐府,知已得谅解,甚慰……"[53]蒋介石于1949年1月10日下手令,命令央行与国军预算财务署拟订一份"草约",从国库"预支"军费。1月11日,吴嵩庆收到指示,立即办理了与预支军费的相关草约。这是蒋介石下野后仍能运走国库黄金的关键。

还有一个人也曾试图不听蒋介石的指挥,拖延黄金密运,此人即是接任央行总裁的刘攻芸。刘攻芸一再拖延蒋家父子催办的密运黄金运台的指令,因为他认为,以蒋介石下野之身"委实不宜继续下令搬移国库存金"。此时,蒋介石收到俞鸿钧的密电"请经国兄催办"。1949年1月30日,国民空军总司令周至柔、海军总司令桂永清、联勤总部总司令郭忏及吴嵩庆一起见了刘攻芸。此等架势,刘攻芸岂敢再置之不理,拖延不办?刘攻芸同意交出国库剩余的金银。

此时以黄炎培之子、央行稽核专员黄竞武为首的金融界左派人士在知晓国库黄金被密运台湾、厦门后,也想尽办法来阻止运走黄金。黄竞武响应中共地下党的号召,秘密发动央行的部分职工罢工抗运,并向媒体揭露国民党政府的阴谋,致使密运计划泄露。5月12日,黄竞武被国民党政府国防部保密局特务逮捕,在狱中受尽酷刑,忠贞不屈。5月18日凌晨,惨遭活埋。

在获悉蒋介石密运金银,中共地下党也积极开展工作,阻止国库黄金运台。海关缉私船"海星号"在1948年12月1日及1949年1月1日两次参与了黄金密运,一次运抵基隆,一次运抵厦门。初始,海员们不知道运的是黄金,直到在厦门太古码头起吊时,不慎木箱跌破,才发现是黄金。中共地下党组织得知国民党当局还将继续用海关船运黄金,1949年春节前一晚,在同益里海关同仁进修会底层大厅召开各船积极分子会议,动员船员拒绝为国民党运黄金。用海关船运送黄金去台,也引起社会舆论的激烈反对。在海关船员的公开反对及社会舆论的压力下,蒋介石就无法再调用海关船密运黄金到台湾了。

尽管黄金密运遭到各方的抵制,但是为时已晚,到了1949年2月初,

第二章 内战风烟再起，百姓重入水火

国库黄金已基本运出，根据中国第二历史档案馆编的《中国国民党大事典》1949年2月10日的记载："至本日为止，中央银行将大部分金银运存台湾和厦门。上海只留廿万两黄金。"[54]也就是说到1949年2月中旬蒋介石已将国库掏空。

蒋介石到底运走了多少黄金白银，大半个世纪以来，一直是个谜。当时国民政府央行有多少家底，据国民政府检察院1949年的数据："中央银行在2月底有390万两黄金，此外尚有7千万美元外汇，及足够铸造7千万美元的银子。"但1949年4月16日的《纽约时报》却认为："已运出上海的现金恐还不止检察院的数字。"

从数篇央行内部业务往来的文件看，每一次资金的调拨往来记录还是很明晰的。国民政府央行1948年12月7日发文要求：业务局、发行局"除贵重物品已另行密饬办理外，其他重要公务及卷宗、账册，应尽一星期内运出"，同时还要求"先尽复员起至本年六月底止卷宗、账册运出，其余吨位，再装运复员前卷宗、账册，俟必要时，再装运六月以后卷宗、账册。""六月底以前可装运台湾，六月底以后者装运广州。"[55]国民政府央行的档案资料由"太平轮"运载，不幸的是，在台湾的档案资料显示：1949年1月27日晚，自上海开往台湾基隆港的"太平轮"，在浙江舟山群岛的白节山附近与货轮"建元轮"相撞沉没，装载央行交付的1317箱档案及5名央行工作人员，都随船沉没。同时黄金密运，是在极其秘密的情景下执行的，据主持第一次黄金密运台湾的俞鸿钧的机要幕僚何善垣回忆，奉命筹划密运黄金期间，俞鸿钧"凡公文撰拟、缮写、用印、封发，均一人任之，即于总裁室后之小室中办理。"1998年4月，香港《亚洲周刊》记者曾向台湾央行副总裁许嘉栋求证大陆运台黄金数量，许嘉栋表示："央行在台复业时，有部分资料已不可考，因此无法确知当初究竟是从大陆运出多少黄金……"[56]

蒋介石的"总账房"吴嵩庆的儿子、美国加州大学教授吴兴镛，在整理其父的遗档时，发现了吴嵩庆日记中关于1949年的军费记录，这是除了公开的蒋介石日记之外，有关国民党1949年军费收支的第一手材料。据吴兴镛的研究，他认为运抵台湾的金银共六批。从上海运黄金到台湾共分四批，加上从美国运的两批，一共为六批。[57]

第一批，1948年12月1日午夜开始前后分两次从上海运出。即前文所述的在1948年12月1日装运了黄金2004459.506市两，计774箱，这些黄金装载在海关巡逻舰"海星号"，国民党海军"美朋号"随同护卫，军舰抵

台湾基隆再转台北；上海运台湾，1949年2月7日，运55.4万两。这一批两次密运黄金到台湾约260万两、银圆400万块，由中央银行总裁俞鸿钧主持密运。

第二批，上海运厦门，1949年1月至2月间，99万两。

第三批，上海运台湾，1949年2月7日至2月9日，60万两。由飞机空运到台北。

第四批，上海运台湾，1949年5月19日至6月5日，19.2万两。由汤恩伯从上海运出，吴嵩庆参与其中。

美国运回，38万两。

第五批，美国运台湾，1949年8月22日，9.9万两。

第六批，美国运台湾，1949年8月30日，9.9万两。

吴兴镛通过查阅档案，问询一些当事人，认为蒋介石密运台湾的金银及外汇价值应约700万两黄金。在没有更详尽的资料情况下，这个数字也许是比较接近真实的。

二、预支军费密运厦门

在黄金密运中，吴嵩庆是个关键的人物。吴嵩庆，浙江镇海人，1949年，吴嵩庆参与了这场黄金密运，特别是将预支军费密运厦门。如前所述，在蒋介石下野前，就密令时任联勤总部财务署中将署长吴嵩庆与中央银行订立《军费草约》，把作为金圆券准备金的国库资金以预支军费的名义转运到财务署保管。据吴嵩庆的机要秘书湖北人詹特芳（或叫汪子柔）的回忆，蒋介石在"我们撤退到上海后，有一天将吴嵩庆叫去，亲笔下了一个条子，叫他到中央银行总库将全部黄金、银圆及外币提走……"[58]

为什么蒋介石要把预支军费密运厦门呢？我们也可以看到张其昀主张的印记。从地理位置看，厦门港是上海至香港航线的中间点，也是往南洋的必经之路，是重要的运输航线；离台湾最近，撤退方便；从这里取军费发放到各地，相对也方便；蒋介石已提前将其亲信、侍卫长石祖德派到厦门任警备区司令，其嫡系近侍卫戍部队（南京警察第三队）也被派到厦门，有着自己人守卫这些黄金白银，就更放心了。再则，也许蒋介石还心存侥幸，以为还有可能固守东南沿海扳回败局。厦门就此成了蒋介石为内战提供资金支持的最后堡垒。

这些预支军费是何时运抵厦门的？我们可以从有限的国民政府央行的

第二章 内战风烟再起，百姓重入水火

蒋介石、蒋经国和财务署署长吴嵩庆（右二）

相关档案以及当时报章的报道了解一二。

1948年12月24日，在央行发行局的一份报告中提到，将用招商局可载1500吨的登陆艇"万利"号，运载准备金项下的债券、银类到厦门。[59]初定1月4日运出。但因档案的缺失，这艘"万利"号到底有否执行运载任务，难以确定。央行发行局相关请示报告如下：

谨密陈者：前奉面谕。以职局现存准备金项下债券、银类等，应利用稽核处经包之"良心"轮，装送外埠。等因。遂于十一日十八日以发穗字第五九五一号签：将所存种类、数字及究应送往何地等情，陈请核示，迄未奉批。顷奉钧座面谕："须赶速设法运存厦门。"自当遵办。惟查"良心"号因吨位过大，系抛江心，装货须用铁驳转装，颇费手续。且该轮系十九日启碇赴台，现在基隆待卸货物颇多，故月底能否返沪，尚成问题。且开往地点，仍为基隆，与钧谕装运厦门之路线不同。职局为争取时间及装船省事起见，经与招商局洽定万利号登陆艇一艘，计一千伍百吨，装卸手续即便，且于吨位亦无浪费，计出日期约在下月四日。至债券、银类究装若干箱，拟视该舰之容量为定，俟洽妥再行详报。是否可行，理合签请钧夺示遵。

【61】

总裁
副总裁

谨签

十二月二十四日

奉总裁批：可。

十二月二十四日

1948年12月31日，国民政府央行发行局洽妥海关"海星号"将151箱黄金，计重纯金572899.487市两及价值计400万元的1000箱银币，装运厦门银行。海军总部派"美盛"舰随同护运，发行局派副主任刘华伦、魏曾荫、李友仁及办事员陈子豪随轮押运赴厦。从1948年12月31日国民政府央行发行局的签发文件，可见其真实性。[60]这是有据可查的第一次运往厦门的金银。

以下是相关的国民政府央行发行局的呈报：

谨密呈者：奉面谕应将现存准备金项下之金银设法装运厦行保管。等因。自当遵办。兹已向海关洽妥"海星"巡舰一艘，准于明晚密为办理装运手续，计装黄金一百五十一箱，计重纯金五七二，八九九．四八七市两，银币一千箱，计四百万元。并请海军总部派"美盛"舰随同护运，职局派副主任刘华伦、魏曾荫、李友仁及办事员陈子豪随轮押运赴厦，除刘副主任华伦及办事员陈子豪拟即留厦归厦门吴经理指挥，会同该行主管课办理库务外，其余魏李两副主任拟饬俟任务完毕，即行返局。再，查该轮须于明日（元旦）夜间开始装船，翌日（二日）清晨启碇，所装金银在元旦例假日无法做账，且因本月决算关系，故拟即在本月职局库存现金准备金项下付转"寄存准备金账厦门户"。以上各节，是否可行，理合签请钧核示遵。谨呈

总裁
副总裁

发行局　谨签

十二·卅一

1949年1月5日，厦门的报纸曾报道，有两艘海关舰，从上海运来一千多箱金银，交央行厦门分行卸货存库。央行仓库原来是由吴姓装卸工负责往仓库装卸，从船上卸货运抵央行仓库的是妈祖宫码头的李姓工人负责，由于此批货数量巨大，可获得丰厚的工钱，引起两拨工人的争斗，引来了宪警制止冲突扩大。[61]报章指的应是这批运厦金银。

第二章 内战风烟再起，百姓重入水火

有据可查的第二批运厦的金银时间为1949年1月20日。1月12日，央行发行局的报告中提到"顷奉面谕：关于准备金项下之白银，应即日再设法运厦三千万元"。接到这个指令后，央行相关部门就忙着接洽运输船舰，12日的报告中提到"遵即向招商局洽轮。据称：所有轮只，大半征作军用。经竭力设法，允有两轮可能为本行派遣，1. 万福登陆舰……2. 海康轮……"[62] 估计是没能谈妥，直到1月20日央行发行局才落实了运送的船舰，"兹已与招商局洽妥'海平'轮及海军司令部'美朋'两轮同时装运"，原估计"海平号"装3000箱，"美朋号"装2000箱，共5000箱，计值2000万元，在当晚戒严期间装运完毕。可是由于未能在戒严时间内全部装载，结果，"临时减少五百箱"，"海平号"装载了2500箱，"美朋号"装载2000箱，总价值1800万元。两艘船舰于1949年1月21日晨六时"启碇驶厦"。1月23日央行厦门分行经理吴本景电告央行，这些银圆已"卸毕入库"。[63]

还有一笔预支军费99万两黄金及一笔银圆运往厦门，但在国民政府央行却不见任何往来账目记载。这笔预支军费最大的可能是写在《军费草约》的条款中。由于《军费草约》已不见踪影，也或许这草约只是蒋介石的口谕，人们根本无法知道其详情，只能从蒋介石机要秘书周宏涛与当时继俞鸿钧任央行总裁的刘攻芸的对话中得到信息。1949年2月8日，受蒋介石之命了解央行国库黄金既有存量，周宏涛在外滩央行见了刘攻芸。刘攻芸告诉他："目前全国黄金存量，运到台北260万两、厦门90万两[64]（经财务署细算后、多9万两，此笔黄金应为99万两，由此可知当时央行账目之混乱），放在美国38万两，上海仅存28万两、承兑支用40万两，以及敌伪珠宝约1100条，准备运到香港贮存。此外还有数千万银圆。"[65] 周宏涛做了通盘了解后，次日（2月9日）转搭江轮返回奉化向蒋介石报告。这里可以明确得知，在1949年2月8日前，至少有90万两黄金（实为99万两）运抵了厦门。据吴嵩庆的记录，这部分资金涉及黄金99万两、白银1亿3000万两、外汇7000万美元。[66]

至于这批预支军费到底是什么时候运抵厦门的，我们可做个推算：1949年1月22日，吴嵩庆和陈诚转飞杭州，与1月21日下野的蒋介石在杭州笕桥机场见了面。吴嵩庆记下："五时半，专机到，老先生甚安详……"以此推论，这笔预支军费应该是在1949年1月10日到2月8日前运出，最大的可能应在1月20日之前，蒋介石的"战略部署"已经完成，同时国库的金银基本已经运离，蒋介石有了"反攻"的资本，蒋介石下野

了也才会"甚安详"。

1949年2月15日，国民政府央行从广州用中国海关巡逻艇载10吨金条来厦，用运输舰"海平号"载150吨白银来厦，按当时的价格，这批金银价值1200万美元。[67]储存于鼓浪屿央行仓库，并派发行专员陈子豪驻库监管。[68]嗅觉灵敏的媒体当时推测有更多数量的金银由上海运抵厦门，取道运往台湾。

这些金银都是先运到厦门海军码头，然后用小交通船接驳运到鼓浪屿，再由挑夫运送。军方要求挑夫避开热闹之地，专走偏僻小巷，把金银一箱箱地存放在

《江声报》1949年2月16日报道

当时的中央银行鼓浪屿地下金库（现址为鼓浪屿人民体育场旁的钱币博物馆）。运抵厦门的这些金银均以"军费"名义入库，由吴嵩庆担任主管的财务署监管，并派财务署李光烈科长驻厦门掌管支付军费方面黄金、银圆的提调。吴嵩庆以密码电讯与李光烈单线联系，而蒋介石则以召见、电话或密电指示，在幕后掌控此金银（还有外汇）的使用。

吴嵩庆的儿子吴兴镛博士经过多方查找资料，整理出1949年运往厦门的黄金银圆数量，他认为黄金应该是在156.3万至190.3万两之间，白银在2200万至2700万元之间。[69]如前所述，由于国民政府央行档案的缺失，也不排除有人为故意销毁账目，致使无法确认这些金银的真实数量。吴兴镛博士所推论出的数量也许是比较接近真实数字。

三、宋子文来厦阻金银北运南京

1949年的厦门是个热门地方，不少国民党高官来来去去。1949年4月15日下午3时40分，到1949年4月16日上午9时15分，鼎鼎大名的宋子文在厦门呆了19个小时。

1949年4月15日下午3时40分，宋子文偕夫人乘坐中国航空公司139

第二章 内战风烟再起，百姓重入水火

号专机，突然从台湾飞抵厦门。同机前来的还有上海永安公司副总裁郭礼安夫妇、前台湾省顾问李择一、中央银行驻港代表林维英等人，宋氏私人秘书和副官也随行。当宋子文一行18人的专机降落当时厦门禾山机场时，厦门的一介要人统统出场迎接。时任厦门要塞司令史宏熹、市长李怡星、警察局长刘树梓、中央银行闽台区行主任沈祖同、厦门分行经理吴本景一行到禾山机场接机。

三个月前，蒋介石宣布下野，宋子文也辞去广东省主席、行营主任、绥靖公署主任等要职，避居香港。此时，宋子文为何事来厦门？

当时，宋子文身着灰色秋绒西装，眼架黑色太阳镜，持着镶着"T·V·S"（宋子文的英文名字全称为Tse-ven Soong，是上海话"宋子文"语音拼音，简称"T·V·宋"）三个金字的手杖。宋子文夫人张乐怡身着灰色大衣，同样眼架黑色太阳镜，装束十分入时。宋子文一行下机后，即乘专车前往海关码头，再换乘央行专备的汽艇，渡海前往鼓浪屿，下榻海滨旅社（今鹿礁路2号）。稍作歇息，在市长李怡星的陪同下参观了西林别墅，据说这是为蒋介石来厦准备的行辕。宋子文一行还登上了日光岩的最高峰，在此处鸟瞰厦鼓全景。厦鼓的美景令宋子文夫妇连声称好，对鼓浪屿赞不绝口，直称鼓浪屿风景美丽，气候温和。[70]在菽庄花园的四十四桥上，宋子文举着嵌着"T·V·S"三个金字的手杖指指画画，不时哈哈大笑。此时的海水浑浊，呈现出黄褐色来，宋子文夫人张乐怡问厦门市长李怡星："听说厦门的海水是绿色的，为什么这样浑浊？"李怡星赶紧答道："今天是大潮水，所以海水变成这样的颜色。"他们且行且聊着，宋子文夫妇一副休闲的状态，不时用英语交谈着。

记者们闻讯赶到菽庄花园，接受采访时，宋子文称自己来厦门没有带任何任务，因之前未来过厦门，故前来一游，纯属观光。下面是当时宋子文回答记者所问：

宋子文与妻子张乐怡

问：此行任务可否见告？

答：可，余现系一平民无何任务；因前未曾到过厦市，故特来观光观光。

问：此次到台后观感如何？

答：印象甚好，希望甚大！

问：宋先生曾往溪口谒见总统有何指示？总统是否于最近来厦？

答：你们新闻记者比我知道。

问：闻宋先生拟行出国确否？

答：你们报纸登了很多，一定比我知道啊。

问：新闻天地刊载宋先生的事情有否事实？

答：那就要问新闻天地的主笔先生。

问：宋先生在厦勾留几天？是否赴港？

答：这要看厦门的气候而定，如果好，多玩几天。

问：金圆券发行后我国经济前途如何？

答：我不知道这回事，新闻记者也许所晓得事情，比我更清楚。

以上问答内容刊载在《海啸》1945年4月25日第4版。不愧是外交官出身，宋子文回答记者问题滴水不漏，与记者推起太极。似乎宋子文真是来厦门观光的，他游览了西林别墅、登上日光岩，漫步菽庄花园，晚上又出席了央行特设的宴会。当晚宴会菜肴出自央行特选的厨师，可谓佳肴奇珍。进餐时，每一道菜都要经过几道手，先由厨师递给央行人员，再由央行人员递交宋子文的随行人员，菜肴方入桌。此间中央银行经理吴本景鞍前马后，寸步不离。晚饭后，宋子文还跟他的近身随员打纸牌，直到午夜方就寝。第二日，即4月16日上午9时15分，就乘专机飞离厦门前往香港。

此番宋子文来厦门前后仅呆了19个小时，来去匆匆。但其安保可是了得。宋子文下榻的海滨旅社，宪兵、警察、中央银行行警，大加警戒，从海滨旅社外门到宋子文下榻房间共布置了四道警卫，最后一层是宋子文的亲信随从把守，连旅社工作人员也不得靠近。据《江声报》1949年4月17日报道："整个旅社的人个个心情紧张，不敢大声说话，不敢咳嗽，连呼吸的声音都怕声张到宋氏的耳朵去，一些自认非凡的旅客碰到如此场面，真是小巫见大巫，都偃旗息鼓，缩到房子里去，连伸首探望的勇气都没有。"[71]

第二章　内战风烟再起，百姓重入水火

奉化溪口见了蒋介石。离台飞往厦门前，与台湾省政府主席陈诚夫妇共进了午餐。来厦后他还与福建省政府主席朱绍良通了半小时的电话。宋子文还谈到准备飞福州与朱绍良会面，后因福州机场无法降落，只得取消福州之行。

对宋子文来厦门的目的，当时坊间就有不少揣测，有人认为宋子文与蒋介石来厦门有关。因为他下飞机后观光的第一站就是到西林别墅，那里据说是蒋介石来厦门居住的居邸，因此有人认为宋子文是来为蒋介石打前站的。还有人认为宋子文来厦门与改进华南经济有关，香港《星岛日报》报道说，宋子文来厦是要投资建设厦门的。又有人说，宋子文来厦，是不喜欢在台南过夜，特意到鼓浪屿睡一晚。直到宋子文与吴本景的对话被披露，人们这才恍然大悟。据吴本景透露，宋子文临行前，一再叮嘱他：如果南京政府要提回以前存放在厦门的黄金白银时，千万不要让它运走。必要时先通知我。这一消息从吴本景口中吐露，被记者们获悉，在厦门掀起了阵阵波澜。据《厦门大报》1949年4月17日报道，宋子文除再三叮嘱吴本景看紧这批金银外，还留了2封密信，[72]这两封密信，一封交给石祖德司令，一封交给王敬久司令。石祖德乃蒋介石侍卫长，蒋介石在下野前夕安排石祖德出任厦门警备司令，王敬久乃闽海防区司令。这两封密信内容未见透露，但从两封密信的收件人，也可推测与黄金和白银有关。此前，广州已发生广东省主席薛岳扣留南京政府调拨存放在广州的金银运赴柳州应付军政费支出的事件。再从宋子文离开厦门后，厦门发生的反对存厦金银北运南京的一系列事件，也可证宋子文来厦的真正目的，就是传达蒋介石阻止存厦的金银北运南京及部署将金银运台湾的"机宜"。

虽然，蒋介石手令将国民中央银行的黄金白银密运台湾、厦门。但此时，国民党内部分为两派，南京方面以李宗仁为首的桂系军人主张与共产党和谈，在广州的国民党蒋介石却主张战争。与李宗仁有关的国民党监察委员在南京开会，请政府将存放在南方的黄金白银运回南京。此时，广州方面却已明确禁止将存留在广州的黄金白银北运南京。厦门原是静待南京方面的态度的，直到宋子文此番来厦，金银北运南京的事引起各方注意，厦门方面也在酝酿禁金银北运南京。厦门的蒋介石势力便也起来响应。1949年4月21日，厦门市参议会在厦门市商会礼堂召开金融问题座谈会，出席会议的有参议员及各界代表22人，会议主要讨论禁运存放在厦门金银出口问题。厦门市市长李怡星首先在会上通告，金银要出厦须奉省主席朱绍良命令，该项金银非经朱主席准许，就不能出厦和动用。黄若谦（厦门

国大代表，闽省党部委员）在座谈会上发言，认为国民党检察院财务委员会建议将中央存放在厦门及台湾的金银运回南京，以充国库，而厦门是国民党辖区，则这些金银寄存厦门央行也仍为国库金银，与运回南京没有什么不同。黄若谦提议，"渠认为此项金银，如不动用，固须留厦，如欲用作文武公教人员薪饷，亦应用于本省，绝不容迁京，以为资共之物。"黄若谦还建议：一、是否以各界名义函请央行禁运出口；二、函请警备司令部及厦门上级机关协助禁运；三、通电各县民意机关对此予以援助，采取一致行动。与会的一些人士纷纷附和。有人提到，近来国民党部队源源不断地开进厦门，部队的副食品费用却是由地方承担，这已使厦门人民不堪重负，随着战事发展，负担将更重，因此必须将这些金银留存厦门，以备用。还有人提出函请市总工会，挑挽公会、起卸工会及民船工会等团体通知所有会员，如遇该批金银他运，应予拒绝搬运。一时，存厦金银禁运南京似乎是厦门朝野的一致行动。[73]

厦门的蒋介石势力除了公开反对存放厦门的金银北运南京，还暗中策动厦门的民意机构，以"民意"为挡箭牌来抵制金银北运。当时，厦门人民生活十分艰难，物价如脱缰野马，仅就米价可知一斑。据《江声报》1948年11月9日报道："昨日市场涨风，益形纷乱……尤其白米涨风，一日数变。早上问价每斤是1元9角，近午是2元1角，午后是2元2角、2元3角不等……米是什么东西，从几天之内，一脱了缰，便增价10倍。"厦门的蒋介石

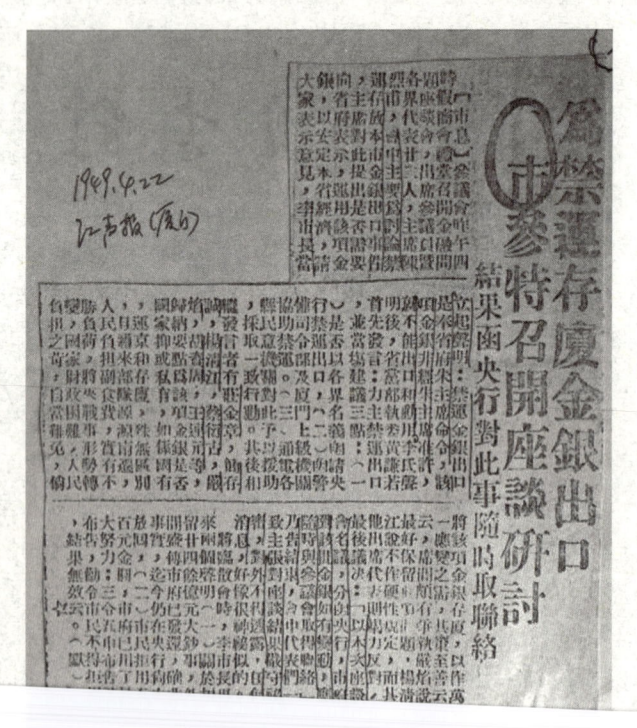

会，于 1949 年 4 月 20 日，召集有关人物来所谓响应厦大募捐老师节运动基金，以拉拢厦大师生，作酝酿反对存厦金银北运南京的准备。

四、存厦门的预支军费去向

国民党蒋介石势力极力阻止所谓存厦金银外运，可实际上却偷偷将存厦金银运送外地，作为蒋派势力军费。1949 年 4 月 27 日深夜，厦门市上空飞机声隆隆，有多架飞机起落。同时，鹭江道新华银行仓库门口起，沿中山路、中华路，至禾山机场，有三辆大型卡车结队往返数次。这三辆卡车行进时，马达声震耳，同时车速缓慢，应该时运送沉重物品。据目击者称，工人们所扛物品是小木箱，但却搬运十分吃力。据《星光日报》记者核实，这些物品确系白银，而且是经厦门最高当局批复外运的。当记者询问厦门市参议会陈烈甫议长，陈烈甫回复："存厦金银部分外运，大概经省府朱绍良主席之同意。"[74]

存厦的预支军费大致两个去向，一为用于内战军费，一为转运台湾。一应开支均在蒋介石的直接控制下。吴嵩庆的日记记下了这一过程。

1949 年 6 月 5 日，吴嵩庆飞往高雄，见了蒋介石，向蒋介石汇报厦门军费的使用情况，"至要塞，交来一函，知厦款均已处理，而刘部长遗漏甚多，因详向老先生报告，请求更正……午饭先生请同席……仅谕可将运港款减 10 万两，改为 5 万，将所减款分配于遗漏各款"。7 日吴嵩庆乘军机飞粤，"即商刘部长及郭总司令支配款项，间厦门金多出 9 万两，应另拟分配办法。与央行财部详细清算，后临时又加胡部粮款 8000 余两，则存金均分配完矣"。6 月 12 日晨吴嵩庆抵台，"即晚乘车同往高雄，呈老先生刘部长报告，作最后之决定。大意即：（1）渝穗款 43 万仍在厦；（2）陕、港款运台暂存；（3）余 15 万两交联勤，其中 8 万余为粮款，6 万余为经费。余即请求下午机还厦门，当晚到达，连夜办公事，次日再办一天，任务告一段落"。6 月 16 日吴嵩庆由厦门返台，19 日又赴高雄见蒋介石，"报告经费事，特别指示福建款为何未到，因将详数报告，随侍午餐后，将公文指示各点详告俞局长，请再详答候批，以免变化误会"。6 月 27 日吴嵩庆飞往福州发放经费，计银圆 6 万及黄金 2000 两。28 日吴嵩庆飞回台北，蒋介石电话指示："至则为贷款央行事，总数为 1000 万"。这些记载都说明了"预支军费"的使用，都要经过蒋介石的核准。

1949 年 7 月，存在厦门的黄金继续运往台湾，吴嵩庆在日记写道："5

日赴北投休息,董、李同行,李系由厦押运金45000.79两来台。"1949年7月6日,吴嵩庆记下:"……接徐部长电话电报,嘱运金5万两至穗,并嘱明日返粤……晋谒……余暗中晋谒:(1)报告徐部长请拨5万两至穗,伊云可暂缓;重庆款可陆续运济,初认10万两内,继言5万两内,再认可明日电话再询;(2)特种保管款可先运台;(3)福州省府款5000两可拨;(4)空军保管款,贷与央行之抵押金应集中保管;(5)副、秣费余款应作正开支,不可挪用(6)定海汤总司令批发奖金4万元——另候批。"[75]在广州的吴嵩庆于7月14日的日记中写道:"今日得电厦门存金均可照计划运送,此事办毕,可省却一心事。"[76]7月17日,吴嵩庆日记云:"接经国先生电话,嘱5时往谒,按时往,老先生指示:运兰州之5万两即改运渝,福州多运5000两,即以台湾省府保留款抵拨。"

这里蒋介石通过吴嵩庆在幕后指挥着预支军费的调配,时任财务署科长的李光烈则实际操作着军费的发放。李光烈被派到厦门掌管支付军费方面黄金、银圆的提调。在厦门,财务署包租了厦门大学附近的厦大旅社的二楼的一整层,这个地方有层层警力保护。当吴嵩庆需要提出金、银时,就发密电给李光烈,然后李光烈立即到鼓浪屿提出金银,将金银分送到作战各地。李光烈与吴嵩庆是单线联系,李光烈只听从吴嵩庆的密码指令。李光烈的记忆中曾有金银发往衡阳、柳州等地。

当时密运金银运输工具的策略是军机运黄金,军舰运银圆。李光烈至少3次用军机押送黄金到台湾,最多1次曾运13万两,分别放在13个木桶里。他记得那次任务,他一人负责押送,机上还有三四个空勤人员,包括飞行员等,都听他指挥。当天飞机从厦门飞台湾,约飞了20分钟,飞行员突然把驾驶舱的布幔拉起来,当时只觉得飞机颠簸得很厉害。后来到了台北松山机场,飞行员才告诉他,飞机的一个引擎坏了,刚才仅用另一个引擎飞行,吓得他全身冒冷汗。黄金运到台北后,交给台湾收支处长王永涛,由他负责点收、保管。李光烈说,金子存放在财务署的地下库房,银圆则是存放在台湾银行仓库里。李光烈指出,有一次军舰载运800多箱银圆(注:约300万枚),为了慎重起见,还由海军总司令桂永清亲自押送。[77]李光烈这位目击兼经手的证人的可信度应是不容怀疑的。

蒋孝严曾在他的《蒋家门外的孩子》一书中提到,1949年5月,孝严、孝慈与外祖母乘坐西部汽车,从江西南昌赶来厦门。5月26日,在蒋经国的安排下,他们搭上"忠字号"105登陆艇,由厦门来台湾。蒋孝严写道,"5月26日,经国先生刻意安排我们搭乘'忠宁号'105登陆艇,因为装有战宫文物和中央银行的黄金，有特别的戒护，他比较放心。起锚前，他还赶到厦门上船，以巡视古物及黄金是否装载妥当为由，来向外婆道别，并看我们这对双生子最后一眼。"[78]

董德成也是吴嵩庆的旧属，时任财务署收支司副司长。董德成主要是把做军费的金银，分配到具体部队。他说藏在财务署地下的金银美钞可能是第二批黄金给财务署做军费所剩余的，大部分运台的金银都在中央银行而非在财务署。这一部分后来就成了1950年3月复职以后，蒋介石的"小金库"。[79]

当时，只有蒋介石的嫡系部队是发金银，其他部队则大多发的是金圆券和银圆券。吴嵩庆的日记就清楚地反映了这一事实，7月20日"上午11时又赴财务部讨论拨款日期及方法，分拨款、发金及银三类。西北仍发金，汉中、长沙、赣州、昆明、海南岛发银圆，余均汇发银圆券。"这里西北是新疆陶峙岳部，汉中是胡宗南部，长沙是陈明仁、黄仁部，赣州、昆明为余程万、李弥部，锤实了蒋介石的嫡系部队是发金银，其他部队则大多发的是金圆券和银圆券。在大战当口，蒋介石这种亲疏之分，不打败仗才是奇迹。

存厦军费运往台湾也还有其他的目击者，1949年8月，在厦门海关工作的人员孟昭年，在从鼓浪屿运送12.5万两黄金前往台湾的"锡麟轮"，目睹一名偷盗黄金的军人被当场枪毙。押船的军官警告众人，"偷黄金就要枪毙"。

国库军费被搬走的行动极其秘密，亲身操作此事的吴嵩庆在他晚年出版的自传《嵩庆八十自述》和《九秩散记》里，只字未提此事，在他的遗档中也没有完整记录。蒋介石给他的指令，也均为口谕，没有记录。[80]加之央行档案的缺失，国民党究竟运走了多少黄金，诸多细节难于辨别，时至今日其实应还有很多谜，这在两岸一直都是极具争议性和震撼性的事件。唯一确定的是，那数百万两的黄金对台湾产生了巨大的影响。蒋经国1956年庆贺蒋介石70岁生日著的《我的父亲》一书写道："后来这一批黄金，是很顺利的运到了台湾了。政府在拨迁来台初期，如果没有这批黄金来弥补，财政和经济情形，早已不堪设想了；哪里还有今天这样稳定的局面？"

注释：

[1] 厦门市政法志编委会编：《厦门政法史实（晚清民国部分）》，鹭江出版社1989年版，第97~98页。

[2]《朔风惊破人间梦前夜本市大举抓丁》，《江声报》1949年1月11日，厦门市档案局（馆）编：《厦门解放》，厦门大学出版社2002年版，第3~4页。

[3]《厦市民众对于壮丁的负担》，《江声报》1949年2月25日，厦门市档案局、厦门市档案馆编：《近代厦门经济档案资料》，厦门大学出版社1997年版，第607~608页。

[4] 厦门市政法志编委会编：《厦门政法史实（晚清民国部分）》，鹭江出版社1989年版，第103~104页；厦门市档案局（馆）编：《近代厦门社会掠影》，厦门大学出版社2000年版，第90~93页。

[5] 厦门市政法志编委会编：《厦门政法史实（晚清民国部分）》，鹭江出版社1989年版，第343~376页。

[6]《米价疯狂暴涨》，《江声报》1947年7月4日，厦门市档案局、厦门市档案馆编：《近代厦门经济档案资料》，厦门大学出版社1997年版，第547~548页。

[7] 厦门市粮食局厦门粮食志编纂委员会编：《厦门粮食志》，鹭江出版社1989年版，第110~111页。

[8] 厦门市政法志编委会编：《厦门政法史实（晚清民国部分）》，鹭江出版社1989年版，第346页。

[9] 厦门总商会、厦门市档案馆编：《厦门商会档案史料选编》，鹭江出版社1993年版，第182页。

[10] 中共厦门市委党史研究室：《中共厦门地方史——新民主主义革命时期》，中央文献出版社1999年版，第273页。

[11]《星光日报》1948年1月16日，中共厦门市委党史研究室：《中共厦门地方史——新民主主义革命时期》，中央文献出版社1999年版，第273页。

[12]《处置乞丐办法已商定》，《东南日报》1946年10月9日。

[13] 厦门市政法志编委会编：《厦门政法史实（晚清民国部分）》，鹭江出版社1989年版，第351、352、361、375页。

[14] 厦门市总工会编：《厦门工人运动史》，厦门大学出版社1991年版，第240页。

[15]《厦大学生自谋活命》，《江声报》1949年2月10日，《厦大学生活命义卖》《江声报》1949年2月11日，厦门市档案局（馆）编：《厦门解放》，厦门大学出版社2002年版，第15~16页。

第二章　内战风烟再起，百姓重入水火

[16] 厦门总商会、厦门市档案馆编：《厦门商会档案史料选编》，鹭江出版社1993年版，第379~389页。

[17] 厦门市政法志编委会编：《厦门政法史实（晚清民国部分）》，鹭江出版社1989年版，第352页。

[18] 厦门市政法志编委会编：《厦门政法史实（晚清民国部分）》，鹭江出版社1989年版，第354页。

[19] 厦门市总工会编：《厦门工人运动史》，厦门大学出版社1991年版，第240页。

[20] 中共厦门市委党史研究室：《中共厦门地方史——新民主主义革命时期》，中央文献出版社1999年版，第255~256页。

[21] 厦门市政法志编委会编：《厦门政法史实（晚清民国部分）》，鹭江出版社1989年版，第353页。

[22] 冯独立：《鹭岛一句记》，《东南日报》1948年2月2日。

[23]《厦门大学教职员联合会为罢教三天告厦门市各界人士书》，《星光日报》1949年4月11日，厦门市档案局（馆）编：《厦门解放》，厦门大学出版社2002年版，第28~29页。

[24] 厦门市政法志编委会编：《厦门政法史实（晚清民国部分）》，鹭江出版社1989年版，第343~346页。

[25] 厦门市政法志编委会编：《厦门政法史实（晚清民国部分）》，鹭江出版社1989年版，第375页。

[26] 厦门市政法志编委会编：《厦门政法史实（晚清民国部分）》，鹭江出版社1989年版，第159、375、377、379页。

[27]《关于市面拒用小钞与有关机构来往函电》，厦门总商会、厦门市档案馆编：《厦门商会档案史料选编》，鹭江出版社1993年版，第306页。

[28]《市场拒用，金圆券疾速贬值》，《江声报》1949年22日，厦门市档案局（馆）编：《厦门解放》，厦门大学出版社2002年版，第37页。

[29] 槐桑：《今日厦门》，《安海新报》1949年3月28日。

[30]《公用事业取费标准准以白米折收金圆》，《星光日报》1949年2月6日，厦门市档案局（馆）编：《厦门解放》，厦门大学出版社2002年版，第28~29页。

[31] 厦门市粮食局厦门粮食志编纂委员会编：《厦门粮食志》，鹭江出版社1989年版，第110~111页。

[32]《厦门市1948年度工人生活指数》，《江声报》1948年12月30日，厦门市档案局、厦门市档案馆编：《近代厦门经济档案资料》，厦门大学出版社1997年版，第572页。

[33]《在变动中的厦门》,《星岛日报》1949年5月7日,厦门市档案局(馆)编:《厦门解放》,厦门大学出版社2002年版,第35~36页。

[34]《在变动中的厦门》,《星岛日报》1949年5月7日,厦门市档案局(馆)编:《厦门解放》,厦门大学出版社2002年版,第36页。

[35]《厦门市警察局关于查获施国铨等由沪穗携钞来厦致厦门市政府呈及市府致福建省政府代电》(1949年4月14日),厦门市档案局、厦门市档案馆编:《近代厦门经济档案资料》,厦门大学出版社1997年版,第296~298页。

[36] 吴兴镛:《黄金档案——国府黄金密运1949年》,时英出版社1996年版,第6页。

[37] 中国第二历史档案馆:《国民党政府撤离大陆前向台北厦门密运现金一组资料》,《民国档案》1989年第1期,第51页。

[38] 肖舟:《1949,百万黄金跨海运台秘闻》,《历史学家茶座》2014年第2辑,山东人民出版社2014年版。

[39] 肖舟:《1949,百万黄金跨海运台秘闻》,《历史学家茶座》2014年第2辑,山东人民出版社2014年版。

[40] 董少东:《1949黄金劫——国民党从大陆溃退前抢运黄金入台始末》,《北京日报》2014年12月16日。

[41] 吴兴镛:《黄金密档——1949年大陆黄金运台始末》,江苏人民出版社2009年版,第10页。

[42] 中国第二历史档案馆:《1948—1949年中央银行密运黄金去台史料》,《民国档案》1989年第2期,第69页。

[43] 中国第二历史档案馆:《1948—1949年中央银行密运黄金去台史料》,《民国档案》1989年第2期,第70页。

[44] 中国第二历史档案馆:《国民党政府撤离大陆前向台北厦门密运现金一组资料》,《民国档案》1989年第1期,第55页。

[45] 中国第二历史档案馆:《国民党政府撤离大陆前向台北厦门密运现金一组资料》,《民国档案》1989年第1期,第56页。

[46] 中国第二历史档案馆:《1948—1949年中央银行密运黄金去台史料》,《民国档案》1989年第2期,第69页。

[47] 中国第二历史档案馆:《1948—1949年中央银行密运黄金去台史料》,《民国档案》1989年第2期,第70页。

[48] 中国第二历史档案馆:《1948—1949年中央银行密运黄金去台史料》,《民国档案》1989年第2期,第71页。

[49] 吴兴镛:《黄金档案——国府黄金密运1949年》,时英出版社1996年版,第

第二章 内战风烟再起，百姓重入水火

76 页。
[50] 肖舟：《1949，百万黄金跨海运台秘闻》，《历史学家茶座》2014 年第 2 辑，山东人民出版社 2014 年版。
[51] 中国第二历史档案馆：《1948—1949 年中央银行密运黄金去台史料》，《民国档案》1989 年第 2 期，第 71 页。
[52] 中国第二历史档案馆：《1948—1949 年中央银行密运黄金去台史料》，《民国档案》1989 年第 2 期，第 72 页。
[53] 吴兴镛：《黄金档案——国府黄金密运 1949 年》，时英出版社 1996 年版，第 55 页。
[54] 吴兴镛：《黄金档案——国府黄金密运 1949 年》，时英出版社 1996 年版，第 55 页。
[55] 中国第二历史档案馆：《国民党政府撤离大陆前向台北厦门密运现金一组资料》，《民国档案》1989 年第 1 期，第 52 页。
[56] 吴兴镛：《黄金档案——国府黄金密运 1949 年》，时英出版社 1996 年版，第 156 页。
[57] 吴兴镛：《黄金密档——1949 年大陆黄金运台始末》，江苏人民出版社 2009 年版，第 6 页。
[58] 转引自吴兴镛：《黄金档案——国府黄金密运 1949 年》，时英出版社 1996 年版，第 52 页。
[59] 中国第二历史档案馆：《国民党政府撤离大陆前向台北厦门密运现金一组资料》，《民国档案》1989 年第 1 期，第 54 页。
[60] 中国第二历史档案馆：《1948—1949 年中央银行密运黄金去台史料》，《民国档案》1989 年第 2 期，第 69 页。
[61] 《金银千余箱运抵厦工友争卸几酿纠纷》，《星光日报》1949 年 1 月 6 日。
[62] 中国第二历史档案馆：《国民党政府撤离大陆前向台北厦门密运现金一组资料》，《民国档案》1989 年第 1 期，第 54 页。
[63] 中国第二历史档案馆：《国民党政府撤离大陆前向台北厦门密运现金一组资料》，《民国档案》1989 年第 1 期，第 55 页。
[64] 吴嵩庆在 1949 年 6 月 8 日的日记写道："刘坚嘱电厦着陆裏理即回。8 日陆君到粤，知多出 9 万余两；央行糊涂至此！"吴兴镛：《黄金档案——国府黄金密运 1949 年》，时英出版社 1996 年版，第 145 页。
[65] 吴兴镛：《黄金档案——国府黄金密运 1949 年》，时英出版社 1996 年版，第 46 页。

[66] 吴兴镛：《黄金档案——国府黄金密运1949年》，时英出版社1996年版，第vi页。

[67]《百余吨金条银条由广州运抵厦门由沪来者或更多将取道运往台湾》，《江声报》1949年2月16日。

[68]《厦门市档案馆指南》，1995年，第120页。

[69] 吴兴镛：《黄金密档——1949年大陆黄金运台始末》，江苏人民出版社2009年版，第163页。

[70]《宋子文氏由台抵厦》，《星岛时报》1949年4月16日。

[71]《天上人间？TV宋在厦的几个镜头》，《江声报》1949年4月17日。

[72]《宋子文来厦任务说是为了黄白物如何处理只有吴本景晓得》，《厦门大报》1949年4月17日。

[73]《为禁运存厦金银出口市参特召开座谈会研讨结果函央行对此事随时取联络》，《江声报》1949年4月22日。

[74]《昨晚陆空运输频繁笨重物品往机场存厦金银可能运走》，《星光日报》1949年4月28日；《前晚外运白银经本市最高当局核放陈烈甫表示未便过问》，《星光日报》1949年4月29日。

[75] 吴兴镛：《黄金档案——国府黄金密运1949年》，时英出版社1996年版，第159~164页。

[76] 吴兴镛：《黄金档案——国府黄金密运1949年》，时英出版社1996年版，第167页。

[77] 吴兴镛：《黄金档案——国府黄金密运1949年》，时英出版社1996年版，第81~82页。

[78] 蒋孝严：《蒋家门外的孩子》，https://www.dududu.la/book/1/1754/75030.html。

[79] 吴兴镛：《黄金档案——国府黄金密运1949年》，时英出版社1996年版，第84页。

[80] 吴兴镛：《上海中央银行黄金从厦门转运台湾的补充及一点建议》，《传记文学》第17卷第4期，1970年10月，第27页。

第三章 民主运动高涨，国民党政权风雨飘摇

第一节 民主运动高涨

抗战胜利后，全国人民都渴望从此能过和平生活，医治八年抗日战争的创伤，建立一个民主独立的新中国。但是，"狼去虎来"，美国即取代日本的地位，把魔掌伸入政治、经济、军事等各方面，厦门也没例外。

1946年，先后有驻华美国海军上校甘约翰、魏懋龄由上海乘专机来厦，"中美农业合作团"的纳士必、王仰康等人从台湾到厦门，进行军事和经济活动。随后，美国在菲律宾、冲绳岛的"军事剩余物资"，从枪支、弹药、军装、被服、罐头食品到医药用品和日用杂货，大量输入厦门。海淫海盗、打、杀、抢、劫的美国影片，独占了厦门电影市场。美国空军更利用它的"飞行队"走私"大钞"，捣乱金融，榨取厦门人民的血汗。1948年2月和3月，"托彼卡""德鲁斯"等万吨级美舰频繁进出厦门港区。到了下半年，眼看国民党兵败如山倒，中国人民胜利在望，美国在厦门的活动更加露骨。11月24日，中国海军美国顾问团团长欧德和国民党海军司令桂永清专机到厦。隔不了一星期，又有美国国会经济合作委员会特派来华调查"中国问题"的专员蒲立德由南京来厦。1949年2月26日，美国西太平洋舰队司令白吉尔中将，率特种旗舰"依拉佬"号、驱逐舰"罗杰尔"号从青岛不经任何手续，直驶厦门，比他们回珍珠港还要自由。和白吉尔一起来的除了他的参谋长白斯少将等人外，还有1948年同桂永清来过厦门的欧德。美国

的这些"大人物"接二连三地"光临"厦门，目的是什么？不到半个月，驻上海的美国总领事董远峰就揭底了。3月底，董远峰匆匆来厦"拜会"国民党市长李怡星，向他表明华盛顿非常重视厦门的地位，并提出了一个由数名美国海军专家拟定，经过美国军事当局核准的计划书，其主要内容是把厦门建成为一个现代化的强大美国海军基地；在经济方面，也作为一个要点提出来，欲把厦门变成倾销美货的港口。

1946年9月下旬，中国人民强烈反对美帝国主义的侵略罪行和国民党政府的卖国、内战政策，许多城市的人民举行了"要求美军退出中国运动周"。接着，12月24日，发生了驻华美军强奸北京大学女生沈某的暴行，更加激起全国人民的愤怒，各大中城市的学生掀起抗暴怒潮，厦门的青年学生继北京、上海等地之后，也组织了大规模的抗暴示威游行，这是解放战争时期厦门人民反美爱国运动的第一次高潮。

厦门学生的抗暴怒潮，是1947年1月3日从厦门大学开始的。这一天，厦门大学的进步学生在中国共产党的领导下，剪辑有关揭露美军暴行的新闻报道，以壁报的形式出版，点燃了学生们的抗暴怒火。国民党反动派看到了剪报，又看到学生们反美爱国热情的高涨，暗中命令三青团骨干分子于当晚偷偷地把壁报撕掉。国民党的这种卑鄙手段，使学生们愈加愤慨。

1月4日上午，进步同学为剪报撕掉一事，呼吁主持正义，立即得到广大同学的热情支持。几百个同学和各学会、社团的干部签名要求学生自治会理事会召开学生大会，讨论开展抗暴运动的问题。广大同学的爱国要求，迫使控制在三青团手中的学生理事会于1月6日中午召开全体学生大会。这次大会当场通过7日罢课游行，组织厦门大学抗议美军暴行委员会，通电北京大学学生会，声援他们的正义斗争；通电全国学生团体，建议把抗暴运动进行到美军全部撤出中国为止等决议。会议还打电报给美国政府，提出严重抗议，要求严惩凶手，打电报给蒋介石，"要求美军迅速离华，以杜绝行暴之源"。这次大会，三青团骨干分子遭到了可耻的失败，进步同学取得了巨大的胜利。

抗暴委员会的成立和罢课示威游行的决议，震惊了国民党政府，市长黄天爵当晚召集党、政、军、宪、警头子举行秘密会议，讨论制止学生爱国运动的措施，命令宪兵团和警察局加强防范。三青团厦门市分团干事长郭薰风也连夜召集厦大的骨干分子开会，面授破坏爱国运动计划，并命令厦门大学的三青团员学生，一律不能参加游行。

第三章 民主运动高涨，国民党政权风雨飘摇

1947年1月7日，厦门市警察局出动大批警探，并在中山路、思明南路等主要街道增加临时警哨。当厦大学生的游行队伍准备集合的时候，有些三青团骨干按照他们头子的指示，居然行凶殴打进步同学，企图制造流血事件，破坏示威游行；厦大学校当局也出面阻挡，责令教授要照常上课、点名。

国民党的一切阴谋诡计都挡不住同学们的抗暴怒潮。1月7日上午，当集合的钟声响起后，同学们冲破学校当局的阻拦，奔往大操场集合，三人一排，以女同学为前导，浩浩荡荡地向市区进发，联合厦门各中学举行抗暴示威大游行。队伍从大学路、民生路到达虎头山下大同淘化酱油厂时，在鼓浪屿上课的厦大新生院一年级同学700多人也渡海前来会合。队伍由同文路进入双十路（今镇海路），又有双十中学的学生加入示威行列。参加示威游行的学生们不顾反动警探的威胁，振臂高呼"美军滚出中国""打倒亲美无耻政府"等口号，并沿途分发厦门大学学生抗议美军暴行委员会的《为抗议美军暴行告全市同胞书》，指出"美军的驻华是一切暴行的根源，是丧权辱国、危害人民自由的根源，是独立民主的绊脚石，是和平统一的大障碍，所以我们严重抗议美军的暴行，我们要严重抗议美军的驻华"。抗议书最后呼吁全市同胞"在争取独立保障自由的目标下"，"紧紧地携起手来"！当天下午，厦大抗暴委员会还在横竹路梅兴咖啡室招待各界人士，报告该会的组织动机和游行的意义，把抗暴运动扩大到各个阶层，获得全市人民的声援和同情。

抗暴委员会顽强地坚持斗争了两个多月。就在这时候，中国共产党先后在厦大建立和发

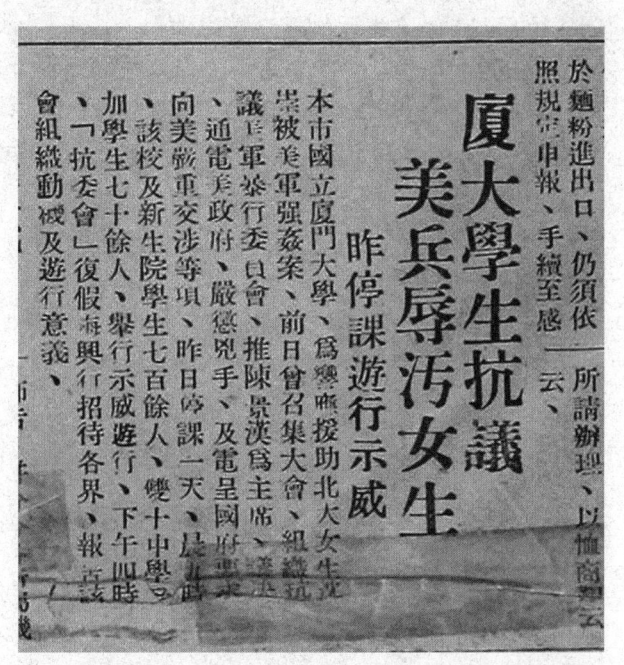

1947年1月8日《江声报》刊发厦大学生抗议游行示威的消息（张元基供图）

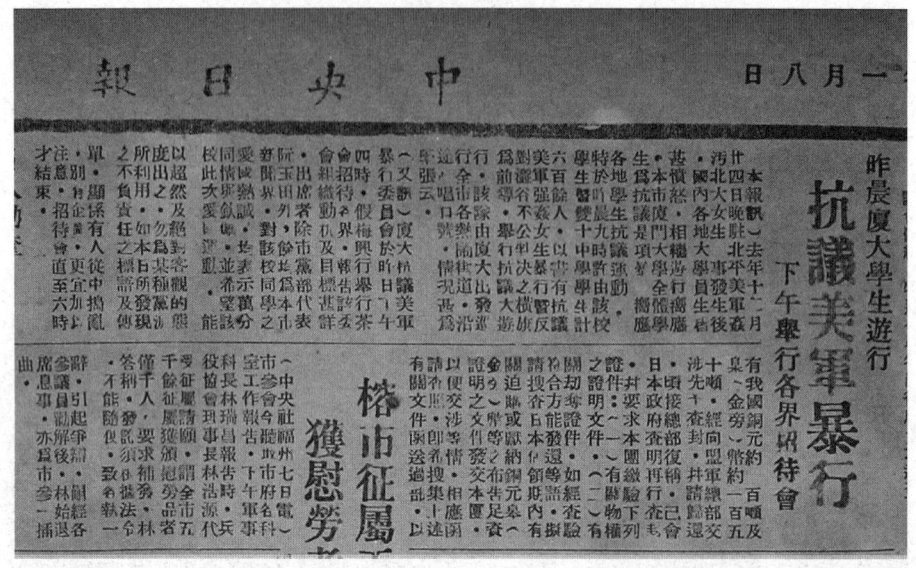

厦大学生游行抗议美军暴行的新闻，也上了1947年1月8日《中央日报》（张元基供图）

展了组织，给予学生运动以坚强的领导。

继1946年底1947年初的反抗美军暴行后，1948年5月下旬，全国各地又开展反对美帝国主义扶植日本重新复活军国主义的运动。厦门人民身受日寇蹂躏了七年有余，抗日战争胜利后又目睹美军的种种暴行，深深感受到帝国主义侵略的痛苦。自上海、南京等地传来举行"反美扶日"示威游行的消息，厦门青年学生也立即起而响应。这是解放战争期间厦门人民反美运动的第二次高潮。

这次最先投入"反美扶日"运动的，仍然是厦门大学的学生。5月24日，厦大的民主墙上首先出现"反美扶日"的剪报，报道各地反抗美帝扶日的情绪和舆论，继而春牛社出版了漫画，壁报联合会举办"反对美帝扶植日本"的笔谈和专刊。学生们的情绪极为激昂。25日晚上，国立侨民师范学校学生会召集十六个单位的壁报负责人开会，讨论扩大宣传和通过罢课两天的决议。集美中学发表了《反美扶日抗议书》，其他中学也纷纷集会，酝酿罢课示威游行。"反美扶日"运动开始后，共产党在厦大的外围秘密组织南方社改为五月社，负责领导这次运动。

5月27日，厦大同学在东膳厅发起"反美扶日"的签名，签名的人非常踊跃，共达464人。学生自治会理事会根据签名的同学的提议，于当晚

第三章 民主运动高涨，国民党政权风雨飘摇

八时半在东膳厅召开临时会员大会，英华、侨师两校也派代表参加。大会一致通过决议：1.组织厦门学生联合会；2.罢课两天，联合各中学在28日下午举行示威游行。当晚，厦大学生漏夜赶工筹备游行事宜，侨师、英华两校代表也于会后赶回原校，报告开会结果，分别准备第二天的大游行。

5月28日上午10时，国民党市政府召集各中学校长、训育主任开紧急会议，由市长黄天爵亲自主持。他指令学校当局加强管理约束学生，不许学生示威游行，并密令警察局转饬各分局"及早防备"、"严密监视"，布置流氓、特务进行破坏。校长、训育主任会后回校，立即贴出紧急布告，以"违反戡乱法令"威吓同学，要同学取消游行。

国民党的威胁一点也起不了作用。28日中午，侨师学生由曾厝垵整队出发，抵达厦大大操场，会同厦大学生组成大的队伍，在"厦门大中学生反对美国扶植日本大游行"的大横幅引领下，向市区进发。队伍在同文路与厦大新生院学生会师后，转向双十路，双十中学学生也热烈参加。继而大同中学、省立厦中、市立厦中等校同学，陆续加入行列，沿途高呼"反对美帝国主义扶植日本"等口号，张贴反对美帝扶日的漫画、通俗壁报、标语，散发宣言、传单；厦大学生还用黑柏油在马路上写上反美扶日标语，宣传队在十字路口用厦门话向市民进行宣传，歌咏队沿街高唱反美歌词，情绪十分热烈。一时万民空巷，途为之塞。市民有的鼓掌欢迎，有的露出衷心的微笑，对学生们寄予鼓励。

在示威游行过程中，国民党布置草仔垵流氓集团的头子苏草包，带领一批流氓、特务，有的身怀利刃，有的腰插手枪，有的手持铁尺，预先埋伏在后路头一带，准备滋事行凶；而国民党的武装特务和宪兵、警察，准备在流氓动手以后抓人，进行血腥镇压。但由于学生的反美爱国示威游行，大义凛然，而且游行队伍秩序井然，流氓、特务始终不敢动手，也没有机会动手。

示威游行的队伍，停在轮渡码头等待英华中学学生渡海前来参加，然后继续前进。当队伍转入海后路进抵大同路时，暴雨倾盆而下，宣传队临时喊出了"救国不怕雨打"、"雨打算什么"的口号，大家的情绪益见兴奋，英勇坚毅地冒雨前进。就在这时候，黄天爵乘小轿车路过思明南路，也被游行队伍拦住"宣传"一番，并在他的小轿车上贴满标语，才让它灰溜溜地开走。参加这次示威游行的共有二千多人，历二个小时，最后在中山医院附近广场停步，举行一个简短隆重的集会。学生们身上的衣服虽然被雨淋湿，却都露出胜利的笑容。会上，主席团报告说："我们已完成反美扶日

示威游行的壮举，但是这只能算是我们胜利的开始。记得去年曾经有过一次抗暴游行，可是没有雨，而这次游行，却有了雨。这个雨正足以说明我们每个人都从暴风雨中站起来。我们厦门大中学生要团结起来，在这暴风雨中要站得更紧。"集会结束后，全场同学高唱《一家人》《团结就是力量》，歌声响彻云霄，各校队伍由领队的同学在歌声中踏着雄壮的步伐，有秩序地离开广场。

在这场斗争中，厦大学生会发表了《为抗议美国扶植日本上南京总统府代电》、《南京政府对日本的罪行》和《国立厦门大学反对美国扶植日本

1948年5月29日《星光日报》有关美国扶植日本问题的笔谈（张元基供图）

抢救民族危机宣言》。王亚南、卢嘉锡、熊德基、林惠祥、方锡畴、吴兆莘等十位教授,也先后发表了"反美扶日"笔谈。《星光日报》应读者的请求,出版"美国扶植日本问题"笔谈专辑,短短四天,就收到稿件50多篇,投稿者包括学生、教师、新闻记者、工人、农民、店员、学徒、公务员和商人。《星光日报》编者在"笔谈专辑"的编后语说:"我们征稿时一再表示,来稿无论对美扶日赞成或者反对,均所欢迎。但征稿的结果,却没有一篇赞成美帝扶日的"。这也可以看出厦门各阶层人民是一致反对美国扶植日本军国主义的。

抗暴和"反美扶日"运动,锻炼和加强了知识青年的革命斗志,团结了广大的爱国青年,也让全市人民普遍受到爱国主义思想教育,认清了美帝国主义的狰狞面目。在共产党领导下的这两次大规模反美爱国运动,同时也为革命蓄积了力量,为迎接厦门的解放,准备了干部,奠定了思想基础。

第二节 地下党积极活动,准备迎接解放

厦门是个有着光荣革命传统的城市,早在1926年春,这里就建立了中国共产党的组织。我党早期在福建坚持地下斗争的著名领导人罗明、罗扬才、邓子恢、陶铸、叶飞、王德、方毅等都在这里领导过革命斗争,传播马列主义革命理论。1930年,罗明、陶铸、王德等同志在厦门领导工农和学生运动。陶铸同志还直接指挥了震惊全国的劫狱斗争,打击了国民党反动势力,在广大群众中引起了强烈反响。长期以来,厦门一直是闽南地区革命活动的中心,对东南亚和台湾都产生过广泛的影响。

抗日战争胜利后,福建地下党根据党中央提出"白区工作多头发展"的指示精神,把厦门作为重点发展地区之一,积极开展群众工作,领导学生运动,宣传我党方针政策,发展党团员和扩大党组织。当时在厦门地区活动的党组织分别属于闽浙赣省委领导的闽中地委和城市工作部、闽粤赣省委领导的闽南地委等两大系统三个党组织。闽中地委派往厦门的领导人是许集美、郑种植和施能鹤;城工部由黄猷、王毅林负责;闽南地委在厦门的负责人先后有陈华、张连、陈君实、熊德基等人。接管厦门时,闽中

地委派往厦门的有郑秀宝、周德明、杨梦周；城工部派往厦门的有王毅林、许文辛；闽南地委派往厦门的有熊德基、陈君实、纪华盛、廖开治、胡复生。另有"皖南事变"中失散的赵友骏，也在厦门卫生系统发展了一批地下党员和革命群众，并与闽中地下党取得联系。

厦门是福建省的重要文化教育中心，有十几所大中专院校。抗战胜利后，厦门大学、侨民师范学校、集美学校等院校陆续从山区迁回厦门。当地各校聚集着一批进步教授学者，如王亚南、林励儒等。他们利用厦门远离反动统治中心，敌人对学校控制力量较弱的有利条件，在校园内公开讲授马克思主义哲学、经济学理论，抨击国民党反动统治，支持学生爱国民主运动，因此各校民主进步力量较强。厦门地下党依据这个特点，在各学校教师、学生中发展了一批党员，建立了基层党组织。在厦大、集美、侨师等学校成立了党总支和党支部，领导学生运动。许多有知识、有抱负的青年学生由此走上了革命道路。这批知识分子党员在革命斗争中发挥了先锋模范作用，具有很强的战斗力。他们中许多人被输送到闽南各地游击区，参加并领导武装斗争，为当地党组织的发展壮大起了重要作用。

地下党还在全地区广泛开展工作，活动范围遍及社会各阶层。在郊区农村建立了一批支部，城乡建立了许多地下联络站。在码头、运输工人及邮电系统中发展了一批党员。厦门交通通讯十分便利，航空、海运和陆上交通四通八达，厦门地下党与省内各游击区和香港党组织、苏北华东局等领导机关有着密切的联系。

厦门地下党积极开展统战工作，策动国民党军政人员起义，争取了厦门国民党军政要员林梦飞、许祖义等人参加革命工作。地下党员通过各种渠道收集敌军军事情报，摸清国民党机关部队、企业内部情况，积极配合解放大军解放厦门。刘惜芬同志还打入国民党内部，获得城市布防情况的重要情报。厦大党支部派出土木系和机电系一批党团员，参加敌军修建碉堡的设计工作，并得到全岛新建碉堡分布图，及时转交给解放军，对解放厦门起到了重要作用。在艰苦的敌后斗争中，厦门地下党经受了严峻考验，付出了重大牺牲。在厦门解放前夜，刘惜芬、修省等一批党员和革命群众，惨遭敌人杀害，献出了宝贵生命。地下党为厦门的解放做出了重要贡献。

刘惜芬，1924年出生于厦门顶井巷，在雅化小学读半年就转入群惠小学。她聪慧过人，成绩优异获准跳级一年。小学毕业后，她升入华南女子中学，初中还没毕业就因家境窘困而失学。1938年底，14岁的刘惜芬怀着"当个治病救人的护士"的愿望，考入日本人开办的鼓浪屿博爱医院。她聪

第三章 民主运动高涨，国民党政权风雨飘摇

明伶俐，心地善良，勤学肯干，医德高尚，有着强烈的爱国心。她要求到脏、苦、累的门诊部为劳苦大众服务。她敢于公开指责虐待中国病人的日本医生："你可以爱你的日本，我却爱我的中国。"几位爱国志士袭击厦门日伪政权在中山公园召开的大会，不幸负伤被捕后囚禁在博爱医院，刘惜芬冒着生命危险，给他们送去消炎药和凉开水，称赞他们是"有高尚气节的中国人"。

1945年抗战胜利后，刘惜芬回到家里，用自己学到的医疗护理知识和技能为病人治病。这一时期，她与党的地下组织建立了联系，主动提出入党要求，多次完成党组织交办的任务，对党的事业热情而忠诚。1949年5月，在敌人面临失败越来越猖狂的时候，刘惜芬加入了中国共产党。她积极联系群众，团结进步青年，引导他们走上革命道路。她还积极为党组织和游击队募集经费和药品医疗器械等。在极其恶劣的环境下，按照中共厦门工委（闽中）领导的安排，刘惜芬接受了一项特殊任务：为党组织收集重要情报。她深入敌人要塞司令部，常利用晚上去舞厅给国民党军官当舞伴。她一边跳舞，一边把军官透露的情报牢记在心，一回到家便立即写成书面材料，交到地下党的秘密联络站。她还通过美的照相馆的欧阳咏，机智地把要塞司令部晒印的虎头山堡垒布防图，偷印一份交给游击队。刘惜芬获取的各种重要情报，为解放厦门和保护地下党组织，发挥了作用。刘惜芬还机智勇敢地策反要塞司令部的少将参谋长周烈、海外新闻社社长杨越（后因泄密，周、杨被厦门警备司令毛森扣押，英勇不屈，与刘惜芬同时遇害）。

1949年8月间，毛森来厦门担任警备司令部司令，实行大逮捕、大屠杀，厦门陷入腥风血雨的白色恐怖中。党的地下斗争更为艰苦，一些地下党员和进步人士陆续撤离厦门到游击区去。党组织安排刘惜芬撤退，她说"我的任务还没完成"，坚决要求留在厦门继续战斗。

1949年9月19日凌晨2时许，刘惜芬不幸被捕，被囚禁在厦门警备司令部看守所。几个小时之后，地下党交通员吴彩枣赶到秘密据点草埔尾巷10号郑家，向郭秀治和李美美通报这一消息。她们马上商量应急对策。突然传来一阵急促的敲门声，原来是敌人押着刘惜芬前来指认抓捕地下党女工支部书记郭秀治。特务头子魏光清揪住郭秀治的衣领，郭秀治反问道："你要找谁？"推开特务的手。就在郭秀治责问魏光清之际，刘惜芬趁机把手伸到背后，向郑家姊妹亚真、亚暖直摇手示意。郭秀治明白这个简单的手势说出的无声的语言："我刘惜芬没有出卖战友！没有向敌人投降！"魏

光清回转身又揪住郭秀治，厉声逼问刘惜芬："这个人是不是郭秀治？"刘惜芬故意朝郭上下打量，镇定地回答："那个人我只见过一面，她头发长长的、脸大大的、个子高高的。"这和郭秀治的模样完全相反。刘惜芬机智勇敢地蒙蔽了特务，让自己的战友逃脱特务的魔掌，也保护了秘密据点的郑家主人。

从刘惜芬因叛徒出卖被捕的那一天起，敌人就挖空心思地企图从她口中得到地下党的机密，从而彻底摧毁厦门的地下党组织。敌人对她施用了各种惨无人道的酷刑。刘惜芬忍受着常人难以忍受的巨大痛苦和折磨，严守党的秘密，表现出了一个共产党员的崇高气节。刘惜芬在狱中对难友徐淑智说："我一人做事一人承担，决不连累任何人。"刘惜芬在狱中说她只是一名护士，至死也不承认自己是一名共产党员。她对地下党组织、党员和革命群众知道不少，但她始终守口如瓶。因此地下党组织没有因为她被捕而受到破坏，她所知道的党员和革命群众没有一个被捕。中共厦门工委（闽中）最大的交通站：思明北路177号老元成，店主郑纳，刘惜芬曾送情报到老元成，地下党的许多同志如许集美、郑种植、施能鹤、郑秀宝、梁明富、胡冠中、胡惠敏、庄建国、林菊村、叶亚伟、林圣雪、陈启浩等也常到这里活动。刘惜芬不幸被捕后，老元成安然无恙。刘惜芬用坚强的党性保护了战友，保卫了党组织；她用宝贵的生命诠释了对党的事业热情与忠诚。

1949年10月15日，中国人民解放军对厦门展开总攻。被囚禁在看守所的刘惜芬同难友们已经听到了解放厦门的隆隆炮声，她高兴得忘记了全身的伤痛，鼓舞难友们说："天快亮了！"10月16日，刘惜芬等地下党员和其他革命群众17人被秘密绞死。10月17日厦门解放，第二天厦门地下党在鸿山脚下找到了刘惜芬的遗体。

1949年12月19日，厦门市各界隆重召开死难烈士追悼大会，赞誉刘惜芬等烈士是"新中国的奠基石"。

修省，福建长汀人，1927年12月3日生于福州，1944年在长汀中学高中毕业后，以优异成绩考入厦门大学电机系，1948年毕业并获学士学位。修省的父亲修大章，原在闽侯县盐税局工作，失业后全家六口人的生活难以为继，家境贫寒，修省依靠半工半读坚持完成了大学学业。在校期间，他积极参加厦大学生爱国运动，主动担任工友夜校教员。1949年2月，经黄金铿（郭烙）介绍，加入中国共产党，担任工友党小组联系人，后来又担任中共厦门临时工作委员会青年委员。

第三章　民主运动高涨，国民党政权风雨飘摇

由于革命工作需要，修省被组织上派到位于新华路口的国民党厦门海军军官学校教课。他利用教员的身份同学校学员一起打球、游泳、谈心，广交朋友，并从进步学员中培养积极分子，争取策反起义。修省和其他地下党同志在国民党海军学校做了大量工作。原来准备策反海军学校整个班起义，后来由于海校当局加强对学员的控制，我党组织决定周继祖（周洛）、俞克良、陈建三名进步学员撤离厦门进入惠安游击区。1949年10月，他们三人参加解放厦门的战斗，后来加入人民海军部队，成为建设人民海军的骨干力量。

1949年8月31日晚上，修省和张逢明、陈炎千、陈绍裘在一位工友家里秘密开会，会后他回到厦门大学宿舍博学楼就寝。没想到就在这天夜里，大批国民党宪兵、警察包围了厦大。敌人开了一张21人的黑名单，要汪德耀校长交人，遭到拒绝。于是敌人强行闯入校园抓捕，结果修省、张逢明等11人不幸被捕。

修省落入敌人魔掌后，从被捕到就义的13天时间里，先后被敌人严刑拷问了4次。敌人用鞭子抽打他，给他上老虎凳，用六角形的铁具在他小腿骨上磨。修省浑身鲜血淋漓，伤痕累累，但是敌人的酷刑丝毫未能动摇他对马列主义的坚定信仰和对党、对人民的无限忠诚。他对同牢房的陈公任同志说："请党放心，我宁死绝不会出卖同志，破坏组织！"

修省同志用自己的鲜血和生命兑现了自己的诺言。1949年9月14日下午两点多，修省和张逢明、陈炎千三位战友，被国民党反动派押往厦门中山公园东门赤土崛。面对敌人的枪口，他们大义凛然，慷慨就义，为了党的革命事业，为了新中国的诞生，为了厦门的解放，献出了年轻的宝贵生命！

新中国成立后，厦门市人民政府为修省等死难烈士举行了隆重的追悼大会。1954年厦门革命烈士纪念碑落成，修省等烈士的遗骸被安放在纪念碑后面的圆形冢中。

第三节 国民党残酷镇压进步运动

1949年8月25日，毛森出任厦门警备司令，成立稽查处，直接指使军统特务魏光清、沈步峰等，杀害我地下党员、革命志士100多名。

8月31日，汤恩伯、毛森开始他们对厦门人民的疯狂的大迫害。他们首先针对的是自几年来在争取和平、民主、自由的斗争中一直是站在福建学生最前线的厦门大学。那天午夜2时，汤恩伯、毛森派遣了两大卡车的宪兵和特务，荷枪实弹，团团包围了厦大学生宿舍，以检查身份证为名，逮捕了学生修省、陈公任、卢鼐，经济系教授安明波、工友张逢明、陈炎千等11人。9月2日，大批特务、宪兵又在学生宿舍大肆搜查了一次，在校外逮捕了教育系讲师杨尔衢。学生郑明枢、方庆江要到台湾海军学校教书，因是厦大学生，在船上被扣下。叶瑛琦、叶顺贞姐弟两人，一赴台一

1949年8月26日《星光日报》有关毛森上任的消息（张元基供图）

第三章　民主运动高涨，国民党政权风雨飘摇

送客，也因为都是厦大学生而被捕。

被捕的人，都有着各种意想不到的怪罪名。厦大已毕业的学生卢鼐，在被捕后的第二天晚上受审时，用刑的特务数着他的四条罪名：一、任厦门市助学运动助学金分配委员会主席，控制助学金，动员全市大中学生替共产党揩老百姓的油；二、在厦大读政治系，功课很好。读政治系的必定活动，活动的一定是共产党；三、是绍兴人，绍兴多出诡计多端的人物，且周恩来、鲁迅、邵力子都是绍兴人；四、在厦大壁板上写文章。同学修省因是电机系学生，特务诬他一定有电台，非要他自认共产党不行。讲师杨尔衢因为和已去香港的前教育系郭一岑、关江霖两教授通讯，也被抓去。同学郑明枢赴台，却在"携带左倾分子赴台"的罪名下被捕；有两位姓陈和姓许的女士也因"和厦大学生来往"而犯了罪。毛森来厦后曾狂吠过：厦大全体员生都有"共匪"嫌疑，而这些嫌疑分子也就在这样的罪名下被捕了。

面临末日的匪徒们，他们的残暴无耻是难以描述的。被捕的厦大学生、工友都遭受了各种惨无人道的酷刑。每晚10时到了戒严时间，全市电灯熄灭，牢狱门外呜呜的汽车声响，这便是杀人魔王毛森来了。毛森和汤恩伯总部的参谋长王炳炎亲自审问他们。工友陈绍裘在被捕的第二天就被严刑审问，木棍、铁尺浑身乱打，特别是重重地打在脚骨上，二三个钟点内就打昏了几次。陈绍裘没有招供，用刑的特务就大骂："真是不可救药！老子向来放火杀人，杀死你们等于杀死了一条狗。"在这一次审问中，陈绍裘被打伤了脚骨，整天喘着气吐着血痰，连路也不能走。另一位工友卢榕亮上了"顶天立地"的刑罚，即两脚跪在瓷碗的底圈上，脚弯里放一根铁杠，左右两人用力踏着，两腋下也插一根，左右两人往上猛抬，另一个人就在腰部用枪管乱捅，打完了再上老虎凳。

卢鼐在被审时，特务曾大骂："你有的是政治，我有的是杀人。"他指指自己的鼻子说："我就是你平常用笔用口痛骂的特务，是无耻的走狗，今天请你看个清楚，要你知道特务的厉害。"特务们用酷刑逼不出口供，便三番五次地以枪毙活埋来威胁。这些无辜的学生、工友、教授在毛森和特务们的种种酷刑下，受尽了折磨，但他们咬紧牙根，急切地期待着解放的那一天。

特务们自知灭亡之日就要来临，在9月14日下午枪决了我地下党员修省、张逢明、陈炎千等四人；16日早上又绞死或枪决了我地下党员刘惜芬、周景茂等17人，当晚又秘密活埋了爱国青年三十多名。

在国民党反动派最猖獗的日子里，很多群众亦无辜被捕，被戴上所谓"奸党"的帽子，受严刑拷打致死或关至解放才出狱。厦门港一个50余岁老人从海边买柴挑回家，路上碰到3个便衣特务说他的柴是偷的，于是拳打脚踢，勒索美金100元不成，就把他打入牢狱，说是"匪奸"，使用电刑、老虎凳。再如，由新加坡被英国殖民者遣送回国的林白萍被侦缉队搜查出《沉醉的太阳》一书，即因"共党嫌疑"，受尽拷打，至解放后才出狱。

9月20日，炮声整日地轰响着，解放军攻击金厦的外围战开始了，特务们在监牢中谎称是"国军在试炮"。深陷囹圄的革命志士知道厦门的解放已经不远，兴奋得不想睡觉，10月2日他们从包东西的报上知道了中华人民共和国成立的消息，更坚定了坚持下去的决心。卢鼎兴奋地数了57响炮声，大家期待解放的心更加急迫了。

10月16日，激烈的炮声震撼着穷途末路的特务，14日上午还在中学教员座谈会上疯狂叫喊着"要杀三分之一中国人"的"杀人魔王"毛森，早晨8时半起开始了一场对厦门人民的最后几小时的反扑。革命志士被特务从狱中拉出去，稍加审问便被残杀或抛海，谁也不知道特务们在几小时内究竟杀害了多少人，厦大学生周景茂，工友陈绍裘两人也在这时被绞杀了。

第三章　民主运动高涨，国民党政权风雨飘摇

附录　　缅怀胞弟周景茂烈士

（文/周景钊）

在庆祝新中国成立七十周年之际，我们不能忘记为这个壮丽事业奉献出青春年华和宝贵生命的革命先烈，他们是新中国的奠基石！

我的胞弟周景茂在黎明前最黑暗的时刻，在白色恐怖最严重的环境下，毅然加入共产党，积极投身危险的地下工作，将自己最宝贵的生命毫无保留地奉献给党，奉献给中国的解放事业，光荣牺牲！

在此，我深深地怀念亲爱的胞弟周景茂，他的音容笑貌、苦难童年和短暂的一生熠熠生辉，永远留在我的心中。

周景茂烈士（1927—1949）

1949年秋天，中国人民解放军百万雄师过长江，南京、上海相继解放，解放浪潮势如破竹，全国解放指日可待。而国民党兵败如山倒，残兵败将纠集闽粤两省，妄图退据台湾，把厦门作为台湾的屏障及反攻大陆的桥头堡，提出"确保厦门"妄图负隅顽抗。

1949年8月25日，国民党急调原上海警察局局长，杀人魔王毛森来厦担任厦门市警备司令部司令。他一到任，即于8月31日夜在全市大肆搜捕共产党员和革命群众60多人。厦门大学本部11人，新生院2人被捕，白色恐怖笼罩厦门。

闽中地下党工委、闽西南地下党工委根据上级指示，及时作出部署，有序撤退。闽中地下党又组织了由苏琳辉、周荣怀、吴静邦等三人组成工作团，继续坚持领导厦门岛内的地下斗争。

周景茂1948年秋考入厦门大学，并于1949年7月加入闽中地下党为中共党员。当时景茂根据党的指示，响应校主陈嘉庚先生号召，留校参加护校斗争，后又按照上级指令，回家在家里建立临时联络站并担任联络员。

景茂家住原厦门开明戏院隔壁三楼，由厦禾横巷183号边门进出，十分隐蔽。景茂家楼下的老元成小杂货店，是闽中地下党泉州中心县委和厦

周景茂烈士（左一）于1949年4月10日与当时进步组织华晋社成员合影

门工委的交通站。店主李鱼，他老婆郑纳（人称鱼姆）为交通站负责人。景茂作为联络员主要负责联系郑纳。内地游击区派来的交通员先找郑纳，由郑纳带见景茂，再由景茂向周荣怀汇报。厦门的有关军事情报等，也由景茂转交郑纳，由郑纳转交交通员带回游击区。由党派入国民党特务组织的厦大学生党员林嘉禾也与景茂单线联系。同时景茂还单线联系留厦参加斗争的地下党员陈世民。

　　景茂虽然没有向我透露他的组织关系，但由他借给我阅读的《新民主主义论》等党内书籍，我也意识到景茂与共产党的关系。由于当时形势极为紧张，我曾劝景茂先到香港避避，或到内地找舅舅张连，他当时任闽、粤、赣边区纵队第八支队第四团副政委。在游击区的地下党同志、同学也给他来信，报告同安即将解放的喜讯："麦子熟了，即将收割。"虽然他也热切希望能到内地游击区真刀真枪与国民党干一场，但他理解组织上要他留厦坚持斗争的重要性，也知道留厦坚持斗争，甚至要冒生命风险，但他义无反顾，坚决服从组织安排。他对我说："离开厦门不是自己说了算，而是要听从组织安排。"

第三章 民主运动高涨，国民党政权风雨飘摇

7月中旬，景茂带着新任务回到家中，那时厦门与大陆的交通已被中断。9月18日上午，地下交通员陈顺言从集美秘密乘小船来厦门找郑纳，由郑纳带他见到景茂，景茂按闽中泉州中心县委李永裕手谕，打电话给周荣怀，周荣怀即赶到景茂家中与陈顺言会面，陈顺言提出解放军急需国民党在厦驻军布防图和6只夜光手表。

周景茂家就在当时厦门开明戏院隔壁——厦禾横巷183号

周荣怀告诉陈顺言：军情密码资料已于前天由其他渠道送往解放区，厦门驻军布防图，需到九条巷找洪碧玉、洪碧云姊妹。下午四时多，周荣怀就将6只夜光表送到家里交给景茂，由景茂交郑纳转给陈顺言。

当天下午陈顺言也找到了洪氏姊妹，她们说布防图埋在院里树下，目前形势紧张，特务密布，必须夜里挖，约定陈顺言翌日凌晨来取。当晚，陈顺言留宿在老元成店中的阁楼上。

18日下午，周荣怀约定林嘉禾6时到景茂家会面。林嘉禾准时来了，但周荣怀却一直没来。至晚9时许，仍不见周荣怀。当时景茂也约了陈世民在家谈事，由于时间太晚回家不安全，林嘉禾到大同路亲戚家过夜，景茂则安排陈世民在他自己的房间留宿，他在房间外铺了一张小竹棚板睡觉。因天气热，我也在南侧走廊，搭地铺睡觉。

当晚景茂似觉心神不宁，下半夜数次起床开灯。那时每到半夜12时即全市停电，如果灯还亮着，即说明有情况，可能是国民党又在抓人！景茂不安地走到南侧走廊叫醒我说："二哥，二哥，今晚电灯通夜不灭，不知是否国民党在抓人？"我坐起来，看看手表，又看看天色，已蒙蒙亮了，我说："要抓人应该也是半夜一二点，现在天都快亮了，还会来抓人吗？"我和景茂坐在地铺上，想不出所以然来。景茂不安地回到竹床上，并没睡觉，我也躺下来，辗转难眠。

正当我迷迷糊糊将要入眠时，忽听一声大喊"不要动"，我急坐起来，只见对面小楼冲出两个国民党兵，一个绕过庭院北面向景茂追去，一个向我扑来，把我双臂反剪押到对面小楼的后厅，地上已坐着几个成年男子，原来国民党从对面小楼冲上来时就先把小楼租户的一些男人抓了。

我被推到前面的第一个位子坐下。过了一会，景茂和陈世民也被押着推进来。这时国民党的一个军官挨个地喊问每个人的姓名，当问到后排的陈世民时，陈报了姓名，那军官见他像是外地人，又问："你是干什么的？"陈答："我昨晚到开明戏院看戏，时间太迟了，到朋友家来借宿的。"那军官喊了一声"滚！"陈赶快离开。

当问到周景茂时，"周景茂"三个字刚一出口，另一个军官立即上前一步，抓着周景茂的手说："在这里啦，就是他！"并立即把景茂拉起来，押着景茂到他房间翻箱倒柜，搜出几本书和笔记本，挟在腋下，又拿出一条绳索，把景茂捆绑起来。我走上前去问道："你们为什么抓我弟弟？"他一把将我推开。我看到他的左眼一眨一眨地不停闪动。后来我才知道他就是厦门警备司令部军法室主任魏光清。

当时我发现小楼门前地上还坐着一个年轻人，他穿着长袖白衬衫，衬衫上喷溅着不少血迹，脚好像受伤了，不能行动。魏光清指着被押过来的景茂回头问："是他吗？"他点点头。

这时，我母亲向魏光清跪下，求他："你们放了我儿子吧！他也没做什么坏事！"景茂铁青着脸说："妈妈你起来，不要这样！"周荣怀低下头来，喃喃地自言自语说："我也是没办法的啊，昨晚被打得屎尿都流出来了！"魏光清不等他说完就喊道："带走！"后来才知道他就是周荣怀。

过后，我听楼下的邻居说，这一伙国民党兵和周荣怀，早在凌晨二点钟就来了，因183号楼梯的边门关着，他们怕惊动不敢叫门，就先叫开了185号的门，一拥而入，喝令全家人不许出声，不许走动，不许开灯。后来，天蒙蒙亮了，183号小楼有个女人下楼开门去卖早菜。魏光清一伙立即沿着她开的边门冲上小楼。

景茂被押走后，我和弟妹们也急忙冲下楼，只见景茂和周荣怀被魏光清等押上了一辆黑色小轿车，两个宪兵站在轿车两侧的踏板上。车子缓缓地开动，巷里已站了许多人，我们跟着小车慢慢走动。这时我发现人群中站着郑纳，她眼睛露出探询之意，我回看了她一眼，轻轻地点了点头，她明白是景茂被捕了，急忙赶回店中叫醒了在阁楼留宿的陈顺言，告诉他景茂被捕之事，叫他立即撤离。又把6块手表交给他，还给了三块银洋做路费。陈顺言

第三章 民主运动高涨，国民党政权风雨飘摇

匆匆出门，直奔九条巷洪碧玉姊妹家。由于国民党驻军布防图量多，又较大难携带，洪氏姊妹把图纸剪开，剪小，垫在陈顺言的鞋和袜子中。

陈顺言赶到第一码头时，全市已宣布戒严，所有船只不得离岸。他站在第一码头，心急如焚，束手无策。当时停靠在码头的集厦电船公司5号轮的轮机长陈文猪（地下革命群众）走到陈顺言身旁喊道，还不赶快下舱准备，还玩不够吗？机智地将陈顺言拉进机舱，在他脸上和身上涂满了机油，让陈顺言冒充船上的轮机手（这艘渡轮在当时被国民党69军军长刘汝明征用为专轮）。陈顺言就搭着这艘船顺利地离开厦门。

后来，布防图由闽中地下党同安新三区工委交给解放军先遣队，转呈解放军十兵团司令部，司令员叶飞看了非常满意，表扬厦门地下党为厦门的解放事业做出了重要的贡献。

景茂被捕后，牵挂着带有重要军事情报的交通员陈顺言能否安全离开厦门。他不顾个人安危，故意带着敌人到郊区等地绕了一圈，以拖延时间。事后敌人发觉受骗，又对景茂进行了严刑拷打。

景茂被捕后，先关押在警备司令部虎头山，9月底被转移到大生里的厦门法院看守所。在被关押期间，无论敌人怎样严刑拷打，怎样巧言利诱，景茂坚贞不屈，严守党的机密，保护了地下党组织和老元成郑纳同志一家的安全。

林嘉禾由于内部告密，也被军统特务组织勒令接受审查。一次上厕所，偶遇周景茂，景茂摇摇头，表示他什么也没说。一个深夜，毛森亲自提审周景茂，把林嘉禾也押了去。

毛问林嘉禾："你到底是为国民党服务，还是为共产党服务？"

林回答："为国民党服务。"毛又追问："那么，你就是特务了。"

林答："是。"

毛森得意地对景茂说："你听到了吗？他是特务。"

景茂回答："听到了。"

毛森随即叫人把林嘉禾带走，继续对景茂进行审问，企图弄清林嘉禾的真面目。过了两、三天，林嘉禾借口向景茂讨要草纸上厕所，问他："那天晚上最后怎么样？"景茂微笑着回答林嘉禾："你放心好了，我知道他要套我，我什么也没说。"敌人最终无法确定林嘉禾的真实身份，没有对他下毒手。

在景茂被捕至10月17日厦门解放，整整一个月里，老元成郑纳一家，心惊胆颤地度过每一天。解放后，郑纳找到我，拉着我的手说："茂啊，很

乖，真是个好孩子、好同志、好党员。一个月来，我们全家人提心吊胆，日夜难眠，是景茂宁愿牺牲自己，坚守党的机密，不出卖组织和同志，保护了我们一家！"

景茂被捕后，国民党派遣了三个特务在我家守株待兔，妄想抓捕有不知情到我家来的同志。但蹲守数日，毫无成效，便收兵撤走。过了五六天，又有两个国民党军官，拿着景茂的一张纸条，要求家里给寄些换洗衣服和一条毛毯。我让母亲出面与之周旋，一面叫四弟景成去买了西饼、面包和几套衣服，内衣和一条红毛毯，最后还被敲诈了一百美元。

他们回去时，我叫当时只有14岁的四弟景成，要他紧跟这两位军官，看他们最后回到哪里，就能知道景茂被关的地点。他们回去时雇了三轮车，景成紧跟慢跑，寸步不离。两个军官中途进了公园南门的一家别墅后又离开，最后来到了大生里，下了车。他们把敲诈来的美金白银瓜分掉，又把受害人家属所托带的食物，挑好的先暗分了一些。然后进入了一处有着两扇大铁门的地方。景成见门口挂着的牌子上写着"厦门看守所"几个大字，我们才知道景茂是被关在那里。

10月16日深夜，我躺在屋顶平台的地铺上。只听到远处枪炮声不绝于耳，曳光弹嗖嗖地划空而过，我一夜未眠，心情激动，预感到厦门即将解放，景茂即可获救！

天蒙蒙亮，忽听轰轰鸣响的大军车的声音，我爬起来，依着栏杆向下看去，看见两辆大军车由思明北路开来，一辆转向厦禾路开去。随即又听到一阵猛烈的机枪声，接着又听到几声大喊："举起手来，缴枪不杀！"我心中一阵惊喜：啊！解放军来了，那么快！

只见那辆军车停在不远处的一家厦门煤炭公会门口（现第六中学附近）。几个解放军战士包围着那辆车。车上的国民党兵一个个举着双手，从车上跳下。最后成排地被解放军押下去了。其后约有三四十名解放军，沿着马路一侧，持枪弯腰前进。他们来到我家对面一家仕达汽车公司门口，门口停着另一辆军车，人已跑光了。一个指挥员模样的解放军一面命令部队停止前进，一面上前拍着仕达汽车公司的门叫道："老乡，老乡，请你派个司机来帮忙开门口这辆军车，好吗？"连喊几声，没人回应。我急忙抓了一件衬衣披在身上，三步并成两步地奔下楼，来到仕达门口，用厦门话喊道："仕叔！仕叔！我是对面林质大娘（我母亲名字）的儿子，解放军想请你帮忙，派个司机来开这部军车，厦门解放了。你们不要怕！"过了一会，里面有了响动，接着店门被开了一条缝，一位男子由门缝挤了出来，

第三章　民主运动高涨，国民党政权风雨飘摇

一声不吭地直接就上了驾驶室，战士们也爬上了军车，我急忙向那位指挥员说："同志，我们有一些地下党的同志，被国民党抓去，关在看守所里，我带你们去救他们。"他二话不说，把我往驾驶室一推，自己也上了车。

车开到双十中学的十字路口时，天已大亮，忽见到一架国民党飞机低空轰鸣着从上空掠过，那位驾驶员吓得立即刹了车，打开车门跳车跑了。战士们只好纷纷跳下，沿着路侧，持枪弯腰前行。来到大生里厦门看守所门口时，只见铁门大开。我指着看守所的大门说："就在这里啦！"我意思想请他派个人跟我进去，没想指挥员说他们另有任务，让我自己进去看看，说完他便带着队伍向沙坡尾方向去了。

我独自一人走进看守所大门，里面空洞寂静，一个人影也没有。我沿着一间间牢房向后走去，到了第二排最后一间，发现墙壁上喷溅着一些血迹，地上有些破布，满屋散发着浓烈的酒精味，我心想这里会不会是杀人的刑场？我回到家，也未等到景茂归来，心中十分焦虑。

下午，我听说厦大有位姓安的教授，也被抓了，但已回家，我便设法找到了安明波教授的家，问他是否看到景茂，是否知道景茂的消息。据他说，16日下午看守所的人全都被放了，却没有景茂的消息。我十分失落。

第二天，我继续打听着景茂的消息。我想起国民党的两个军官曾到过公园南门的一家别墅，便叫上我四弟景成，到了那家别墅。接待我们的是一位少女，名叫曾丽丽，当年十六岁，十分靓丽，也是党的地下革命群众，无辜地被抓了进去。曾丽丽接待了我们，并讲述了她被色狼毛森强认作干女儿，后又幸运逃脱的事情，但她也没听说景茂的消息。

时近中午，我又失望地回了家。走到我家附近时，一位大妈问我："景茂回来了吗？"大家都十分关心景茂被抓的事。我说："没有。"她悄悄告诉我说，我家三楼住着一个年轻人，听说他是国民党的特务，因内部狗咬狗被抓去，刚刚回来，你不妨去打听打听。

我找到那位青年，见他约30左右，正在房里整理行装，床上放着一个箱子。行色匆匆，看来像马上要离开的样子。

他说："前天（16日）晚上，在牢房，远远地好像听到有人在呼喊，不知道在喊口号或喊什么？不久，我们便从牢房后的气窗看到有一些人，拿着竹杠好像在抬什么东西，从屋后走过，你可以到后山一带去找找看。"

他说得含含糊糊，闪烁其词，好像有什么话不好明说，我心中一震，心想，他会不会暗示着抬的是尸体，景茂可能遇害了。

我怀着不安的心情回了家。午饭后，我找到表哥林庆云，把情况告诉了

他，请他陪我到看守所后山上去看一看，他答应了。我们到大生里看守所，里面还是空空洞洞的，我们就一直走到后山，朝鸿山寺的方向一路寻找。

不久我们发现在路边有一处微微倾斜的草地，其中有一块直径约二丈多的圆形土地，周围都长满了高高的杂草，而这块圆形的土地上，却寸草不生，好像是刚刚填埋的新土，十分疏松。而且泥土的表面上，由中间向四周延伸，龟裂着几条大大小小的裂缝，我和表哥都觉得十分奇怪，联系到上午那位年轻人闪烁其词的提法"用竹杠抬东西"、"到后山找一找"，我们猜想：可能是毛森最后下的毒手，潜逃前夕大批杀害共产党人和革命群众，用竹杠抬着尸体，由后山到这里，挖的墓坑掩埋。当时虽已是十月中旬，但厦门的天气仍然炎热，因此，尸体浮肿，把新填的泥土顶得四处龟裂。

我们急忙回家，告知了刘惜芬姊姊刘惜贤和庄建福的弟弟，大家约定第二天八时到看守所后山会齐。19日上午八时多，我全家人都到了现场，只见那大圆坑四周早已站满了人，军管会也来了几位同志。我和表哥把情况和想法向军管会的同志说明了，经过现场的观察，他们也同意我们的看法。我表哥就带着一位军管会同志，到厦门港街道的棺材店，雇用了几位工人，俗称土公（指专门为人抬棺、埋棺、送终的工人），把情况向他们做了交代，就分别从东西两边开始挖掘。约半个多小时后，西边有人喊："挖到了，挖到了。是个女的！"在被杀害掩埋的17位烈士中，只有一个女同志，那就是刘惜芬。刘惜芬烈士，被挖出时全身浮肿，面庞肿大，两眼暴突，舌头外伸……如果不是经过清理，和刘惜贤的辨认，几乎无人能认出是刘惜芬烈士。

这时，很多人都拥了过去，想去看看第一位掘出的烈士。我也想去看看，但走了不远，忽听到表哥喊我说："钊啊！钊啊！你快来看看，这个是不是茂啊！"我急忙跑回原地，只见景茂的遗体已被掘出。景茂身体较为瘦小，但这时面庞及脖子大大地浮肿，左眼暴突，但可怜的是右眼已经掉出眼眶，只有一条细小的血筋牵挂在眼眶外，嘴巴被用一条新手帕绑着，半个面都封堵起来。

我一眼就认出，那手帕就是我们托二位军官带给景茂衣物中的手帕。我沿着鼻梁旁的凹陷，用小刀慢慢地割开，拿下手帕，只见景茂的嘴巴极大张开，整个口腔塞满了舌头和舌根。因为景茂瘦小，被绞杀时，舌头连舌根被逼出，但又被手帕封堵，无法伸出口外，就塞满了整个口腔，面目全非，惨不忍睹！我不禁失声痛哭。表哥提醒我："钊啊！现在不是哭的时候，赶快叫人回家去拿景茂干净的衣服来收殓，安排入葬之事。"

第三章 民主运动高涨，国民党政权风雨飘摇

我随即下山，叫四妹翠玉赶回家中拿来两套景茂干净衣服，鞋袜等。其时我大嫂，弟妹都在山下，陪着母亲，不敢让母亲上山去现场，当她看见我红肿的眼睛时，问道："找到了吗？"我点点头："找到了。"母亲立即痛哭起来，坚持要到山上见景茂，我好言安慰，坚决不让她上山，我岂能让一个母亲见她儿子遇害的惨状呢？！母亲终于未能见到景茂的最后一面。回到家，她知道景茂是被绞杀而死，痛不欲生，连连用头猛撞墙壁，撞出几个大瘤。

四妹拿来了景茂的衣服，因为遗体浮肿无法脱下。工人只好把自己带来的高粱酒（工人挖掘尸体要饮的），喷洒在景茂身上，然后把干净的衣服套上。这时，表哥也买来了一具薄棺。匆匆入殓封棺，埋葬在附近一个叫不见天的地方。我们找来了几块大石头，在景茂墓前堆叠做记号。回家后，找到附近一家木材厂，要了一块锯下的杉皮，刨光一面，一头削尖，写上"周景茂烈士之墓"，赶快拿去订在景茂的墓前，匆匆入葬。第二年，市民政局给各位烈士家属拨付资金，建造坟墓。

景茂的一生虽然很短暂，但他追求真理，笑对苦难。在1947年英华中学毕业特刊上，他写道："我们需要有一颗服务群众的心，我是来服务人们，而不是要人们来服务我。"这是他对人生的目的意义和对人生价值的态度，他的一生，印证了他对人生价值的追求。

1959年10月17日，厦门革命烈士纪念碑落成，景茂、刘惜芬等十七位烈士，移灵厦门革命烈士纪念碑后的圆形陵寝中，景茂排序09号。

景茂牺牲后，我和四妹翠玉、四弟景成，相继参军，以继承景茂遗志。

安息吧！亲爱的弟弟！

周景茂烈士墓，厦门革命烈士纪念碑建成后，周景茂烈士骨灰移至烈士陵园

【原载《厦门老年大学》2019年第3期】

第四章　解放大军南下，鹭岛战云密布

第一节　解放战争摧枯拉朽，国民党军节节败退

辽沈战役、平津战役、淮海战役后，1949年4月23日，第三野战军占领南京，宣告了国民党反动统治的灭亡。此后，中国人民解放军以摧枯拉朽之势向国民党军队进攻。在中国人民解放军的进攻面前，国民党军毫无抵抗之力，一路溃败。南京战役后，4月24日，解放军展开了对南京、镇江一带向南溃逃的国民党军的追击围歼战，至7月9日，中国人民解放军基本解放了浙江全境。

浙江全省解放后，解放军挥师福建，解放福建成为下一个目标。在中国人民解放军攻势面前，国民党军节节败退，革命形势的进展比中共中央原先的估计要快，原定于1950年解放福建的计划提早实施了。

在浙江战役进行中，第三野战军副司令兼第二副政委粟裕、参谋长张震根据中央赋予三野解放和经营东南诸省的任务，依据整个战局的发展情况，于1949年5月22日致电中央军委，请示入闽解放福建的部队是否可以提早出动，何时出动，以便上海解放后能迅速调整部署。5月23日，中央军委向各野战军发出了毛泽东亲自起草的电报《向全国进军的部署》。在电报中，毛泽东指示粟裕、张震："你们应当迅速准备提早入闽，争取于六七月间内占领福州、泉州、漳州及其他要点，并准备相机夺取厦门。入闽部队只待上海解决，即可出动。"

第四章　解放大军南下，鹭岛战云密布

5月27日，上海解放。第三野战军根据中央军委的统一部署，决定由所辖第十兵团执行解放福建的任务。在上海解放的当天中午，第三野战军司令部电示第十兵团，立即撤离上海市区，进行入闽准备。

第十兵团的前身是苏北兵团。1948年3月，为配合外线部队的进攻，便利苏北的内线反攻，华东野战军决定原属山东兵团的第二纵队与原在华中敌后坚持斗争的第十一、第十二纵队会合。4月初，第二、第十一、第十二纵队于苏中集中，成立苏北兵团，司令员韦国清，政委陈丕显，副政委姬鹏飞，参谋长覃健，政治部主任张凯，副参谋长陈玉声。苏北兵团成立后，指挥第二纵队、第十二纵队参加了济南、淮海等战役。1949年2月，苏北兵团奉命改编为第十兵团，司令员叶飞，政委韦国清，参谋长陈庆先，副参谋长陈玉声，政治部主任肖望东（后由二十八军政委刘培善继任）。

叶飞，福建省南安县人，1928年加入中国共产主义青年团，1932年转入中国共产党。土地革命战争时期，先后担任共青团福建省委宣传部部长、代书记，福州中心市委书记，中共闽东特委书记，闽东军政委员会主席兼中国工农红军闽东独立师师长、师政治委员等职。参加了南方三年游击战争。抗日战争时期，先后担任新四军第三支队六团团长、江南抗日救国军副指挥、新四军苏北指挥部第一纵队司令员兼政治委员、新四军第一师第一旅旅长兼旅政治委员、第一师副师长、苏中军区司令员、苏浙军区副司令员等职。在解放战争时期，曾任华东野战军第一纵队司令员兼政治委员。第十兵团下辖第二十八、第二十九、第三十一军。

第二十八军由原华东野战军第十纵队改称，军长朱绍清，政委陈美藻，副军长肖锋，参谋长吴肃，政治部主任吴嘉民，下辖第82、第83、第84师。

第二十九军由原华东野战军第十一纵队改称，军长胡炳云，政委张藩任，副军长段焕竞，参谋长梁灵光，政治部主任惠浴宇，下辖第85、第86、第87师。第二十九军是一支有光荣历史的部队，部队干部大多在抗日战争以前参加革命，军级以上干部基本上是红军出身，参加过淮海战役、渡江战役。1949年7月，进军福建，参加福州战役和漳厦战役。

第三十一军由原华东野战军第十三纵队改称，军长周志坚，政委陈华堂，副军长姚运良，参谋长黎有章，政治部主任方中锋，下辖第91、第92、第93师。第三十一军参加过渡江战役，在解放上海期间，部队战士进入上海市区后，露宿街头，对市民秋毫无犯，受到上海市民的广泛称赞。1949年7月，进军福建，参加福州战役和漳厦战役。

1949年7月，第三野战军某部在嘉兴登车，迅速向福建进军

  第十兵团接受任务后，于江苏苏州、常熟、嘉兴一带集结，并进行休整。同时进行入闽前的形势教育和山地作战训练。6月19日，经中共中央批准，中共福建省委在苏州成立。6月27日，第十兵团发布向福建进军的命令。7月2日，第十兵团在叶飞、韦国清带领下，从苏州、常熟、嘉兴出发，分别从浦城、崇安分路向福建进军，5000名南下干部、2000多名以上海等地青年学生为主的知识青年随军入闽。

  十兵团进入福建后，部队面临许多问题和困难。福建属于山区地形，山高路陡，道路崎岖，在夏季气温高，雨水多，蚊子也多，还有许多战士水土不服，加上部队前进的速度快，后勤保障跟不上，战士们伙食差，对大多来自北方的部队战士来说，实在是一个巨大的挑战。7月下旬，进军福建的第十兵团广大指战员到达建阳、建瓯、南平、古田一带，集结后进行解放福建的战前动员和作战准备。

  为打好解放福建的这一仗，第十兵团开展了广泛、深入的宣传动员，向广大指战员说明解放福建的重大意义："解放福建，建设福建"是党中央、华东局、三野前委给我们全兵团的任务，要好好地完成这个任务，配合各兄弟野战军解放大西南和大华南的进军，并和他们比赛，把残敌扫干净，迎接新政治协商会议的召开和新中国的诞生！同时第十兵团也强调解放福州、厦门任务的艰巨和意义的重大：福州、厦门，是两个军事上的战

第四章　解放大军南下，鹭岛战云密布

略要地，形势险要，是我国沿海的重要军港。盘踞福建的敌人，多半集中在这两个地方，先解决了它，解放全福建的主要障碍就扫除了，所以福州、厦门的解放，也就意味着基本上解放了全福建。尤其是福州、厦门与台湾遥遥相对，解放了这两个地方，国民党政权的最后避难所——台湾，就更加孤立了，更加无法支撑了。

解放厦门战役打响前，我军某突击队进行战前动员

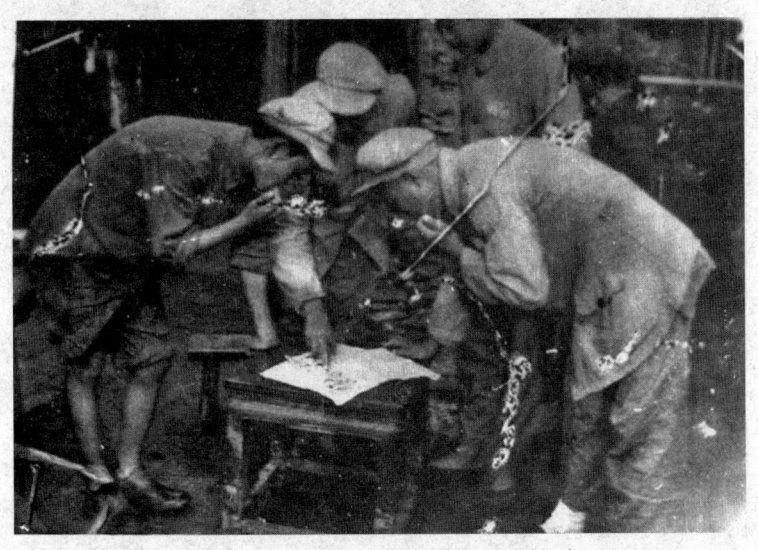

出发前，战士们用鲜血写下决心书，保证全歼残敌

根据福建的实际情况,第十兵团决定将解放福建的战斗分两个阶段来进行。第一阶段集中全力围歼福州守敌李延年的第六兵团,解放福州;第二阶段解放泉州、漳州、厦门、金门等,歼灭刘汝明的第八兵团和李良荣的第二十二兵团。

8月6日,第十兵团发起福州战役。经过10天的战斗,17日福州解放。16日晚,国民党福建省主席、福州绥靖公署主任朱绍良、第六兵团司令李延年乘飞机逃往台湾,在逃跑之前,命令所属部队沿福厦、福永公路向南逃窜。福州解放后,第十兵团除留下一部分兵力警卫福州外,主力部队分路追堵逃敌。此时,第三野战军首长指示叶飞率第十兵团继续南下,肃清闽南漳州、泉州地区之国民党军,尔后再攻取厦门、金门。

根据三野首长的指示,第十兵团司令员叶飞和政委韦国清在福州召开作战会议,各军领导参加,会议的主题是分析下一步解放闽南的形势和作战部署。在会议上,叶飞分析道:依据闽南的地形和敌情,第十兵团由福州挥师南下的目标,首先是解放泉州、漳州地区,歼灭以漳州为中心的

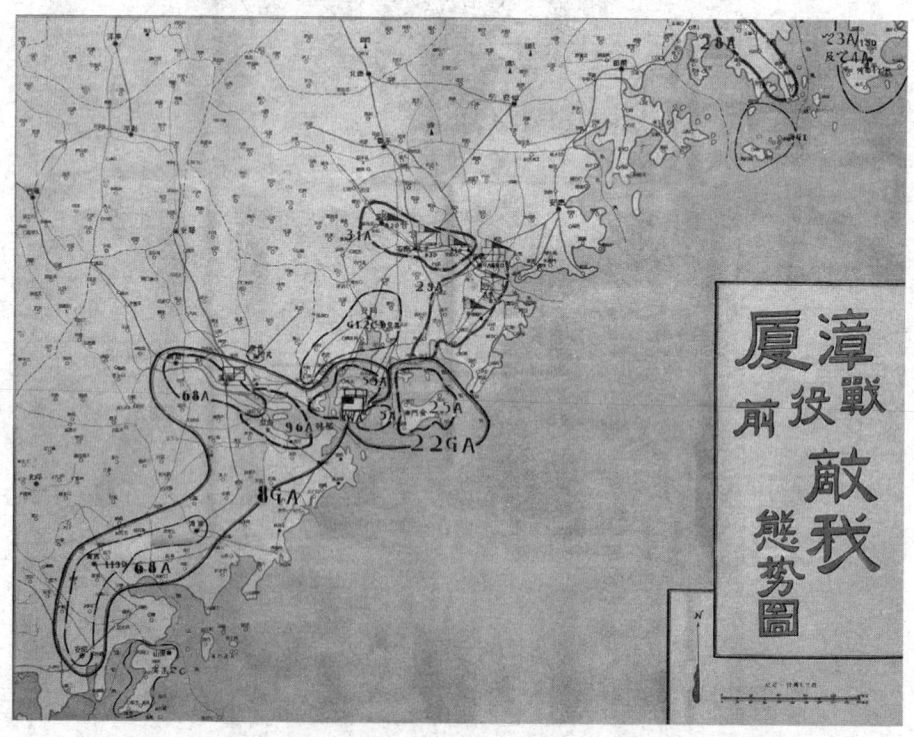

人民解放军三野十兵团编制的漳厦战役前敌我态势图(翻拍自《福建解放档案图集》)

第四章 解放大军南下，鹭岛战云密布

厦门、金门两岛屿外围的敌军，然后进击厦门、金门。会议决定，于9月中旬开始发起漳厦战役，围歼逃窜到漳州、厦门一带的国民党军队。会议确定，漳厦战役分二个阶段进行，先歼灭漳州地区之敌，控制金厦外围大陆阵地，然后攻取厦门、金门。会议对作战任务进行了分工，决定以第二十八军解放平潭，以第三十一军夺取漳州，第二十九军攻击厦门以北的澳头、集美等地，尔后会同第三十一军进攻厦门，并以一个师归第二十八军指挥，准备进攻金门。叶飞特别要求，部队南下时，主力部队沿福厦公路行动，另一路第二十八军两个师由海上南下，派部队从海上走，一方面是要解放平潭，另一方面是要锻炼部队适应海上作战的能力，为下一步渡海进攻厦门、金门获取作战经验。会后，兵团向第三野战军上报了战役计划和部署，第三野战军批准了兵团的计划和部署。兵团作战部署下达后，各部队根据作战任务分头展开行动。

第二十八军挥师向闽东前进，经过短暂的集结休整，9月12日，各部队向平潭周围的小岛发起进攻，第247团首先对小练岛展开进攻，13日攻克小练岛。当晚，第252团和第245团各一部攻占了草屿、塘屿二岛。第247团攻克小练岛后奉命对大练岛发起攻击，14日，大练岛解放，完成了平潭外围作战。15日，第二十八军对平潭岛发起总攻。第244团、第245团、第250团、第247团、第251团分别从西、南、北三个方向向平潭岛发动攻击，经过一天多时间的战斗，17日解放平潭。19日，困踞在平潭东北东庠岛、小庠岛上的国民党七十军五十一师残部向解放军投降，东庠岛、小庠岛两岛宣告解放。

第二十九军沿福厦公路前进，到9月初，相继解放泉州、安海、水头、莲河等城镇；主力在莆田、涵江地区进行短暂的战役休整后，继续向南推进。9月11日，85师第253团解放湄州岛，9月16日，86师258团攻占南日岛。随后，部队在泉州、晋江一带集结。

第三十一军的任务是攻打漳州。驻守漳州的是国民党第八兵团第六十八军，10000多人，军长刘汝珍，为国民党第八兵团司令刘汝明的弟弟，军部和二个师驻守漳州。担任进攻漳州作战任务的第三十一军为在漳州就地围歼该六十八军，做了周密的部署。8月29日，第92师分批隐蔽渡过乌龙江，后徘徊于福清境内，并不断南移，进入莆田县境内后，部队以营、连为单位，绕开县城和村镇，分散多头向山区进发，经仙游、南安西部山区，直插安溪县官桥地区，完成了对国民党漳州守军的包围，切断了敌人向西逃跑的可能，并在此等待主力部队的正面行动。与此同时，

三十一军的主力第93、第91师沿福厦公路南进,到达南安县官桥镇一带集结待命。

到9月10日前后,第三十一军和第二十九军主力相继前进到安溪、泉州一带集结,开始战前准备工作。

漳厦战役即将打响。

第二节　军政机构纷纷迁厦,城市陷入一片混乱

进入1949年,在中国人民解放军秋风扫落叶般的攻势面前,国民党军战局急转直下。国民政府为应对时局,党政军机构纷纷向南迁移。1949年初国民政府行政院迁广州,4月南京国民政府迁广州。其他党政军机构也随着战局的南移而不断南迁,全国政治经济中心也因此向南转移。

厦门地处东南沿海,与台湾隔海相望,这个本来不太引人注意的沿海小岛,在时局的变迁中逐渐变得重要和热闹起来。早在1949年初,战事还远离厦门,就开始不断有部队、学校、银行迁入厦门。1月17日,青岛海军军官学校迁入厦门,自此开始,到2月初,就有后方联勤总部101供应站、联勤总部108无线电台、保安第一团、南京总统府警卫宪兵团、空军第二防空雷达队、空军四二四无线电台等军方机构相继进入厦门。此外,其他如亿中银行、金城银行、上海通商银行等也先后迁入厦门并筹办开业。随着战事的南移,迁入厦门的部队和其他机构越来越多。进入厦门的国民党部队,有过境的,有驻防的。除了为加强防务,将在北方战败的部队调来进驻厦门外,相当一部分是由于北方的老巢被解放,败军无处安身而漂泊到厦门。虽然他们并不知道终点在哪里,但都明白,厦门只是逃亡路上的一个中转站。从四五月份起,国民党军队开始在厦门进行军事部署,进入厦门的国民党部队越来越多。如4月份,联勤总部第26分部入厦门;空军高射炮第二团全体官兵眷属1600余人乘轮来厦;第二十五军逗留厦门;5月初宪兵三团迁驻厦门;6月海军陆战队第二师第二营来厦整训等等。这些入厦部队或驻防或过境,无一例外要求厦门市政府提供住房,配给副食经费。厦门市政府面对这些要求,虽然倍感困难和无奈,但又无法拒绝,也不敢拒绝。如二十五军属于过境厦门,按市政府与相关部门联席会议决

定，可以不供给副食经费，但最后还是得送上猪肉 300 斤、柴 100 斤，以尽地主之谊。为了给入厦部队腾出房舍，教育部门决定厦门学校提前考试放假，引起师生强烈不满。厦门大学学生抗议活动尤为激烈，除了抗议、罢考外，还组织护校会对抗。6月，战争逼近福建，福建省政府开始迁入厦门，占用厦门大学校舍办公。福州解放后，厦门成为国民党政府在东南沿海的最后立足之地，进入厦门的部队更多了。

随着各类机构进入厦门的，还有大批的达官贵人。这些南来人士中，有江浙豪客，有京华介士，更有对国民党政府缺乏信心的政府高官。根据当时《江声报》报道，1949 年 1 月，国民政府交通部部长俞大维就委托厦门商界人士在鼓浪屿代觅房屋，用于安置其家眷。特别是南京解放后，上海又告急，更多的高等难民坐着轮船、飞机来到厦门。小小的海滨城市，一时之间人多、官多、车多，钞票也非常之多。1948 年底，厦门人口为 16 万余人，短短两个月后的 1949 年 2 月初，人口就增加到 20 余万人。大量的机构和人员进入厦门，除了让厦门呈现一派战时的病态繁荣外，更多的是让厦门陷入一片混乱。

粮荒

人多食贵，饮多水涸。厦门本一小岛，自产无多，食用都依靠外来供给。抗战以前，海运畅通，粮食多由仰光、安南等地大量进口。抗战胜利后，百业待兴，生产尚未得到恢复，仰光、安南等处又实施粮食禁运，停止输出，厦门粮食改由上海、芜湖等处调运，粮食短缺问题时有发生。1946—1947 年间，厦门就闹过一次粮荒。淮海战役后，受战事影响，粮食调运通道又告断绝，只能依靠本省漳州提供有限供应。剧增的人口，使城市的粮食供应更为困难。更为严重的是，大量涌入的军宪部队不仅加剧了粮食供应困难，而且极大加重了市民的负担。当时香港《星岛时报》报道："厦门现在可以说是'遍地皆兵'，一间商店平均每月得养上半打兵，但更可怕的是像蝗虫群的金圆券，每天数不尽地争向这里飞来，吃光闽南所有的金银财宝。"1949 年 2 月，厦门市参议会就要求联勤总司令部设法改善军宪副食。市参议会在给联勤总司令郭仪的电文中写道："厦市密通香港，并受侨汇及华侨出入之影响，生活程度之高，素为东南各地之冠，迩来大局转变，京沪疏散，厦市人口激增，生活程度益形暴涨，不但多数市民深受威胁，驻扎本市之军宪各部队生活亦受困难。目前军宪每人每月副食仅 80

元,此数仅足购松柴 5 斤,或生油 5 两,情况如此,何以为生。地方虽设法供应一部副食,但民力有限,而军宪数额月来正不断增加,如不设法改善,军宪将难于为生,地方负担力有枯竭之虞。"到 1949 年 8 月,情况更加严重。为解决驻军副食问题,国民党厦门市党部、厦门市参议会、市商会成立联合办事处,统筹办理驻扎本市军宪警副食供应。但是由于筹办实在太困难,联合办事处在提出了包括要求部队改善驻军待遇、协商从台湾运煤来厦、由部队派兵协助收税等几点建议后,草草收场。大量增加的人口以及随他们一起来到厦门的巨额金圆券,在加重原有的粮荒、水荒的同时,又出现了新的房荒、钱荒。

房荒

厦门本一小城,人口不多,住房有限。在抗战期间,厦门被日寇占领,许多市民不愿做日本侵略者的顺民,逃离厦门,在长达八年的沦陷期间,日本侵略者及倚仗日寇势力的汉奸,大量强占和破坏房屋,甚至拆毁房屋,因此许多民房遭到破坏。抗战胜利后,厦门的住房本来就非常紧张。当大批外来人员进入厦门后,首先引起房价和房租的成倍上涨。其次,大批军宪部队不断进入厦门,人多房少,房荒问题就出现了,而且越来越严重。达官贵人可以出高价获取住房,国民党部队找不住房,就只能强占学校、商店、民房,甚至占寺庙为营房。厦门市商会在 1949 年 7 月 2 日给厦门警备司令部的公函中写道:过境及调厦部队频增,住户、商店多被占驻,鹭江道、开元路、人和路、开禾路等几乎全被占领,商业陷入停顿状态。由此而引起的各种纠纷和矛盾也层出不穷,如国民党伞兵部队首批官兵 2000 多人在司令张绪明带领下,原说由厦转台整训,但到厦门后便不走了,要在厦门整训,由于无处安置部队,他们便开进了南普陀寺,把千年古寺作为部队的营房。福建省政府迁厦后,直接进驻厦门大学,占用校舍办公,引起厦门师生的不满。在国民党部队强占住房的纠纷中,闹得最凶的要算青岛海军军官学校武力强占复华小学的事件。

青岛海军军官学校于 1949 年 1 月 17 日开赴厦门,首批到达的为该校第四期训练班学员 260 名。该批学员到厦后,因住房不足,便占用了因放寒假而暂时空置的复华小学。复华小学由厦门台湾同乡会创办,其前身是旅厦台湾公会主办的旭瀛书院。校舍被占,复华小学提出抗议,厦门台湾同乡会也致电海军司令桂永清交涉,但都没有结果。2 月 8 日,到了学校开学的日子，复华小学致函海校要求让出校舍，依旧无果。11日晨，海校派海军士兵把守校门，不让复华师生进校，后经社会各界多方交涉，才让师生进校上课。此后，为保证复华正常教学，各方持续交涉，都没有结果。海校感受到来自各方的压力，竟使出李代桃僵之计。3月20日，海校派出几十名武装士兵进入复华小学附近的侨师附小，摘下校牌，换上复华小学校牌，把侨师附小教室内的课桌椅搬到操场，换上复华小学的课桌椅。校舍被占，引起侨师附小的抗议和社会各界的关注。该校也组织护校委员会，与侨师校友会、学生自治会联合进行抗争，但最后了无结果。

钱荒

粮荒是粮食少了，房荒是房子少了，而钱荒却不是说钱少了而是钞票太多了。1948年，国民党政府为挽救濒临崩溃的经济，进行币制改革，把法币换成了金圆券。实际上这是以国家的名义对国统区全体民众的一次掠夺，造成更加严重的通货膨胀。厦门本一小城，市场行情受香港、上海影响，在金圆券发行时，钱多钱少都要从上海、广州运来，正常情况下，行情总体比较稳定。但随着大批进入厦门的人员和国民党军部队带来的大量金圆券，厦门市场上金圆券泛滥，地小人众，物少钱多，钞票不断贬值，通货急剧膨胀。持有金圆券者莫不争相套购美钞以免受贬值损失，小面值的金圆券则直接被市场拒用。许多不良商人利用上海和厦门两之间的差价，做起了金圆券生意，他们从上海大量购买金圆券，搭飞机运到厦门，兑换成美金，然后又飞回上海，再买入金圆券，如此反复，更加剧了金融市场的动荡和混乱，造成美钞价格狂涨。金圆券与美钞比价，4月1日，1美钞兑换金圆券15800元；4月9日，1美钞兑换金圆券55000元；4月16日，1美钞兑换金圆券100000元。到5月份，金圆券贬值速度更猛烈，已形同废纸，在许多地方被拒用。就福建来说，除厦门外的各县相继停止金圆券流通，由此便造成大量的金圆券涌入厦门，金圆券与美钞的比价一路狂升，有时一天涨幅达到7倍。如5月22日当天，1美钞早市兑换金圆券2000万元，中午兑换3500万元，下午3点兑换4500万元，入晚后兑换15000万元，造成市面极度恐慌，商家也不敢做买卖了，纷纷关门歇业。

粮荒、房荒、钱荒让市民怨声载道，城市混乱无序不仅让居住在这座城市的市民无法正常生活和工作，也不利于国民党政权的统治。为了稳定局面，厦门市政府采取了一些措施，如通过强制手段，禁止商家拒绝接收小额金圆券，但允许大小额钞票按三七比例搭配使用，要求机关、部队不再迁入厦门，已进入市区的部队和过境部队移驻郊区，减少市区部队等等。但是这些措施根本没有办法落实，随着厦门局势的日益紧张，问题越来越严重，城市也越来越乱。

第三节　加强军事部署，蒋介石两次来厦

在中国人民解放军渡江之前，蒋介石集团就开始在福建准备后路。1949年1月，蒋介石委任朱绍良为衢州绥靖公署主任，并兼任福建省政府主席。朱绍良（1891—1963），字一民，祖籍江苏武进，生于福建福州。1910年加入中国同盟会，参加过武昌起义。1926年，任国民革命军第十师参谋长，随军北伐，参加汀泗桥、贺胜桥之役。1929年，任第二军军长、第六路总指挥，南下广东参加粤桂战争。1930年随蒋介石参加蒋冯阎战争。之后，率部参加对中央苏区的第一、第二、第三次围剿。1931年12月，兼驻赣绥靖主任。1935年，兼任西北"剿共"军第一路总指挥。1937年，抗战爆发后，率部参加淞沪会战，任中央军总司令兼第九集团军总司令。1940年，兼陕甘宁边区总司令，指挥部队在绥西战役中重创日军。抗战胜利后，先后任军事委员会副参谋总长、重庆行辕主任等职。1949年8月去台湾，任战略顾问委员会战略顾问等职。

朱绍良上任后，按照国民政府要求，积极部署战备。1949年1月，厦门市政府公布并实施防止妨害治安办法，严格户口申报，禁止社会团体开展活动，禁止罢工、罢市等。2月，朱绍良委派李怡星接替刚上任两个月的陈荣芳为厦门市市长，同时要求各地扩大自卫武装，厦门市民众自卫队奉命改编为民众自卫总团。李怡星上任后，于2月19日补办了此前业已成立的厦门市民众自卫总团成立典礼，自己兼任总团长。3月，国民党政府国防部命令厦门要塞司令部扩大机构，在厦门、金门修建炮台，构筑防御工事。4月初，曾任蒋介石总统侍卫长的石祖德奉命来厦门筹备厦门警备司令部，并担任司令，4月18日，警备司令部成立，与厦门要塞司令部合署办公，负责金、厦两地军、宪、警等的指挥调遣，处理全市重大事件及宣布全市戒严等事务。

第四章 解放大军南下，鹭岛战云密布

厦门被列入戒严区域

战事还远离厦门，但此时厦门俨然已进入战时状态。5月初，厦门警备司令部颁布戒严令，宣布将全市列入戒严区域，禁止聚众滋事，禁止谣言惑众，禁止罢工怠工，禁止鼓动学潮，禁止私运买卖枪支等。5月20日开始，警备司令部实施水上戒严，每晚12时至次日5时封锁水上交通，不准船舶靠岸。厦门市政府也奉命采取了一系列的应变措施：6月1日，下令在本市的外侨撤离；6月6日，又接到上峰的命令，开始疏散本市物资；市警察局相继实施户口总检查、民枪登记；强迫民工碎石用以修筑防御工事；先后成立临时救济委员会、军民合作站等组织；保安司令部命令市政府召开民众自卫会议，组织自卫武装。7月14日，厦门市警察局按照厦门市政府的命令，勒令市民存储粮食应变，要求一般住户及公司、工厂、商店至少要储备三个月以上粮薪，公教人员及贫困人家每户至少储足一个月的粮食，要求分期落实并进行检查。随着战事向福建逼近，东南各省被蒋介石

【111】

当作"戡乱复兴"的基地，为加强统治和确保安全，蒋介石不断调兵遣将，进行政治和军事上的部署。蒋介石派陈诚总揽东南海陆空军指挥大权，又任命前京沪杭警备总司令汤恩伯为东南剿总总司令，负责指挥东南各省陆军。

部队的调整和调动也频繁进行。4月，国民党伞兵部队2000多人进驻厦门。5月，国民党宪兵三团进驻厦门。7月，空军地面警卫第二旅迁入厦门。6月12日，汤恩伯将吴淞要塞司令胡克先调厦接替史宏熹担任厦门要塞司令，于6月27日上任就职。第二十二兵团司令李良荣于6月24日前往漳州接管第一编练司令部，并兼任司令官。李良荣，同安陀山（今厦门市集美区）人，1924年入黄埔军校学习，毕业后历任黄埔军校教导一团排、连长，国民革命军第一军第一师第一团第二营营长，参加第一、二次东征和北伐战争，在北伐战争中受伤回乡治病。1929年，任泉永民团营长。1932年入步校受训后任团长、旅长。抗战期间，任第二十七军四十六师副师长、师长等职，1941年9月，率部收复福州后任福州警备司令。1945年起任第二十八军军长，整编第二十八师师长。1946年7月授少将军衔，历任第一兵团第二纵队司令、第二十三军军长、徐州"剿总"第九绥靖区司令官。李良荣接管第一编练司令部后，原司令官王敬玖则转任驻闽绥靖公署副主任并兼任厦门前进指挥所指挥官；原第一编练司令部副司令方先觉任金门军官训练团团长。此外，李延年所部调往闽东北驻守。随后，国民党第二十二兵团驻防厦门，厦门警备司令部指挥权也划归第一编练司令部。厦门警备司令一职改由该兵团司令李良荣担任，石祖德改任二十二兵团中将副司令。李良荣的第二十二兵团由第一编练司令部改编而来。三大战役结束后，国民党政权为巩固政权，企图固守江南并伺机反扑，南京政府国防部编组了14个编练司令部，在福建龙溪成立第一编练司令部，王敬玖任司令，辖第五军、第九军、第二十五军。7月，第一编练司令部改编为第二十二兵团，王敬玖调任福州绥靖公署副主任并福建省政府主席，李良荣担任司令，辖第五军、第九军、第一二一军，驻扎厦门。福州战役时，该兵团被重创。8月，国民党军队的兵团重编，第5和第9军并为第5军，又将第五军与第一二一军合编为第五军，重编后的第二十二兵团辖第五军、第二十五军两个军。

第二十二兵团司令部为加强防御力量，1949年7月15日，成立闽南保安水上纵队，在厦门水上警察分局内办公。

为掌控闽省及厦门局势，部署军事反攻，7月22日上午，蒋介石在

第四章 解放大军南下，鹭岛战云密布

俞济时、黄少谷、周宏涛、沈昌焕、曹圣芬等人的陪同下，由国民党海军"大康"号军舰护送从广州乘轮船来到厦门，轮船和护航军舰泊于鼓浪屿后海面。本市各军政长官包括东南长官公署副长官汤恩伯、第二十二兵团副司令唐泳山、福州绥靖公署副主任王敬玖、前总统侍卫长石祖德、厦门代理警备司令万成渠、宪兵团长莫中令、海防处长康肇祥、海军学校校长郭发以及厦门市长李怡星、前兼闽省党部委员黄谦若、市党部书记长王连元等40余人登轮谒见。蒋介石的儿子蒋经国也从广州乘飞机到厦门晋谒。蒋介石不时询问厦门军政情况，随后分头召见各军政要员，面授机宜。下午，蒋介石继续召集本市军事长官开会，进行政治军事部署。会后，蒋介石登鼓浪屿，下榻西林别墅。此前蒋介石曾多次到过鼓浪屿，对厦门特别是鼓浪屿的气候、风光和风土民情留有良好印象。23日早上，在观赏了鼓浪屿美丽风景后，蒋介石于11时召见闽南师长以上将领开会，并与他们共进午餐。也许是觉得时间太短，午餐过程中蒋介石仍继续对福建军事反攻及政治、经济进行指挥部署。下午，又继续与福州绥靖公署主任朱绍良等长谈。也许是鼓浪屿风景改变了蒋介石的心情，住了一个晚上后，蒋介石精神大好，对整个战局又乐观起来了。直到当天下午7时，完成了对厦门军事部署的蒋介石，在随员的陪同下搭乘原轮离开厦门，回到台湾。

8月2日，京沪杭警备司令部对厦门防卫部与厦门警备司令部的军事指挥权进行了划分，厦门防卫部负责辖区内之防守与作战指挥、外围之警戒、工事之守备与监护等；厦门警备司令部负责秩序之维护与协力金融之稳定、肃清奸细与防止匪谍活动、交通及物资之管制与检查、邮电及新闻之检查、执行戒严、市区防空与消防救护、民众组训等。在部队指挥上，第五十五军、厦门要塞司令部由厦门防卫部负责，宪兵第三团、闽南水上保安纵队、市警察局、水警局由厦门警备司令部指挥。

8月17日福州解放后，蒋介石把最后的希望寄托在厦门，妄图固守以厦门、金门为中心的东南沿海一带，以保障台湾的安全。为此，在政治、军事等方面采取了一系列的措施。

政治上，蒋介石撤销了福州绥靖公署和第六兵团建制，撤掉了国民党福建省政府主席，任命自己的亲信汤恩伯为福建省政府主席兼东南军政长官公署厦门分署主任，驻守厦门，统一指挥刘汝明的第八兵团、胡琏的第十二兵团和李良荣的第二十二兵团，并将兵力收缩，防守厦门、金门、漳州和潮汕等一带。此前，汤恩伯奉蒋介石之命任京沪杭警备总司令固守京沪杭地区，在渡江战役后率残部败逃厦门，5月任国防部厦门指挥所主任；

6月任东南剿总总司令，负责指挥东南各省作战之陆军；7月，任金厦防卫部主任；9月，根据东南军政长官公署的命令，代理福州绥靖公署主任（福州已于8月解放）。为了加强对厦门、金门的白色恐怖统治，8月25日，京沪杭警备司令部又派毛森代理厦门警备司令部司令，归第二十二兵团司令李良荣指挥。

在军事部署方面，厦门已成为国民党政府在东南沿海的最后据点，也是国民党军最后逃往台湾的通道。随着闽北的陆续解放，特别是福州解放后，解放军不断向厦门逼近，厦门告急。为加强厦门、金门防卫，蒋介石对金厦防卫力量进行了一系列的调整，收拢从各处溃败的国民党军进驻厦门，加强厦门守卫力量并进入战备状态。原驻防龙岩一带的第八兵团第55军被调到厦门。国民党第55军是一支老牌部队，前身是西北军第3路军韩复榘一部。1937年8月，国民党军队在整编中，将西北军第3路军部扩编为第三集团军，原所属4个师及独立旅扩编为第12、第55、第56军。其中，曹福林任第55军军长，下辖第29师、第74师。该军组成后，奉命驻防鲁北惠民、齐东一带。1937年9月下旬，日军侵占平津后，分路南犯，第三集团军总司令韩复榘擅自撤退，被蒋介石下令枪毙，曹福林升任总司令兼任军长。1937年底，该军隶属第一战区，参加了津浦路北段沿线的作战。1938年3月下旬，参加了台儿庄战役。同年8月，该军编入第五战区第二兵团，参加了武汉会战。1939年4月至1944年秋，该军隶属第五战区第三十三集团军，先后参加了随枣会战、1939年冬季攻势作战、枣宜会战、豫南会战、第二次长沙会战、鄂西会战、常德会战和豫中会战等。1945年8月，抗日战争胜利后，国民党军队整编，将第69军第181师改隶第55军，隶属第四绥靖区，驻防河南商丘地区，曹福林任军长，下辖第29师、第74师、第181师。1946年下半年，国民党军队整编，该军改编为整编第55师，隶属第四绥靖区，原军长曹福林改任师长，原第29、第74、第181师依次改称为整编第29旅、整编第74旅、整编第181旅。在解放战争中，该师整编第29旅、第181旅被人民解放军歼灭后又重建。1948年9月，国民党军队重新整编时，该师恢复第55军番号，曹福林任军长，下辖第29师、第74师、第181师。淮海战役中181师被歼灭，后又重建。1949年4月下旬，人民解放军发起渡江战役后，该军经浙赣路向福建撤退。5月中旬，该军进入福建漳龙地区。该军驻防厦门后，成为守卫厦门的主力。

此外，蒋介石集团还纠集各地流氓地痞，组成地方武装。福建省政府命令漳州专员公署保安司令童戆山扩编省保安纵队，闽南各地的中统分子

第四章 解放大军南下，鹭岛战云密布

也纠集一伙人组织东南反共救国军等等，以图垂死挣扎。在不断增加兵力的同时，驻守厦门的国民党兵也加强了作战训练，举行针对解放军渡海登陆的演习，如8月19日至21日，厦门要塞司令部在猴屿、鼓浪屿、浯屿、大担、二担、三担、四担、五担、槟榔屿、澳头、刘五店、集美、高崎等地进行实弹演习；10月7日，厦门警备司令部在厦门大学附近海面举行水雷演习等等。

1949年9月初，厦门防卫司令部颁布礼三奇字第567号命令：一、奉总司令汤1949年8月29日作命第一号，为确保金厦，控制闽南，对部队进行如下调整：（1）廿二兵团司令官李良荣指挥第二〇一师、第四五师炮兵一营及金门要塞部队，固守金门、小金门各岛，并以一部确保大、小嶝岛，限9月4日前调整完毕；（2）厦门防卫部司令长官曹福林指挥五五军及厦门要塞（欠金门岛之一部）固守厦门，并以一部确保澳头、刘五店、集美、嵩屿等桥头阵地，限9月3日接管完毕；（3）厦门防卫部与廿二兵团之作战地境为虎仔屿（金门岛西南4公里）、赤礁（金门岛北4公里）、后墩（澳头东2公里），陈塘、马巷相连之线线上属厦门防卫部。二、为确保厦门，对于岛内军事作如下部署：（1）第七四师任本岛钟宅、穆厝、后埔之线以西，莲坂、官浔之线以北第一守备区之守备及刘五店（另派部队）、集美、天马山（一团）、太平山（另派有力部队）桥头阵地之守备，并于当面各小岛派遣小部队守备之；（2）第廿九师任本岛前埔、莲坂、官浔之线（不含）以南地区及鼓浪屿第二守备区之守备，以一团守备嵩屿、火烧屿桥头阵地，并于当面各小岛派小部队守备之；（3）第一八一师任本岛前埔、莲坂之线（含）以北，钟宅、穆厝、后埔之线（不含）以东第三守备区之守备，并派出有力部队守备澳头桥头阵地；（4）厦门要塞司令胡克先为炮兵指挥官，指挥要塞部队及炮兵，依照既定配备联系各区守备队固守各要塞，其炮兵运用：第一期，桥头作战期内，以主火力支援各桥头阵地，一部控制海面，破坏解放军渡海设施；第二期，解放军渡海作战过程中，以主火力封锁海面，一部阻击解放军后续部队；第三期，解放军登陆作战期内，以主火力阻击解放军后续部队，一部协助守备部队攻击解放军；（5）军输送团、工兵营、山炮营为本部总预备队，控制莲坂及附近地区，并统归输送团团长曹月轩指挥；（6）本军通信营营长靳仕伦为通信指挥官，指挥军通信部队并督导要塞通信部队市区通信机构，以莲坂为基点，向各守备区炮兵指挥官及所辖各部队构成有线通信网，并运用各种方法完成与桥头阵地之通信；（7）本司令部设莲坂，指挥所设市区全民小学。命令还对

阵地选编、工事构筑、材料征用、卫生营驻地进行明确和规定。

9月3日，国民党第55军第二十九师五十八团进驻鼓浪屿。为确保固守厦门，国民政府继续不断从各处调入军队，包括从台湾调来一批新兵参与厦门守卫，海军"永嘉"舰也进入厦门港海面，以加强海上作战力量。

随着解放大军不断逼近厦门，为了稳定军心，驻厦国民党军政大员轮流出面表态安抚。9月18日，警备司令毛森特地出面平息谣言，称解放军实力强大，士气旺盛，意在席卷厦金两岛，但是，国军早有准备，而且中共地下党组织都被其破获，不可能再进行暴动和破坏。毛森还吹捧汤恩伯："汤司令用兵是绝对采取主动，厦门的保卫战有绝大的把握。"9月20日，刘汝明召开记者会，在记者面前表决心。他说，厦门的市民开始听到炮声，就自相惊扰，但大家看看地图就不会怕了，因为厦门是个岛屿，我们只要把外围的几个桥头守住，绝对没有问题，任凭解放军用怎样的包围战术、人海战术，都不会达到目的。他承认平潭失守对厦门非常不利。虽然他带领的残兵败将从北方一路溃败到厦门，但为了稳定军心民心，为了给自己壮胆，他还要记者转告厦门市民：他的兵是能打仗的。9月28日，东南军政长官公署发言人说：政府决心坚守金厦和舟山两处战略基地，且有确保把握，目前厦门士气甚好，军力充足。

尽管蒋介石要求汤恩伯等国民党驻厦将士死守厦门，汤恩伯也信誓旦旦表示厦门防御坚不可摧，但事实上，蒋介石清楚，包括汤恩伯等高级将领也心知肚明，国民党军自上到下，对坚守厦门根本没有信心，对以厦门为基地进行军事反攻更不抱希望，特别是汤恩伯。汤恩伯刚在几个月前的上海战役中遭到惨败，当时他指挥的是美式装备的25万国军大军，修建了3000个美式碉堡、4000个钢筋水泥战备工事、10000多个野战卫星工事，埋设了两万多颗地雷，也就仅仅守了15天就被解放军攻陷。在他看来，号称防御上比斯大林格勒还要强大的上海也只守了半个月，一个小小的厦门和二三万的残兵败将如何去抵抗士气正旺的解放军大军呢？因此，在战斗没有打响之前，汤恩伯就准备好了退路，他将军以上指挥机构设在军舰上，实施遥控指挥。解放军攻击厦门的登陆战开始几小时后，战事还在厦门岛北部的时候，汤恩伯就已经带着副官等人逃到海边，准备登舰逃跑。这是后话。

国民党高级军官虽然嘴硬，其实心虚得很，时刻风声鹤唳，草木皆兵。解放军在大陆沿海开展的战前训练给国民党军造成极大的恐慌，以为解放军就要渡海进攻。8月25日，厦门警备司令部下令全市及集美中等以上学

第四章 解放大军南下，鹭岛战云密布

校禁止开学，非本市学生一律遣返原籍；9月3日，守军二十九师发函市警察局，为避免引起误会，要求禁止市民燃放鞭炮；9月20日，厦门警备司令部延长宵禁时间，规定每晚10时至次日5时实施宵禁，厦鼓轮渡自晚9时45分至次日5时禁航。10月1日，颁布战时纪律。10月4日，国民党军判断解放军将于中秋之前发起进攻，厦门防卫司令部为此发出礼三奇字第699号代电，要求各部队在刘汝明的统一指挥下，于4日黄昏前完成应急作战准备，包括加强对厦门本岛的警戒和阵地工事构筑，严防解放军偷渡；厦门要塞要加强侦察，查明解放军炮兵阵地和船只集结地并予以破坏；厦门警备司令部应加强市区治安管理，严格水上检查和封锁；68军在莲坂、江头收容之部队要加快整理完成战备；廿二兵团要加强海面警戒并派遣间谍潜入解放军防区收集情报，加快大小金门防御工事建设；海军第二舰队要以主力控制曾厝垵南侧海面，并以一部在金厦以南及金门以东、小金门北侧海面巡逻，一部利用夜间袭击解放军船只；要求海军舰艇在解放军渡海进攻厦门时以主力封锁九龙江口，并在小金门以北及金门以东海面堵截解放军渡海船只；还要求空军对金厦附近解放军驻防地和船只集结地、炮兵阵地从4日起进行三天大规模袭炸。此外，还对各守备部队在战时值班、作战战术及演习等方面都提出了要求。出于对自己部队缺乏信心，希望重赏之下能出现勇夫，10月14日，黔驴技穷的厦门防卫司令部颁布实施《金厦地区作战赏罚办法》，规定发现敌情者，奖银圆1000；消灭解放军一个连以上军以下者奖银圆500至银圆30000；自动协助友军扭转战局者奖银圆20000、升一级；缴获解放军山野炮一门者奖银圆500、缴获冲锋枪一枝奖银圆20；抓住解放军司令员或军长奖银圆10000、师长或政委银圆5000；规定详细，不一而足。同时，厦门防卫司令部规定，警戒疏忽被解放军乘机利用者、增援不力者、放弃阵地者，部队长枪决。

国民政府和蒋介石为给驻防厦门的国民党士兵打气，还接二连三派遣军政高官来到厦门前线，或视察防务，或劳军慰问，借以鼓舞士气。如，汤恩伯于8月24日与驻守厦门的部队营长以上军官座谈，汤恩伯对与会的军官们说，"台湾是唯一复兴根据地，保台必守闽，如福州不能收复甚至厦门不能确保，则台湾无法保守"、"无闽即无台"、"如厦门不守，福州不能收复，台湾则危险，台湾失守，则中国国民党难以复兴"，强调"有决心有把握"守住厦门。8月，国防部装甲兵司令徐庭瑶来闽南视察防地；宪兵司令张镇来厦门召见驻厦门及从福州败逃厦门的宪兵官兵；9月11日，东南军政长官陈诚乘专机飞厦视察厦门要塞并与各界座谈；隔天海军总司令桂

永清来厦门视察防务，随后二人在汤恩伯、李良荣、方怡等人的陪同下前往金门巡察。10月4日，蒋介石亲自致电刘汝明，表扬刘汝明所部曹福林在厦门外围战斗中"作战勇敢"，希望"全体将士再接再厉，继续努力，与各方面配合作战，以竟全功"。

10月7日，蒋介石又亲自出马，在东南长官公署副长官林蔚、国民党中央委员谷正纲、俞济时、蒋经国等的陪同下，亲自来到厦门前线，给驻防厦门的国民党部队打气。蒋介石于7日上午七点半抵达厦门，汤恩伯、刘汝明、李良荣、曹福林、毛森等登舰晋见并报告厦门军政情况。下午，蒋介石在汤恩伯总部召见了驻军长官并训话，除了鼓励和安慰驻厦官兵外，严令汤恩伯及三军头目死守厦门、金门，确保金厦来奠定反攻的基础。但是，蒋介石自己也缺乏信心，或许是害怕解放军随时渡海打过来，自己成为俘虏，因此，没有和上次一样，在厦门住下来，当晚就匆匆乘船离开返回台湾。蒋介石知道，金厦迟早不保，但他可能想不到，汤恩伯等人向他报告号称"固若金汤""守三五年没问题"的厦门，十天后就被中国人民解放军解放了。

厦门国民党军事当局"决心保卫厦岛吁请军民协力争取胜利"的布告

第四章 解放大军南下，鹭岛战云密布

蒋介石在三个月内两莅（1949年7月22日和1949年10月7日）厦门，足见对厦门的重视

第五章　红旗插上鹭岛，蒋军溃逃台湾

第一节　岛外得解放，厦门成孤城

9月16日，解放军第十兵团下达了漳厦战役作战命令，要求所属部队于9月19日从左右两翼同时发起进攻。漳厦战役的大幕拉开了！

漳州、厦门地区驻防的国民党兵有八万多人，主要分属于第八兵团和第二十二兵团。其中刘汝明的第八兵团第六十八军的3个师和第九十六军一部以及独立三十七师合编的2个师约3万多人，布防于漳州、南靖、长泰、同安地区，拱卫厦门、金门；以八兵团第五十五军的3个师和李良荣的第二十二兵团第五军1个师，防守厦门岛；以第二十二兵团第二十五军2个师、第五军1个师及刚从台湾调来的二〇一师，防守大金门、小金门、大嶝、小嶝诸岛；胡琏指挥的第十二兵团第十八军、第十九军仍驻防潮汕地区，待命行动。

9月19日，根据作战部署，解放军第十兵团第二十九军、第三十一军分别从左右两路同时向漳州、厦门方向发起攻击。

左翼第二十九军的进攻目标为马巷、新店、刘五店、澳头、集美地区。该军接到命令后，即以86、85两个师各一个团为第一梯队，由泉州以南分别向厦门以北的澳头、集美方向发起进攻。

86师256团于19日晨攻占领马巷。19日上午，由二十九军侦察营3连和86师侦察连一个排组成的侦察分队在侦察中得知，刘五店守敌国民党

第五章　红旗插上鹭岛，蒋军溃逃台湾

第五十五军七十四师二二一团三营已经撤走二个连，剩下的一个连也将在当天下午涨潮时乘船逃走。守军士气低落，且无坚固工事依托。侦察连当即决定，与师侦察排一起，向敌发起攻击。下午3点半，三连以迅雷不及掩耳之势向刘五店守敌发起突袭。一、二两个排在轻重火器的掩护下向敌接近，敌洪坑军哨立即后撤，三连占领洪坑后，向刘五店方向攻击前进，以一排一个班沿公路前进牵制敌人主力，五个班经塘坑东界桂园向刘五店左侧高地迂回进击，三排随后跟进控制林头高地，将敌人向西压缩。同时一排一个班留在东界东南的高地向澳头警戒，一排一班沿海边迅速迂回前进至敌阵地左侧的高地，二排分进合击向该山头发起攻击，五班冲向山头，全歼敌人一个排。一班协同二排在克敌后即向刘五店龟缩之敌跟踪追击，二排两个班也向街道北面插进。到傍晚5时，敌人即全部缴械投降，至此刘五店敌军全数被歼。任务达成后三连留一个排驻守刘五店，其余至林头一线向澳头警戒。

86师前方指挥部获悉刘五店守敌已被侦察分队解决，即把目标转向澳头。澳头守敌为加强防守，于19日下午增加了一个营，并构筑了坚固工事。师部根据战局的变化，随即对作战部署进行调整：以256团一个连协同侦察分队控制刘五店，团主力向南攻击澳头。晚10时许，三营八连趁着黑夜突入敌人前沿阵地，向敌发起攻击，但因后续部队未能跟上，数次进攻都未成功。在右路进攻的一营二连，由澳头镇西侧突破守敌阵地，并向内攻击，迫使敌军负责现场指挥的机炮连连长率守军投降，战斗至次日拂晓，守敌一一八师五四三团二个营加一个工兵连被全歼。

与此同时，85师师长兼政委朱云谦指挥253团，于21日凌晨经同安向集美进发，于21日2时向集美镇发起攻击。集美地区是个半岛，位于东南沿海大陆最南端，与厦门隔海相望。作为厦门岛的外围，国民党军派第八兵团五十五军七十四师一部驻守，在周边修筑了坚固的防御工事。解放军253团二、三营于21日上午分别攻占了潘涂、美人山、天马山和英埭头等处，控制了集美镇北部；一营于22日晨占领了孙厝，进入集美镇南部。因地形不利，在进攻过程中遭到敌军顽强抵抗，直到23日晨，才将敌军击退，253团推进至集美镇外围。

集美镇是著名爱国华侨陈嘉庚的故乡，陈嘉庚在这里创办了著名的集美学村，是重要的文化区域。集美学村创办于1913年，历史悠久，规模宏大，学校设施设备完善，学村内有小学、初中、高级中学、高级水产航海职业学校等，教职员、学生等最多时达到六七千人，是东南沿海最著名的

学校之一。国民党军为阻止解放军进攻，把学校作为防御据点，在学村外围构筑半永久性钢筋水泥堡垒群，校区内四层高的教学楼里也开挖墙壁，构建火力点，安置重机枪。此外，国民党兵还在学村内到处挖战壕、掩体和散兵工事，利用学校校舍、房屋进行反击。在学村附近，敌军还布置了两个炮兵阵地。

保护人民群众生命财产和历史文化是中国人民解放军的光荣传统。第十兵团在进军厦门的途中，就接到上级转来中央军委周恩来副主席的指示，集美学校系爱国华侨领袖陈嘉庚所创办，我军在解放集美时，要尽力妥善保护，严防破坏，宁可多流血，也要避免使用火炮。为贯彻周恩来副主席的指示，85师在战士中开展了政策宣传教育，要求战士们在进攻过程中，避免使用重型武器，以减少对学村建筑的破坏。23日上午，85师253团向集美学村发起总攻，一营、三营南北夹击集美镇，二营向集美码头迂回。在攻击集美学村内守敌的过程中，解放军战士面对学校内工事里的敌人，始终没有使用配备的迫击炮和火箭筒，坚持用步枪、冲锋枪、轻机枪与踞守的国民党军作战，因为火力悬殊，伤亡惨重。一营营长沙杰身负重伤，三连连长凌锡甫和指导员、副连长、副指导员4位连干部全部壮烈牺牲。253团指战员不惜流血牺牲，继续用轻武器与敌人拼杀。战至下午3时，253团终于突入学村，国民党军仓皇逃窜，集美即告解放，学村完好无损。23日傍晚，为保护好学校，85师贴出布告：

中国人民解放军步兵第八十五师司令部、政治部布告

查集美学校为华侨民主人士陈嘉庚先生所创办规模较大之学校，希教各部人员应尽量不必进驻学校，并坚决予以保护，严禁搬移或损坏该校一切教育用具及房屋、树木。仰各切实遵照为要！

此布

师　长　朱云谦
副政委　晏成山
主　任　朱群
一九四九年十月

至此，第二十九军完成了兵团下达的清扫外围敌人的作战任务，第85师集结于以潘涂为中心的集美半岛地区，第86师集结于以新店为中心的刘五店、澳头地区，军部设于同安、马巷一带。

在第二十九军向集美方向进攻的过程中，担任右翼作战任务的第三十一军也同时向同安、漳州方向攻击前进。三十一军以第93师攻同安、

第五章　红旗插上鹭岛，蒋军溃逃台湾

角美，抢占江东桥，切断漳厦之敌的水陆联系；以第92师取长泰、南靖，阻断敌人西逃退路，对盘踞漳州的国民党军形成包围；以第91师为二梯队，随第93师前进，控制角美及其以南地区的水陆交通，阻击敌人向厦门逃窜。

9月18日，第93师277、278团由南安官桥自北向南从正面向同安推进。同安县守敌为福建省保安第一、二、五团和同安县自卫队，共两千余人。19日凌晨，93师在地方武装边区纵队第八支队第四团直属十四连、安南同游击大队、同安武工队和闽中同安游击大队的配合下，向同安发起攻击。93师以277团三营攻占同安西山，切断同安守敌南逃退路，二营突入城内向敌人发起攻击。为保住同安，敌保安三团从马巷前往增援，进至洪塘，被278团堵击，侧面又被第91师271团袭击，随后敌援军被全歼。同安城内敌军无力抵抗，弃城逃窜，被278团歼灭。19日9时，结束战斗，歼敌2000余人，同安解放。在进攻同安的同时，279团沿同安至漳州公路一路急行军，直插角尾，向角尾一带发起攻击，当天中午11时，占领角尾，歼敌第六十八军一个团和闽南水上纵队千余人。之后，一部向西追击逃敌，一部强渡九龙江北溪，夺取江东桥，切断厦门与漳州的水路交通。

第92师从安溪官桥出发，分三路前进，继续隐蔽行军，在山区丛林中迂回运动。经过一夜的急行军，第一路276团于19日凌晨到达长泰县城外，在地方武装第八支队第四团的配合下，于六时许攻下长泰，歼敌300余人。随后，向漳州急速前进。第二路274团经长泰岩溪、华安潭口，直逼漳州芝山。第三路275团则迂回至南靖城北的月岭。南靖守敌县保安团闻讯弃城，向漳州方向逃窜。275团当即命令二营继续追击，将敌歼灭于漳（州）南（靖）公路两侧，俘敌保安副司令以下500多人。而三营则沿公路追击，向天宝镇攻击前进，于下午4时抵近漳州西郊，部队集结休息。此时，由于该团攻击速度快，与师、军部相距遥远，通过电台向上级报告，联络不上。团通信参谋吴辑禹发现公路旁有敌人的电话线，当即挂上电话机，接通电话，佯称是南靖保安团的参谋，要向漳州警备司令部报告情况。通话中，吴辑禹得知漳州守敌将要弃城逃窜的重要情报。面对突如其来的情况，团长王亚明、政委林风紧急研究对策，面临进攻还是不进攻的两难选择：如果进攻，漳州守敌是六十八军军部加一个师约万余人，我军只有一个团，敌我兵力相差五倍，不仅不能消灭敌人，还可能遭受重大损失；如果不攻击，则让敌人逃跑，丧失战机，且不利以后作战。团长、政委经过仔细研究后决定，不等上级命令，也不等主力到达，立即部署向漳州发

起攻击。先以二营迂回到漳州以南，切断漳州至漳浦、汕头的公路，阻击敌人南逃。二营进至蔡坂地区后，歼灭敌闽南暂编总队 300 余人，切断敌军南逃之路。一营于当日黄昏向漳州西北芝山发起攻击，攻占芝山，歼敌一部，残敌溃逃。一营迅速突入市区，俘敌 700 余人。接着团部率三营进入市区加入战斗。随后，团部令一营继续肃清市区残敌并负责警戒。三营向漳州市东南部方向继续追击敌人。三营追至新桥附近，赶上正在过桥的敌六十八军八十一师后卫部队，立即向敌展开攻击。敌人以炮兵和机枪火力阻拦我军过桥，在三营炮兵掩护下，八连连长王忠仁率领战士冒火过桥，消灭了对岸敌人，守住了大桥。团部率三营营部、七连、三机连、团迫击炮连冲过桥继续追击敌人。20 日凌晨 4 时追抵石码镇。

此时，从漳州逃出的敌六十八军军部和八十一师大部已经窜进石码镇，人数有 2000 多人，正在等候船只过海东逃。275 团团部与三营八连等部队只 200 多人，敌我兵力相差悬殊。但是，为不使该敌逃到厦门，团领导还是决心利用现有的兵力，于拂晓前向敌人发起进攻。三营营长王松山率八连，在团侦察员带领下，冒充敌八十一师所部，向镇内插进，在解决敌人的前哨班后，立即直扑石码港口，封锁江面，断敌退路。八连一、二排战士则对镇内沿街两侧的敌人进行分割围歼。在控制镇中心要点后，将敌第六十八军军部及其特务营和敌八十一师残部分别压缩在临近江边的海关大楼和镇公所院内。八连在三机连、团炮连的配合下，连续打垮敌军的数次凶猛反扑，进行严密封锁。上午 8 时，敌六十八军军长刘汝珍趁江水退潮时，率军部的官兵们 200 余人涉渡突围，当他们聚集在港口企图逃跑时，被解放军另一部追赶上，大部被毙于江中，少数逃脱。龟缩在九龙江岸楼房里的敌人，在解放军的猛烈攻击下，也纷纷从窗口和门洞里抛出枪支要求投降。上午 9 时 30 分，敌六十八军少将参谋长张星伯率 500 多人投降。

9 月 20 日上午，第 92 师率 274 团进入漳州市区，漳州解放。

为把敌 68 军的残余部队全部歼灭，9 月 20 日，第 93 师 279 团渡过九龙江，沿江南岸追歼逃敌，二营营长王昭坤率部队先占领海澄县城，而后渡过浮宫河，歼敌 1000 多人。三营肃清了长洲、郭洲、大沙洲一带残敌。21 日午夜，278 团团长杨金山指挥部队渡江后，会同第 279 团向马坪、港尾前进。22 日拂晓，在港尾镇发现大批敌人。经两个小时激烈战斗，歼敌 2000 余人。第 278 团进而攻占了屿仔尾炮台，与厦门守敌隔海对峙。23 日 9 时，厦门守敌以一个团的兵力，在海、空军掩护下，向 278 团占领的屿仔尾炮台反扑。第 93 师集中兵力和炮火，打退了敌人的进攻。至此，93 师完

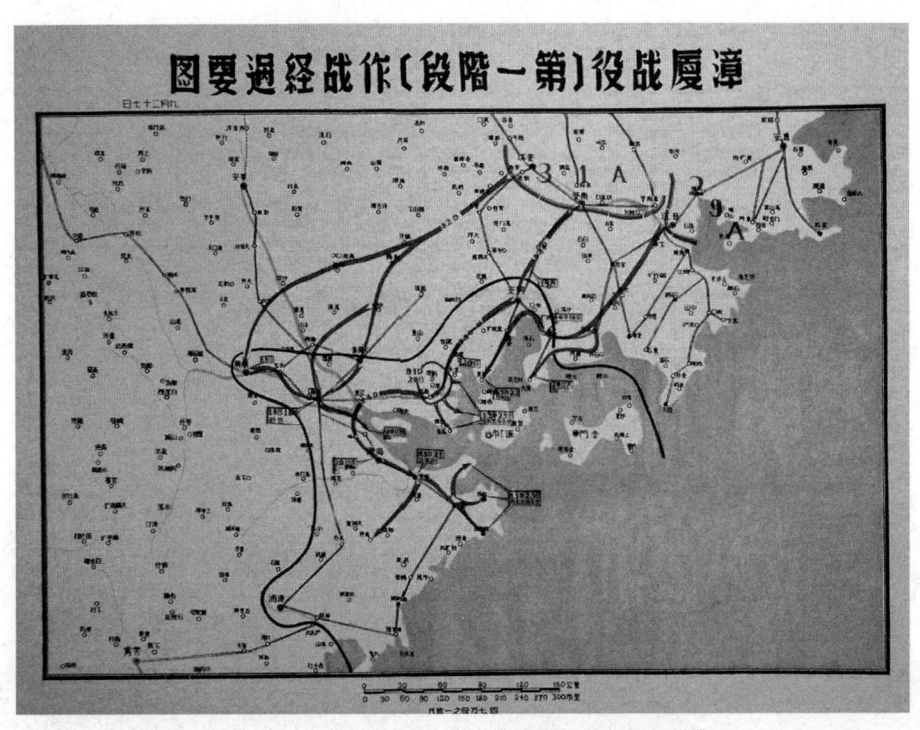

第五章　红旗插上鹭岛，蒋军溃逃台湾

漳厦战役第一阶段作战经过要图（翻拍自《福建解放档案图集》）

全控制了港尾、屿仔尾、岛美和镇海一线要点。

由于漳州及厦门南侧大陆要点已被我第92师和第93师占领，三十一军军部根据战役发展情况，命令第91师向厦门西侧对岸的嵩屿半岛发起攻击。

嵩屿是厦门岛整个防御体系的重要阵地。守敌为国民党第八兵团五十五军的两个团。该敌依托京口岩等有利地形，构成坚固设防的前沿阵地，并能随时得到敌舰炮火力和空军支援。20日凌晨，三十一军91师272团由角美出发向嵩屿发起攻击。上午11时许，进攻嵩屿的战斗打响。经过10多个小时的激战，进攻未能奏效，部队伤亡较大，团副参谋长张欣芝在指挥战斗中牺牲。当日午夜，91师272团暂停攻击。经过3天的总结和准备，9月24日下午6时，91师组织272团、273团再次发起攻打嵩屿战斗。两个团的指战员巧用战术，勇敢拼杀，协同作战，至9月25日晚，胜利攻占了嵩屿，终于拿下这座顽固的桥头堡。

在第十兵团发起漳厦战役期间，战斗在闽西南的闽粤赣边游击纵队积

【125】

极配合解放军主力部队作战。9月中旬，边区纵队第八支队与平和独立大队对平和县保安团发起攻击，17日国民党平和县县长宣布起义，平和县城和平解放。漳州解放后，闽南地委指示靖和浦县工委率靖和浦独立大队进军漳浦县城，在军事进攻和政治压力下，县长逃跑，警察局长率部起义，23日，靖和浦独立大队进驻县城，漳浦宣告解放。平和、漳浦解放后，中共云和诏县工委对云霄县县长展开策反工作，10月2日，云霄和平解放。

至此，漳厦战役第一阶段胜利结束。在这个阶段第十兵团所属各部先后与敌作战20余次，解放了以漳州为中心的闽南大陆各地，歼灭敌人约23000余人，肃清了厦门外围陆上残敌，逃敌退守厦门及大小嶝岛、大小金门等岛屿。解放军完全控制了厦门外围大陆沿海的阵地，形成对金门、厦门两岛的三面包围态势，厦门守敌完全在我军直接攻击之下。

第二节　解放军隔海备战，人民踊跃支前

随着漳厦战役第一阶段的结束，福建境内的国民党军大部被歼，残敌逃往厦门。

厦门地处我国东南沿海，包括厦门岛、鼓浪屿岛等岛屿，西、北、东北三面与大陆隔海相望。海峡最窄处约1.3公里，东面与金门、台湾隔海相望，是重要军港、商埠和历史名城，扼守海上航运要冲。厦门市区位于厦门岛南半部的西南端，岛上地势西南高，东北低，北端有高崎机场，岛内散布网状公路，交通方便。鼓浪屿位于厦门岛西南，与厦门岛隔海相对，距离厦门岛约800米，风景秀丽，素有"海上花园"之美称，1903年被西方列强划为公共租界。

此时，对于蒋介石来说，厦门是非常重要的，这是国民党集团在大陆东南沿海的最后据点，国民党军在大陆已退无可退了，不管是要想反攻大陆，抑或为苟延残喘，都只有据岛死守。

不仅如此，对于蒋介石准备据守的台湾来说，厦门也是极为重要的。厦门自古就是台湾进攻大陆的跳板，明末郑成功长期占据厦门，以厦门为基地收复台湾，当他试图从台湾反攻大陆时，也是首先攻打厦门。如果在台湾的蒋介石想反攻大陆，就必须攻占金门，进而攻占厦门。金门是从台

第五章 红旗插上鹭岛，蒋军溃逃台湾

湾到大陆的一个中转站，而厦门则是台湾反攻大陆最好的一个立脚点。因此，保住厦门对于对于蒋介石来说有着非常重要的意义。另一方面，从蒋介石的个人情感上说，他也是相当看重厦门的。这也是蒋介石先后于7月和10月两次亲自来到厦门，要求盘踞厦门的国民党残兵败将死守厦门的原因。

国民党军从北到南，一路溃败，但仍有大批军队逃脱，且逃脱的多是蒋介石的嫡系部队，依然有相当的战斗力。漳厦战役第一阶段结束后，福建境内的国民党军全部集中到了厦门和金门，妄图继续在以厦、金为中心的沿海一线固守，阻挠我军前进，以保障台湾安全。同时，他们也随时准备下海逃往台湾。

驻守在厦、鼓的国民党军，是刘汝明率领的国民党第八兵团和李良荣的第廿二兵团一部，此外，还有工兵二十团，空军独立工兵团，宪兵三团，战车营和要塞总队等，共三万余人。

国民党军第八兵团前身为第四绥靖区，设于1946年，属郑州绥靖公署，驻山东荷泽。1948年11月淮海战役中，国民党政府将第四绥靖区改编为第八兵团，以刘汝明为司令，辖第五十五军、第六十八军及驻防蚌埠的第九十六军。淮海战役后，该兵团南撤，归隶京沪杭警备司令部。渡江战役开始后，该兵团司令刘汝明不战而逃，撤往福建漳州，第九十六军拒绝接受刘汝明的撤退命令，脱离第八兵团。第六十八军刘汝珍所部因跑得慢被解放军歼灭一部分，损失惨重。福州解放后，第八兵团接防李良荣的第廿二兵团驻防漳州、厦门，其中第五十五军守厦门，第六十八军守漳州。在解放漳州时，第六十八军被歼，残部逃往厦门。

8月底，第八兵团接管厦门防务，第廿二兵团调防大、小金门。漳州战役后，第五军一六六师又调回厦门防卫。

为固守厦门，汤恩伯、刘汝明对厦门采取了严密的防守措施，以第五十五军作为防御厦门的主力，该军第二十九、七十四、一八一师分别布防于厦门岛的西北部、东北部及市区和鼓浪屿。其中七十四师防守岛西北部的石湖山、寨上、高崎、江头、钟宅一带；一八一师防守岛东北部的坂美、五通、何厝一线；二十九师2个团防守鼓浪屿，二十九师一个团和要塞守备总队驻守厦门市区；第五军第一六六师及第六十八军残部集结在厦门岛的东南海岸；特种部队防守市区周围。

在防御阵地设置方面，国民党守军利用海峡为天然屏障，将阵地分为前沿阵地、主抗阵地和纵深核心阵地三个层次。在阵地内修建大量坚固工

事的同时，还利用日军侵略厦门时构筑的永久性工事。这些工事大部分为钢筋水泥结构，坚固异常。在前沿阵地接近大陆、易于登陆的地段，大量敷设雷区、铁丝网、鹿砦，在紧贴切水线处架设了铁丝网或电网，构成要塞环形防御体系。厦、鼓二岛面积不大，驻守了国民党这么多部队，除此之外，还有海、空军的支援，以飞机和舰艇不断对大陆沿海解放区进行骚扰。从高崎飞机场起飞的飞机和港内的军舰，不断向沿海港口、船只袭击和轰炸，破坏解放军渡海准备；在海峡中的几个小岛也修了工事，派兵防守，使之成为解放军海上航行的重要障碍。

解放军从北到南一路所向披靡，攻无不克，战无不胜，但在过去三年多的解放战争中从未实施过渡海登陆作战，没有一点经验，渡海登陆作战对于解放军来说是一个新的课题。更何况，现在面对的是一支被逼上绝路的国民党军队，必将垂死挣扎。而且岛上的防御工事不但数量多、坚固，而且非常隐蔽，与海礁、岩石的颜色差不多，不易观察，不到近处难以发现，况且敌人离台湾又近，还有海空军支援，我军却没有海空掩护。对于解放军指战员来说，还从来没有打过如此设防的岛屿。因此，解放厦门对解放军来说是一个重大的挑战，既要进行粮食等物资的筹措，还要进行渡海船只的征集，更重要的是要在军事战术上进行充分的准备。

为了打好渡海登陆战，解放厦门岛，第十兵团在解放福州后就开始进行渡海解放厦门的准备。兵团派遣第二十八军两个师由海上南下，其目的一个是要解放平潭，另一个重要目的，就是有意锻炼部队，让部队获取渡海作战的经验，以为将来解放厦门渡海作战作准备。在平潭和泉州解放后，解放军分别在当地广泛开展船只征集工作，筹集了一部分船只。在完成厦门外围作战后，原计划于10月初即开始进攻厦门，但是由于准备工作不充分，加上天气等因素，进攻厦门的时间向后推迟。为保证作战顺利进行，广大指战员加快了战斗准备工作。

在解放军进行战备的同时，地方地下党组织和民众的支前工作也热火朝天地展开。在漳厦战役中，闽南人民积极支援解放军，对争取胜利起了重大作用。远在我军发起福州战役时，闽南南安县人民即在当地游击队领导下，开始准备支援解放军的各项工作。人民群众通过各种方式支援人民解放军打击国民党政府，靠海边的渔户，纷纷准备船只，以备解放军渡海，公路旁的居民则割断敌人电线，很多村子都先行组织了修路队和带路组，所以当解放军在向闽南挺进途经南安时，沿途群众即纷纷出动，积极抢修公路和为过境解放军带路。厦门地下党组织根据闽浙赣省委和闽粤赣边区党委的支前工作指示，积极开展情报收集工作，策动国民党军政人员起义，在厦门岛内开展护厂护校工作，在岛外开展筹粮、筹船等支前工作。当解放军扫清福建大陆残敌，进抵厦门前线时，闽南人民的支前工作，更加紧张积极。

筹集粮食和征集民工

闽南地区长期遭受蒋家王朝的统治和掠夺，大批残兵败将逃到闽南后，又进行大肆搜刮，人民群众存粮不多。但是当地人民渴望解放，也被解放军艰苦作战、远征杀敌的精神感动，主动省吃俭用，出粮出草供应解放军。仅晋江县一地，即在20天内借出粮食90余万斤，该县青阳区碧山乡的四个保借出粮食7万斤之多。闽南地下党组织，如闽西地委、闽南地委及其所属安溪中心县委、泉州工委等也积极开展支前工作，通过各种方式筹集粮草和征集民工，保证解放军到来时要人有人，要粮有粮。根据不完全统计，仅安溪中心县委领导下的安溪、永春、长泰和漳平4个县工委，就筹集大米270多万斤、柴110多万斤，从8月20日到10月20日的二个月时间里，闽南地区共筹集大米1000多万斤。此外，还有大批柴草、鱼、肉、蔬菜等，为漳厦战役取得胜利奠定了物质基础。与此同时，民工征集工作也得到了闽南人民的热情支持，许多群众参加了民工队，为解放军运输弹药、粮草。从9月初至9月中旬之十余天中，单福建第五行政区（晋江、惠安、南安、永春等县）参加运输队的民众即达6000余人，其中南安的杜龄、安桥等三个区，三天即集结600余人。官桥民工成希抱病两月之久，仍积极参加运输队。他说："解放军为福建人民谋解放，不辞劳苦，我们为自己更要积极干。"闽南青年学生在地下党的号召下，大批参加战时工作，他们兴高采烈地说："我们正渴望着为革命贡献力量，这次真是大好机会。"许多遭敌首汤恩伯、特务毛森等迫害的厦门大学的失学学生和龙溪、晋江等地中学学生，则更积极地参加教育船工、管理船只及随军传话、沟通军民言语等具体工作。晋江中学70多个学生，在厦门战斗之前数日，冒着风雨赶上前方。他们说："一方面我们帮助解放军打仗，一方面也是锻炼自己。"闽南沿海居民则为解放军赶制渡海必备的救生圈，他们不仅将自己家的献出来，还伐竹砍木日夜赶制，创造了一种浮力既大又利于水上射击的救生圈；制造的速度也由两人一天做一只，提高为一人一天做一只，效率增加一倍。在战斗中，数千船工日夜为渡海大军掌舵张帆，冒着风浪和敌人的炮火,与解放军一起同敌人拼战,表现出勤劳英勇的精神。闽南渔民船工日夜不歇,忍饥耐饿,反复来回地载送部队渡海登陆,为人民解放军取得漳厦战役的胜利创造了重要条件。

征集船只

解放厦门必须渡海作战,渡海首先要有船只。因此,筹集渡船成为一项十分重要的工作。二十八军解放平潭时,征集了一些船,但是因为遭遇台风,被吹散了大部分。为此,泉州解放后,兵团对船只征集工作进行了区域划分,二十九军在泉州湾至围头地区征集,为渡海作战积极做准备。二十九军军部对此项工作十分重视,决定由梁灵光参谋长亲自负责并组织船管会。

梁灵光,福建永春人,1916年出生,1936年,参加上海抗日青年团,同年赴马来西亚吉隆坡尊孔中学任教,组织了雪兰莪邦反帝大同盟、华侨抗日救国会、左翼作家联盟等进步团体并担任主席。七七事变后,回到国内,在苏北参加抗战。1940年加入中国共产党。历任苏中三分区如皋县县长兼警卫团团长,苏中军区四分区游击指挥部政治部主任,南通县抗日民主政府第一任县长兼保安旅旅长,县警卫团团长、苏中区第四专署专员。在解放战争期间,先后任华东野战军第十一纵队三十三旅旅长、纵队副参谋长、第十兵团第二十九军参谋长。解放后,先后任中共厦门市委书记、市长、福建省副省长、中共广东省委书记、省长等职。

二十九军军部要求,船只征集工作必须由各团的政治部主任亲自负责。二十九军86师256团政治处主任丁瑞、257团政治处主任查伦生、258团政治处总支书记夏博等分别组成各团的船管队,在地方干部的配合下到惠安等地沿海征集船只。通过近半个月的反复的宣传动员工作,256团征集了一批船只,加上在海上拦截了一批外逃船只以及利用重金聘请的船只,共征集到二三十条大船。另外两个团也同时开展了船只征集工作。为了将征集到的船只尽快送到厦门前线,256团和另外两团从海路向在厦门前线的解放军驻地转运。但是在转运过程中,当256团转运船只从泉州途经沪宁头海边时,遭遇大风,负责转运船只的团领导决定冒风前进,到达金门海面时,又遭驻金门国民党军的炮击,经过一天多时间的航行,终于将船开到刘五店附近的团驻地。而跟在后面的另两个团转运的船只则在沪宁头避风,结果风越刮越大,船只基本都被打烂。即使如此,二十九军也先后征集到够

第五章 红旗插上鹭岛，蒋军溃逃台湾

装运三个突击团需要的船只。

漳州解放后，三十一军在九龙江也开展了船只征集工作。九龙江一带的船大多数是江船，江船平底出海困难。即便如此，征集工作也进行得非常困难。主要的原因有：一是由于国民党军败逃时，拉走了沿海所有的机动船和木帆船，来不及带走的便就地烧毁，还抓走了一些青壮年船工和渔民。二是国民党造谣破坏，让民众产生了恐惧和害怕心理。三是由于群众对我军的情况和政策不了解，大军来了，青年人都躲起来了，并把船只掩埋起来。还有一个原因是语言不通，沟通困难，产生了隔阂。

为了解决渡海作战运载船只的困难，兵团加强了征集工作，采取了多方面的措施。一方面，在军部成立了船管委员会，各师、团也选调能力强、熟悉水性的干部、战士组成船管大队和中队，开展船只征集和管理工作。另一方面，广泛开展宣传发动工作。中共厦门党组织、游击队和厦门大学撤退到当地的进步青年学生也积极配合解放军开展船只征集工作，他们广泛深入发动群众，在配合解放军深入到九龙江下游和沿海一带征集船只的同时，组织宣传"蒋匪罪行控诉团"，到沿海各村巡回演讲，向船工、渔民宣传党的政策，说明我军作战的目的和重大意义，消除他们的顾虑，提高了他们的政治觉悟，增强了对敌仇恨，也鼓舞了广大解放军指战员的斗志。人民解放军在开展政策宣传的同时，向一部分因国民党封锁不能出海而生活无着的船工、渔民，发放了救济粮，妥善安置了他们家属的住处。解放军各种措施，让民众对共产党和解放军有了新的认识。船工陈美同，追述起去南洋28年千辛万苦筑起的家园，一下子被荷兰殖民者驱逐出境，以至倾家荡产，回国后又受国民党的勒索，致全家23口人无以维生。船工郑顺水的父亲说："我活了47岁，受了半辈子苦，一直被人压在脚底下，没有见过青天，这次共产党来了，可见了青天。"同时解放军又为船工们积极解决切身困难，船工张慈的老婆生产了，船管大队当即派出中队长带着10斤大米、三尺红绸，和战士们凑钱买了20只鸡蛋前去道喜。解放军的行动惊动了周围船工，他们都深感解放军真是自己的队伍，民众的思想认识有了极大的转变，主动要求参与支前工作，船工们也都主动献出船只，志愿支前参战，在厦门外围掀起了报名参战、献船的热潮。霞阳村老船工杨新用首先报名参战，并献出了自己的渔船。在他的带动下，同村的船工纷纷报名参战、献船，曾营村、金山村、马銮村等都掀起了参战、献船的热潮。在马銮村，出现了杜万德父子、杜天应叔侄共同报名参战献船的动人场面。在集美前线的部队与船工，共同欢度中秋佳节，解放军同志为他们介绍了

横渡长江的情况，及解决船只困难的办法后，船工渡海信心顿时增高。林阿今说："我们保证部队到哪里，我就送到哪里。"九龙江边上的船工们在运送完部队返航时遇国民党军机扫射，他们非但没有畏惧，反而倍感光荣。船工们认识提高后，行动更为积极，船工庄士癸动员在乡船工参战，一人即带来3人，他老婆也将孩子交给了婆母，坚决表示要把大军送过海去。南台船工队10月10日在驻地举行解放厦门的宣誓大会上，纷纷表示要争取渡海第一船，争当渡海英雄。在漳厦战役支前工作中，涌现了许多感人的故事，张水锦便是其中一位。

张水锦，出生在九龙江边，长大后随父捕鱼为生。18岁嫁石美村渔民黄进川为妻，当地人称她为张锦娘，生有4男4女8个孩子，一家子以捕鱼为生，过着"船头挂烂网，常年水上漂，鱼虾换糠菜，三代同一舱"的坚苦生活。1949年9月19日，人民解放军解放角美镇，在石美村的国民党败兵无路逃跑，威胁张水锦将停泊在九龙江中的渔船靠岸运送他们渡江。此时解放军刚好赶到，救了张水锦一家。在此后的几天里，厦门岛上的国民党军不断派飞机对沿海解放区和九龙江上的船舶进行轰炸，解放军又及时帮助张水锦家的4条渔船转移掩蔽，避免了渔船被炸受损。解放军在当地扶贫济困、救死扶伤的行动让张水锦深受感动，亲身经历和所见所闻，让张水锦看清了解放军是真正为人民的军队，和国民党军队有本质的区别，因此她下决心要支援解放军消灭国民党军。当三十一军92师开始征集船只和渔民渔工时，张水锦就马上同丈夫和3个儿子一起带头报名参加支前。后来，张水锦又参加了渡海战役。当时部队规定，超过50岁的人不参加渡海战斗。张水锦和她丈夫已超过这一年龄规定，部队不予登记，并劝说他们留在后方搞勤务工作，但他们坚持要参加渡海战斗，部队领导只得同意。张水锦率一家老少5人带2条船参加了渡海战斗。在整个渡海战斗中，张水锦夫妇是年龄最大的船工，张水锦也是渡海队伍中唯一的女队员。在备战、演习阶段，张水锦积极参与，并主动要求承担看护船只的任务。在船工誓师大会上，张水锦的次子黄富足代表船工上台表态。渡海战斗开始后，张水锦家的船被编入第一中队第一分队。10月15日，渡海战役开始后，张水锦一家5人分别驾驶两艘船，从海沧出发到嵩屿运载三十一军91师271团战士向鼓浪屿前进，途中张水锦家的船相继被敌军炮火击中，黄进川、三子黄长义牺牲，为了尽快把部队送到岸边，张水锦顾不上救治亲人，接过舵把继续前进，突然敌军的炮弹又击中了她的船只，张水锦和船上的战士全部壮烈牺牲。

第五章 红旗插上鹭岛，蒋军溃逃台湾

三十一军91师先后筹集木帆船310余只，动员船工千余人。与此同时，在石码镇，部队自己也通过用汽车发动机改装了机帆船十余只。国民党军发现解放军在征集船只和造船后，每天都派飞机侦察，并对沿海港口和道路进行轰炸。征集工作完成后，必须把船只转运到部队营地和起渡点，转动工作不能被国民党军发现，否则，将被国民党军炸毁。为了安全转运船只，战士们想出了"陆地行舟"方式，在战士和支前民众的努力下，利用了6天时间，通过车拖、人抬等方式将60多只木船，从海沧运往马銮湾，保证了部队渡海作战需要，为全军渡海作战创造了条件。

经过一个多月的努力，渡海作战部队共征集船只630余艘和1600余名船工，这些船只大小不一、性能各异，部队将征集来的船只按作战任务进行分配，较好的船只首先分给各突击队。部队接到船后，十分爱护，把船视为又一武器。为了防止白天敌机的袭击，部队于夜间演练结束后，得连夜做好伪装。海边常刮大风，还要将船拉上沙滩，以防损坏。

深入开展思想政治工作，提高斗志

第十兵团经过一个多月的作战，扫清了厦门、金门外围的国民党军队，准备渡海登陆厦门作战。第十兵团的干部战士大多来自北方，多不识水性，很多人甚至没见过大海。当战士们进入集美、澳头前沿时，面对波涛汹涌的大海心存恐惧。他们害怕海上大风大浪，害怕夜里行船找不到方向，害怕海滩淤泥，对如何克服海峡天险，心中无把握，思想上不免有些波动，还有一些人因胜利滋长了轻敌急躁情绪。针对这种状况，各部队均开展了一系列政治思想工作和战前动员教育工作，以统一思想，增强信心，鼓舞斗志。

在开展政治思想工作过程中，部队大力宣传全国大进军的大好形势，振奋部队精神，深入宣传解放厦门的重大意义，揭露蒋介石的阴谋。同时，为取得更好的教育效果，部队请来驻地群众控诉蒋军罪行，激发指战员对反动派的仇恨。针对战士中存在的信心不足问题，部队干部具体分析了敌人的强弱点和优劣势，使战士们对敌人有一个全面而辩证的认识。宣传干部特别指出，国民党士兵最大的问题是士气不振、军心涣散，这是敌人最致命弱点；在作战过程中，敌人守兵虽多，但处于被动挨打地位，而且要处处分散把守，时时提防；我则主动，可针对敌人的弱点，集中兵力于一点，进行攻击，而且可以根据我们自己的实情，择时发起突然攻击。总之，

在天时、地利、人和方面，我们完全占有优势，完全可以实现渡海登陆作战，解放厦门岛。

为提高政治思想工作的效果，宣传干部们把思想政治工作渗透到大练兵之中，在部队战士中广泛开展"争当海岛作战英雄"的活动，内容丰富、方式灵活的宣传教育不仅容易被接受，也调动了广大战士大练兵的热情。通过扎实有效的思想政治工作和阵前大练兵带来的技战术水平的提高，战士们逐步地消除了顾虑，增强了信心。

由于厦门是个商埠，华侨多，经济较为发达，城市知名度较高，对外影响大，而且驻扎的国民党部队多，囤积的各种物资也多。因此，解放军着力进行了政策纪律教育，要求广大指战员模范地遵守群众纪律，严格地执行一切缴获归公的规定。特别对拟在厦门解放后担任市区警备任务的86师258团，更深入地进行了这方面的动员教育工作。为保证在作战和部队进城后纪律，1949年9月28日，第十兵团政治部在同安向全体指战员发布解放厦门的政治命令：

　　厦门金门国民党匪军外围的陆上据点、桥头阵地，已被扫除，自平潭战斗至扫清金厦外围敌卫星据点，我已歼灭残敌近两万人。漳厦战役的第一阶段，已胜利结束。

　　当前任务，是集中全力会攻敌在福建海面上的最后据点金门厦门两岛，全歼守敌，争取漳厦战役的全胜。会攻金厦，是全役的结局战，也是我兵团在福建地区最后一次规模较大的正规战斗。为此，本部特向全体共产党员、全体指战员颁发政治命令如下，务望坚决执行为要！

　　（一）中华人民共和国的开国大典——人民政治协商会议，已于9月21日在北平开幕。中国人民领袖毛泽东同志，已宣布中华人民共和国和中央人民政府的成立。我党领导中国人民和人民解放军，二十多年来艰苦奋斗英勇牺牲的目标，已经实现。今天，我全体指战员们，必须继续努力，歼灭残敌，巩固和保卫我们自己的人民中央政府和人民共和国。我们应当在这个人民中央政府宣告成立的时候，特别兴奋，特别奋勇作战，以伟大胜利作为对开国大典的贺礼。

　　（二）从平潭战斗至目前为止，我连续解放闽南闽西南县城5座，重要市镇与沿海要塞30多处，歼敌近两万人。但残敌正困守金门厦门及其外围各岛，准备在海上对我作绝望的抵抗。我们应当庆贺我们的胜利，但绝对不能因胜利而冲昏头脑，产生任何轻敌自满情绪，我们应当认识残敌必将拼力挣扎，尚有一定的抵抗能力，我们必须以英勇顽强的战斗，去消灭敌人，从敌人手中夺取金厦要塞。夸大渡海作战的困难，与认为敌人"不打自垮，一登陆便万事大吉"的两种倾向，都是错误的，有害的。

（三）应当明确认识会攻金厦，是越海登陆的要塞攻坚战斗。步炮协同，突击部队与后续部队的配合，各种战斗组织，必须周密；攻坚动作，手段，使用与掌握船只船工，均须准备妥善。粗心大意，草率从事，均将造成战斗不利，各级指挥员们，尤须切实注意指挥和部队掌握。

（四）我之攻击部队众多，炮火强大，分头出击，强攻强渡，可能形成建制混乱，各部必须切实注意主动的协同配合与支援策应友邻，并在必要时接受友邻上级以至同级的指挥，以求统一行动，共同歼敌制胜。

（五）后勤机关部队，必须大力筹粮筹草，供给蔬菜、油盐，保证给养、运输的及时。卫生部门人员对伤员及受伤船工的救护、转运工作、必须充分准备，认真负责，以高度的革命责任心和任劳任怨的精神，彻底完成任务。

（六）炮兵部队要施展神威，百发百中，摧毁敌阵，压制敌火，扑灭敌人，掩护步兵突击与向纵深扩展攻击。

（七）军事与政治机关的工作人员，要以忘我的艰苦工作精神，辛勤努力，贯彻实现指挥领导的意图。

（八）全军上下，必须贯彻缴获归公，遵守战场纪律，严格防止与反对破坏战利品，和"抓一把"的现象发生，看管与保护物资，必须始终负责；俘虏政策，不打、不骂、不杀、不搜腰包，均须切实做到。爱护船工、爱护人民的各种纪律，在战斗中，尤应特别注意遵守，不得稍有违犯。

（九）对遵守法令的外侨和回国华侨、侨属应坚决执行保护其生命财产安全的方针。攻入厦门、鼓浪屿之后，外侨住宅、市民住宅、商店、工厂等如无奸匪在内，一律不准入内。各种学校，严禁破坏捣毁，必须切实保护。对流氓特务分子的乘机抢劫，须即时制止镇压，以保持社会秩序。

全体共产党员们，全体指战员们，动员起来！要坚决服从命令听指挥，要彻底的完成任务，要充分的发扬革命英雄主义，为人民立功，争取海岛作战英雄模范的光荣称号！要活捉匪首汤恩伯，活捉特务头子毛森，要全歼守敌，夺取战略要地金门厦门，为争取战役全胜而艰苦努力，英勇奋斗！

10月初，各军都召开团以上干部会议，统一作战指挥，进行战前动员，号召广大指战员在海岛作战中创造英雄模范、勇敢杀敌立功，用解放厦门的实际行动，庆祝中华人民共和国的诞生。各军制作了五星红旗发给突击部队，希望他们勇往直前，把五星红旗插到厦门岛上。各师、团都召开了党委会、干部会、英模代表会，明确任务，树立敢打必胜的信心。三十一军第271团还通过纪念"济南第二团"命名周年活动，激发部队的求战情绪。为给部队鼓劲加油，1949年10月10日，三十一军政治部提出了金厦战役动员鼓动口号：

一、总的口号：

1. 解放厦门，庆祝中央人民政府成立！
2. 把新中国国旗插到厦门去！
3. 全歼守敌，秋毫无犯，争取军政全胜！
4. 团结互助，互相支持，共同杀敌！
5. 争取海岛作战英雄模范的光荣称号！
6. 一切服从整体，一切为了胜利！
7. 打下厦门，活捉特务头子毛森！

二、战前口号：

1. 争取一分一秒时间，加紧准备，精益求精！
2. 多一分准备，多一分胜利把握！
3. 分工专练，熟练自己一行本领！
4. 不骄不躁，认真审查战斗准备！
5. 准备越充分，立功越有保证！

三、战斗鼓动口号：

登船航行时：

1. 掩蔽、肃静、迅速、保证偷袭成功！（采取偷袭手段的部队用）
2. 各按次序迅速上船！
3. 掌握航线，维持方向，对准登陆点！
4. 只有前进，没有后退！

登陆突破时：

1. 沉着迅速，排除障碍，勇猛登陆！

2. 看谁首先把新中国的国旗插到岸上去！
3. 这就是创造英雄模范的时候了！
4. 掌握部队，组织火力，勇猛前进！
5. 边打边组织，坚决完成任务！
6. 不争胜利品，迅速向前发展！
7. 坚定立场，执行政策纪律！
8. 实现立功计划，争取军政全胜！

炮兵：
1. 准确射击，百发百中！
2. 摧毁敌人工事，打开步兵登陆点！
3. 配合步兵消灭反扑的敌人！
4. 压制敌人炮火，掩护步兵前进！

卫生供给人员：
1. 哪里有伤员，我们就到哪里去抢救！
2. 医生亲自动手，为伤员服务！
3. 不怕死人，不怕飞机，坚决把弹药送过去！（如白天渡海时）

阵前大练兵，提高技战术水平

解放军一向不打无准备之战。第十兵团从江苏一路南下，经历过无数次的大小战斗，但渡海登陆作战是第一回，对全军都是新课题。因此，为了适应渡海作战，保证渡海作战取得全胜，顺利解放厦门，当漳厦战役第一阶段完成后，兵团各级指战员就按各自的职责，开展了紧张的练兵。

各级指挥员从指挥作战角度出发，开始制定渡海登陆和详细作战方案和计划。为保证方案和计划切实可行，各级指挥员都身先士卒，亲自到前沿勘察，观察厦门岛上海岸地形、敌人工事构筑、障碍设置等情况。如二十九军军长胡炳云因在南下福建途中生病，转到后方治疗，政委黄火星（1949年2月任政委）、副军长段焕竞、参谋长梁灵光等都到一线指挥、侦察，在此基础上，选择登陆地段和突破点。

黄火星（1909年7月11日—1971年4月27日），江西省抚州市乐安县人。1930年参加中国工农红军。1931年转入中国共产党。曾任弋阳游击大队政委，第十一军第一团政委，福建军区分区政委、纵队政委。参加了赣东北苏区反"围剿"和闽西三年游击战争。抗日战争时期，任新四军第二支队团长、第七师政治部代主任、支队政委、第七师旅政委。解放战争时期，任华中野战军纵队副政委、第八兵团军政委。参加了宿北、莱芜、淮海、渡江、漳厦等战役。新中国成立后，历任第十兵团政治部主任兼福建军区政治部主任，厦门市军事管制委员会副主任，主任。

在确定作战方案的过程中，指挥员们充分发扬民主，在深入讨论的基础上，根据战场实际情况，提出"船船靠岸、人人突击，哪里靠岸，哪里突击"的作战指导思想。师、团及各攻击部队针对自己所担负的战斗任务，组织干部和班长、小组长，反复观察敌方地形和防御设施，明确集结上船、航行路线和登陆地段等。为了更好把握登陆方向，指挥员在侦察敌情、勘察地形时，分白天、黑夜反复观察，以确定渡海登陆时的参照物。为了解潮汐和风力对登陆的影响，指挥员们深入基层，深入民间，虚心向船工、渔民请教。第二十九军85师文工队的同志还谱写了一首《夜练船歌》，歌词是："明月高照影儿长，大家上船练划桨。水声响，船儿荡，同志们，齐用力，划呀划呀划呀划，练好本领，厦门得解放，得解放。"

为了掌握登陆突破地段的岸滩和敌人设防情况，部队加强了侦察工作，各作战部队利用各种手段进行侦察。中共厦门地下党组织和人民群众也以各种方式向我军提供了厦门岛国民党的党政军警的详细情报，如中共地下党组织通过国民党第二十二兵团教导团上校副主任杨其精和厦门警备司令部参谋，获取了厦门岛上守敌的火力配置图，并冲破敌人的重重检查和封锁，将图送到第十兵团司令叶飞手上，为部署攻岛战斗提供了重要依据。集美、海澄等当地的民众也纷纷给解放军提供了解到的情况，向解放军详细介绍登陆地点的地形。在侦察过程中，部队指战员们除了经常进行隔岸观察外，还组织越海侦察，摸清各登陆地段的地形和敌军设防情况。10月12日晚，92师一个侦察小组，利用黑夜，驾驶小船，越过海峡，登上对岸敌方阵地，进行侦察。副班长胡维志、战士张文升在摸清了敌人前沿工事和滩头阵地的情况后，返回时被敌人发觉，与接应的船只没有联系上，他们只好下海，游过几千米的海峡，回到大陆，完成了侦察任务。10月15日，第三十一军颁发了厦鼓作战第一号嘉奖令，授予胡维志、张文升同志为"越海侦察英雄"的荣誉称号。

战士们则着重练习海上作战的技术。由于大多数战士不习水性，不敢坐船，更谈不上驾驶船舶，因此在练兵时，着重演练如何上船、如何划船、如何编队前进，在航渡中如何观察和保持队形，在抵滩时如何下船，怎么越过海滩、破除障碍、攀登陡岸等战术战斗动作。在训练过程中，分阶段

第五章 红旗插上鹭岛，蒋军溃逃台湾

一步步进行，先陆地，后海上；先分练、后合练；先白天、后夜间；循序渐进，反复演练。开始练习时，船只不多，采取人停船不停的方式，战士们轮流练习。后来，船只多了，每个班都能分配到一条船。在练兵过程中，广大指战员冒着国民党飞机、炮火的袭击，克服晕船、呕吐的痛苦，夜以继日地演练海上航渡、指挥、联络、救护和抢滩登陆等作战技术，很快掌握了渡海作战的基本要领。由于白天常有国民党军队的飞机轰炸，加上渡海作战也是在夜间进行，因此实战训练大多安排在夜间进行。到最后阶段，为检验练习效果，各部队选择模拟地形进行实兵演习，把分段练习的动作联成整体，通过系统的演习，改进不足，向实战化方向推进。

1949年10月1日，中华人民共和国成立。正在紧张进行大练兵的十兵团指战员，听到开国大典的喜讯，欢欣鼓舞，以更加饱满的精神状态投入到练兵中。他们提出"以实际行动向中华人民共和国献礼"的口号，并赶制出五星红旗，举行了向突击队授旗仪式。广大指战员纷纷表示要把五星红旗插上厦门岛，让五星红旗在厦门上空迎风飘扬。经过20天的敌前大练兵，广大指挥员的战术技术水平有了很大进步，部队战斗动作更加熟练，战斗力提高了，从而为胜利登陆创造了条件。

经过19天的紧张练兵，10月14日一切作战准备完成，进攻厦门岛的战斗即将打响。

人民解放军为解放厦门进行巷战演习

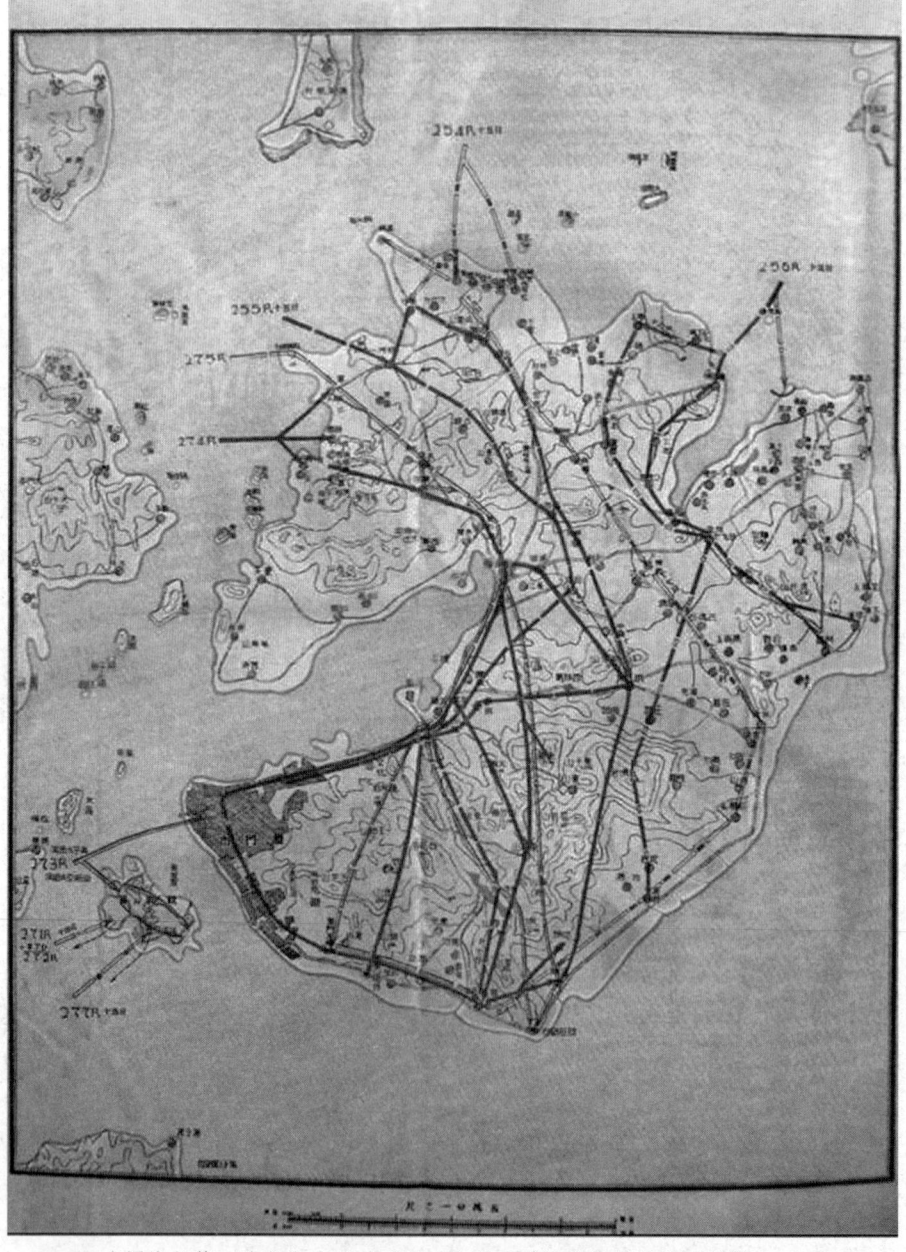

漳厦战役第二阶段战斗经过要图（翻拍自《福建解放档案图集》）

第三节　解放军跨海作战，五星红旗插上神山

1949年9月26日，人民解放军第十兵团在泉州召开作战会议，会议总结了前一阶段的作战情况，研究下一阶段攻打厦门、金门的作战方案。兵团司令员叶飞在会议上介绍了厦门、金门的地形地理、国民党驻守部队、岛上防御工事等情况，也对我军的实际情况进行了分析，强调我军在缺乏渡海作战经验、地形复杂、敌防御工事坚固、敌人防守严密的情况下，以木船渡海登陆攻取厦门的任务是十分艰巨的，要求各级指战员一定不能轻敌。在会上，叶飞还对金门与厦门的关系进行了分析。叶飞说，金门与厦门隔海相望，唇齿相依，相邻并列，扼守台湾与大陆海上交通要冲，紧紧拱卫闽南大陆，是东南海防要地，对如何攻打金门和厦门，叶飞提出了三种方案："金厦同取"、"先厦后金"和"先金后厦"，让大家进行讨论。会议上大家认真分析了三种方案的利弊：

金厦同取——可以造成国民党指挥及兵力火力的分散，使其顾此失彼，可求全歼；但渡海所需的船只不够，且征集船只问题一时难以解决。

先金后厦——攻下金门可以对厦门形成完全包围，暴露厦门的侧背防御弱点，便于乘隙攻击；但是在攻打金门过程中，厦门的国民党军有可能逃跑，且厦门国民党军已有逃跑迹象，不能全歼敌军。

先厦后金——对厦门的敌情比较清楚，距离近，便于准备，攻击易于奏效，但一旦厦门攻下，金门的国民党可能逃跑，不可能全歼敌军。

会议上经过分组讨论，有的提出先打金门，有的提出先打厦门，但比较一致的看法是金厦同时攻打有困难。兵团移驻同安后，再次召开会议进行讨论。在这次会议上，做出了同时攻打金门和厦门的决定，分析的理由是：从表面上看，国民党军虽然在拼命做出死守金厦的准备，但也各自准备退路，暴露其缺乏信心。比如，汤恩伯总部和厦门补给司令部移到小金门、巡防处从厦门移至金门、技术兵团等撤往台湾。从种种迹象看，汤恩伯并没有坚守厦门的决心。而我军士气正旺，可以一鼓作气，同时攻下金厦。会议决定：由二十八军攻打金门，二十九军和三十一军两军攻打厦门。

10月4日，兵团下达作战预令：以三十一军3个师、二十九军2个师，共5个师进攻厦门，以二十八军1个加强师并指挥二十九军2个团，共2个师进攻金门。各部立即进至南安、同安、石码等沿海一带，开始进行渡海作战准备。

但是，在对参战部队战备情况进行检查时发现，船只与渡海作战需要存在相当差距，二十九军只有运送3个团士兵的船只，三十一军的船只输送能力也差不多，而二十八军的船只能运送1个多团的士兵。战场局势瞬息万变，时不我待，兵团首长决定改变原定方案，由金厦同取，改为先攻取厦门，而后攻取金门，并对兵力部署进行调整：以三十一军和二十九军主力攻打厦门、鼓浪屿，以二十八军和二十九军一部攻取大嶝岛和小嶝岛，并做好进攻金门的准备。10月7日，叶飞把这一决定电报第三野战军司令部，10月11日第三野战军电复十兵团：为防敌逃跑，最好同时攻打厦门、金门，但从敌我双方实际情况考虑，以5个师攻打厦门有把握，同时以2个师攻打金门是否有把握？如条件成熟可以同时发起进攻，否则以一部兵力牵制金门之敌，首先攻打厦门，比较稳妥。究竟怎么打，由你们依实际情况自行决定。十兵团根据这一指示和二十八军进攻金门的船只不足的情况，遂决定改变方案，先取厦门，后取金门，并定于10月15日发起解放厦门的战斗。

10月9日，二十九军87师259团与二十八军251团一个营先后向大、小嶝岛发起进攻。10月9日晚上，解放军按照预定攻击计划，进行了涉海攻击大嶝岛的战斗。大嶝岛是厦门外围许多海岛中的一个，位于金门的西北和厦门的东面。敌四十师的两个团困守该岛，企图阻挡人民解放军指向厦门的矛头。担任攻击该岛的解放军全体指战员，经过10天的军事苦练和积极准备，并在当地居民的帮助下进行了一次敌前试探与实际侦察后，了解到落潮的时候，岛屿与大陆之间，就露出一片海滩，只要徒步从海滩上越过滩中央三道沙河，就可以登上大嶝岛。指战员于是在进攻大嶝岛的前几天，就积极赶做涉海攻击的准备工作，日夜在海滩演习，并制造大批载送弹药的木桶。为了防止脚被刺破，每个指战员还特别赶做了一双防沙鞋。9日下午七点钟，大嶝岛沿海倾盆大雨，解放军战士在数十门大炮掩护之下，分成四路，向大嶝岛敌人发起总攻。突击队员在伸手不见五指的黑夜里涉水奋勇向前。当涉及水深及颈的第一道沙河时，战士们怕武器被河水浸湿，就把武器举在头顶上，有的则把武器放在木桶里，拖着木桶前进。涉过第一道沙河后又越过一片沙滩。当前进到第二道大沙河时，海水被狂风掀起了滚滚的波涛，好些战士都给风浪卷起倒在水里，但是他们坚决和风浪搏斗，马上又站起来，前面一个被海浪冲倒了，后面的立刻跟上去把他扶起来。后来他们就几个人手臂紧挽着手臂，结成坚强的整体，继续奋勇前进。突击队已经涉过第二道沙河逼近大嶝岛时，岛上的敌人才发觉解

第五章　红旗插上鹭岛，蒋军溃逃台湾

解放厦门战役，解放军先头部队出发

放军大军已到，便慌乱地从碉堡里向海滩上射击。突击队的勇士们立刻加速通过一尺多深的淤泥滩，冲过第三道沙河，再越过了四百余米的淤泥滩，直奔滩头阵地。大嶝岛海滩上立刻响起"我们登上大嶝岛了！"的欢呼声和雄壮的喊杀声，强大的进攻气势吓得守敌临阵而逃。突击队的勇士们很快从东西两面突破两道铁丝网，直扑大嶝岛上守敌的纵深。经过短时间战斗，我歼敌二个团，敌少数逃往小嶝岛，大嶝岛解放。13日，从大嶝逃往小嶝的少数敌人，被251团消灭，小嶝解放。二十九军炮兵部队进驻大嶝，为登陆厦门创造了便利的条件。

15日，二十八军82师245团攻占角屿岛。为扫清海上障碍，92师275团九连，连续对火烧屿等几个小岛进行袭击，歼灭和肃清了岛上守敌，拔掉了前进航道上的钉子，进一步增强了部队越海作战的信心。

10月13日，第十兵团根据厦门岛上的敌情做出进攻部署：以三十一军在鼓浪屿至石湖山地段登陆突破，以二十九军主力在石湖山东侧至五通地段突击上陆，首歼北半岛和鼓浪屿之敌，尔后南北夹击歼灭南半岛之敌；以二十八军1个师又1个团位于莲河、菊江（南安石井辖内）一带，监视并以少量炮火牵制金门之国民党军，如金门国民党军增援厦门或撤退，则立即对金门发起攻击。进攻时间确定为10月15日21时。作战计划是，第一步于 16 日 16 时前歼灭鼓浪屿和厦门岛北半岛之敌，第二步集中兵力消灭厦门岛南半岛之敌。

强攻鼓浪屿

三十一军军长周志坚、政委陈华堂根据敌情和兵团的部署，决定以 91 师加强 277 团、炮兵十四团榴弹炮一个营、军炮兵团一个营，分别由海沧和屿仔尾渡海，攻打鼓浪屿；92 师加强炮兵十四团两个营，军炮兵团一个营，由鳌冠起渡，在厦门岛石湖山、寨上一线登陆，攻击厦门北半岛，会同第二十九军主力攻占北半岛，尔后向南进攻，全歼南半岛守敌；第 93 师（277 团为登陆第一梯队）为军预备队（278 团守备岛美地区，保障侧面安全）。

10 月 15 日，三十一军首先对鼓浪屿发起攻击，进攻厦门岛的战斗拉开序幕。为了保护鼓浪屿建筑群，上级命令，打击鼓浪屿的炮火只限在破坏、压制滩头和近岸的工事及火力点，不许向纵深延伸，攻击部队主要以步兵轻武器进行作战。15 时 40 分，解放军开始实施炮火准备。91 师炮兵群和 2 个山炮连、一个 57 反坦克炮连、一个榴弹炮连对鼓浪屿西南突出部的敌军工事进行破坏性射击。对防御工事炮火攻击 45 分钟后，又对登陆地段和敌人近纵深进行压制射击。

炮火攻击持续 2 小时后，18 时，91 师第一梯队 271（济南战役中作战勇敢，率先突破济南城，战后被中央军委授予"济南第二团"荣誉称号）、277 团各 2 个营的船队，分别由海沧和海澄（今属龙海县）沙坛起航，分两路出发，向鼓浪屿的西南部前进。起渡不久，东南风突然转为东北风，而且越刮越猛，船队在汹涌的波浪中逆风行进，船队被风吹散。由于渡海船只多为小船，而且多数还是平底的江船，在海中难以行驶，有的桅杆被折断，有的帆篷被刮破。尽管支前船工与战士密切配合，搏风击浪，奋勇向前。但是，船队依然队形混乱，前进困难。驻防鼓浪屿的是国民党第五十五军第二十九师八十五团，具有相当的作战实力。当解放军的船队行驶到距海岸 150 米左右时，岛上国民党守军以猛烈炮火拦阻，船工和战士们毫不畏惧，奋力划桨前进。带着自家 3 条船和 5 口人参战的 50 多岁的船工张锦娘，不顾丈夫和小儿子中弹倒下，接过船舵，掌握航向，鼓励战士们奋力划船、奋勇杀敌。张水锦的船之后被敌人的炮弹击中，张水锦和船上的战士全部壮烈牺牲。

第五章 红旗插上鹭岛，蒋军溃逃台湾

21 时 30 分后，突击船队的少数船只开始零星抵滩，大部分船只因风浪太大而未能在预定突破口抵滩，有的还被吹回原岸。驶近岸边的船只也遭国民党军前沿火力点疯狂扫射，第一梯队登陆部队在滩头遭受重大损失，仅少数部队突入国民党军的前沿阵地。在济南战役中荣获"青年战斗模范班"称号的"济南第二团"一连八班最先抢滩登陆，遭到国民党军猛烈的火力拦截。战士吴永涛腿部中弹，鲜血迸流，他咬紧牙关，忍着剧痛，奋勇向前冲击，不幸被国民党军一梭子弹击中，最终扑倒在沙滩再也爬不起来。两名战士穿过硝烟，刚冲到铁丝网前，就被地堡里射出的子弹击中，他们身子向前一扑，被挂在铁丝网上。班长丛华滋掏出两枚手榴弹，一边使劲朝前投了出去，一边指挥战士张国荣赶快把铁丝网砍掉。两枚手榴弹一响，张国荣几个箭步跨到铁丝网边，两手紧握大刀，"咔嚓、咔嚓"几下，就把铁丝网砍断，两人趁势迅速冲了进去。张国荣利用地形，一会儿跃进，一会儿匍匐，一步一步地向一座地堡接近。在离地堡五六米处，张国荣一个箭步跃起朝地堡扑去，敌人"哒、哒、哒"射击，张国荣倒下。这时，全班只剩班长丛华滋一个人，他咬住干裂的嘴唇，两手握着 4 枚手榴弹，先朝地堡外扔出两枚，刚爆炸又扔出一枚，然后迅速地扑到地堡上，把最后一枚手榴弹塞进射孔里。瞬间，火光一闪，一阵爆响，地堡哑了。他刚爬起来准备向前冲，远处一阵机枪扫射，他倒下了。他咬着牙忍着痛，一步一步吃力地朝另一个火力点挪动，鲜血从头部涌流出来，他再也爬不动了。八班全班壮烈牺牲。

济南第二团副团长田军率第一梯队营一营前进，航渡中船只被敌炮弹击中，整个第一梯队船只被风浪冲散。最终，他率二连一排在鼓浪屿西南山脚下抵滩。田军把全排 21 个人分成两个组，一组由他带领，另一组由排长刘重武带领，分两路突击推进。战士们用炸药炸开铁丝网，以强火力与爆破手相互掩护，攻占滩头碉堡，而后在敌两侧火力夹击中，奋不顾身跃到围墙根，架上梯子。三班班长宸士兴第一个登上墙头，被敌人的机枪击中，栽倒下来，他用手捂住伤口，站起来继续往上攀登。副排长李荣和立即率领其他战士继续登梯上墙，被敌人的子弹射中了颈部。经过滩头岸边反复厮杀，一排的排长、副排长和战士大多壮烈牺牲。

271 团 7 个排登陆后，排除鹿砦、铁丝网障碍，夺占滩头地堡，继而向纵深攻击，因缺乏后续部队支援，寡不敌众，弹药耗尽，最终大部牺牲。91 师炮营 2 连指导员赵世堂所在的船中弹后，两门火炮坠入海中，他率领 10 名战士强行登陆，突破敌前沿阵地后直插日光岩西侧的制高点，最后剩

下他一个人。这时，成群的敌人蜂拥而上，嚎叫"抓活的"。猛然间，赵世堂摔掉枪，掏出手榴弹，拉开导火索，"咣"的一声巨响，与敌人同归于尽。

济南第二团团长王兴芳，乘第二梯队营的船只被拖轮拖错了方向，果断率20多名团指挥机关人员和警卫人员改乘汽轮赶往登陆地点指挥战斗。汽轮驶至距鼓浪屿海岸约100米处，被敌人炮火击中，王兴芳身负重伤，抢救无效，壮烈牺牲，年仅38岁。这位铁骨铮铮的齐鲁汉子，曾在兖州战役、胶东保卫战、济南战役、淮海战役、渡江战役、上海战役、福州战役等多次战斗中屡立战功，由一名贫苦农民子弟成长为共产党员、人民解放军团职指挥员。漳厦战役发起前夕，他妻子身怀六甲，他多么渴望新中国和平幸福的生活。但是，他深知自己的任务还没有完成，深知战争的残酷性。他请战友转告妻子："如果这次战斗回不来，请她回老家生活，好好把孩子养育成人，做一个对新社会有用的人。"王兴芳还向他的战友交代："鼓浪屿一战，如果我牺牲了，请把我埋在鼓浪屿山上，面向台湾，让我看着台湾解放。"

23时后，配合济南第二团攻击鼓浪屿的93师277团船队同样遇到强劲的逆向风浪，船队散乱，只有少数船只靠岸，在滩头遭到国民党军火力严重杀伤。鉴于鼓浪屿战斗严重受挫，16日12时，三十一军命令91师暂停攻击，总结教训，准备再战。

强攻鼓浪屿的战斗由于准备工作不够充分，没有完全掌握天气、潮汐、风向等自然规律，结果首次攻击受挫。但这次战斗牵制了厦门岛中部的国民党军机动部队，在强攻鼓浪屿的过程中，渡海作战的指战员英勇顽强，不怕牺牲，让国民党军指挥官做出了错误的判断，以为解放军的主攻方向在鼓浪屿，因此把防御重点调整到南半岛，急调预备部队增援，同时把中部的机动部队调往南部，为解放军在厦门岛北半部海岸偷袭登陆创造了有利条件。

10月16日晚，十兵团突击部队突破厦门岛北部国民党军防线，迅速向南进击。三十一军命令91师再次发起攻击鼓浪屿。10月17日凌晨3点，91师273团胜利登上鼓浪屿，追歼残敌，至上午8时，完全攻占了鼓浪屿。

鼓浪屿战斗以先于厦门岛作战而开始，以首攻受挫而暂停，又借厦门岛北部登陆突破而最终取得胜利。就整个解放厦门作战而言，达到了十兵团要求吸引敌人，调动敌人，保证主力部队北部登陆突破的目的。同时为了保护鼓浪屿历史风貌建筑群，攻击部队的火炮只打滩头近岸，不向纵深延伸。为此，三十一军 91 师和 93 师 2 个主攻团特别是"济南第二团"付出了重大牺牲。

登陆石湖山、寨上

91 师在鼓浪屿战斗打响后，负责攻打厦门北半岛的 92 师也发起了进攻。15 日晚 19 时，92 师第一攻击梯队由 274 团一、三营、275 团一营 3 个营组成，3 个营的船队由鳌冠、郭厝起渡，向厦门岛西北侧的石湖山、寨上地段实施偷渡。渡海船只有大船小船，有江船海船，由于船只大小不一、海船与江船在海上的航速差别很大，加上狂风大浪，起航不久便乱了队形和建制。但是，所有船只都按照预先选定的参照物——厦门岛北部的制高点神山上的两棵大榕树，奋勇前进。21 时船只接近敌岸，此时海水已经退潮，船只只能在离海岸近千米的泥滩上搁浅。岸上的国民党守军发现了解放军，敌人在探照灯照射下，对船队进行猛烈的射击。登陆部队随即转入强攻。船只刚刚抵滩，指战员们便争先恐后下船对敌展开攻击。战士们以为只要踏上陆地，便可发扬英勇善战的优势，但下船后才发现，在他们面前横着一条二米多深、七八米宽、几百米长的海沟。这道海沟，无情地挡住了前进的道路，指战员们只好在深陷至膝的泥滩上一面艰难前进，一面向敌人发起反击。炮兵们干脆就在小船上架起了迫击炮，向敌人开炮。在敌人的阻击下，我军伤亡较大。三个突击营大部分被挡在距敌前沿几百米的泥滩上，只有乘坐小型海船的四五个建制不全的连、排，分别登上滩头，与敌人展开了力量悬殊的激烈战斗。

由 274 团三营营长任进贵率领的八连一部，首先在石湖山西南侧强行登陆，该营三排冲在最前面，率先突破守军的防御阵地，副连长范学海、三排长吕德胜先后负伤，他俩仍然拖着被打伤的腿，爬上岸继续指挥战斗。八班副班长崔金安带领 2 个战士，冒着敌人密集火力，砍断铁丝网，攻占了一段约 40 米的交通壕。在立足未稳之际，大批敌人从三面反扑过来，危急关头，机枪手吴子清端起机枪向敌人猛扫一阵，把敌人打乱。战士们用手榴弹和刺刀向敌人进攻，在战斗中吴子清壮烈牺牲。崔金安根据副连长的指示，组织起全排仅有的 12 人，与敌人展开顽强的搏斗，战士们高呼"不惜一切代价，坚决守住阵地，保证后续部队登陆"的口号，在 4 小时内打退国民党军 1 个营部带一个连的 5 次反击，歼敌一个排，攻下了敌人设在山腰的地堡，巩固了滩头阵地，掩护了后续部队登陆，接着在兄弟连队

厦门文史丛书
厦｜门｜解｜放｜前｜后

解放厦门战役，突击队开始登陆作战

的策应下夺取了山头。战后，三十一军授予八连三排"登陆先锋排"的荣誉称号。

275团一营营长刘金文指挥的一连一部，在石湖山南侧强行登陆，遭到敌人猛烈阻击。在战斗中指战员们勇往直前，顽强战斗，不怕牺牲。一排长牺牲，副排长杜树和带领全排继续战斗；三班的正副班长都牺牲了，小组长刘万贤代理班长指挥战士们战斗。在打退敌人多次反扑后，全排只剩下6个人，但大家没有气馁，杜树和组织战士们发起第二次攻击，打下了敌人的一个水泥堡。在他们掩护下，二连二排长王德民率领该排战士夺取了两个水泥堡，并打垮了敌人数次反扑，守住了阵地，为后续部队开辟了登陆场。战后，杜树和、王德民同志分别被评选为军、师的战斗模范。

16日凌晨3时，274团一营营长王保田、政治教导员杨镜洁率领的一、三连在寨上抵滩登陆。战士们下船后即陷入海滩淤泥中，又遭到敌人火力阻击。在困难面前，战士们团结一心，互相鼓励、互相支援，不同建制的人员，主动向指挥员靠拢，顽强战斗，并陆续抵滩登陆。经过激烈的战斗，我军占领了寨上突出部。但是，只有少数部队登陆成功，人员和船只大多

第五章 红旗插上鹭岛，蒋军溃逃台湾

陷入泥滩，遭受较大伤亡和损失。三连登陆后，遇敌强大火力封锁，进攻受阻。七班战士陈勤挺身而出，二次冲向敌人碉堡送炸药、投手榴弹，都因火具失效、手榴弹受潮，爆破未成。他第三次抱起炸药包冲至敌人碉堡前，准备用身体堵住碉堡射击孔，让敌人打响炸药包，碉堡内敌人见状吓得丢下武器，狼狈逃命。陈勤立刻钻入碉堡内，端起敌人的机枪向敌扫射，为战友开辟了前进的道路。战后陈勤荣立特等功。三连接着向石湖山方向攻击，策应八连的战斗。一连乘胜攻占寨上社。

与此同时，275团九连，根据师参谋长田世兴指示，从火烧屿起渡，于塘岸、湖里偷渡成功，随即向仙洞山、松柏山方向攻击前进。16日凌晨4时许，274团全部、275团一营先后抵滩登陆。16日晨，92师胜利突破石湖山、寨上一线，占领前沿阵地，完成登陆突破任务。16日7时，占领塘边、马垅、小东山一线，并与高崎一带登陆的兄弟部队会合。尔后，部队继续向南积极推进，向松柏山、薛岭、园山、仙洞山一线攻击前进。

16日11时，92师参谋长田世兴率师部前进指挥所，在石湖山登陆，将前期分散作战的各个部队组织起来，向厦门岛纵深展开进攻。274团一、二营占领寨上以后迅速向南穿插，控制了园山以北地区，切断了高崎机场通往市区的公路，卡住了厦门北半岛守敌的咽喉。275团一营登陆后，迅速向南发展，很快占领了薛厝，打下了湖里西南高地，进而攻占了仙洞山制高点，全歼了这一地区的守敌。

解放厦门战役中，人民解放军陆上作战

占领高崎

在三十一军对厦门岛发起进攻的同时,二十九军也向厦门北半岛发起攻击。二十九军政委黄火星、副军长段焕竟对兵力的部署是:85师分两路进攻,254团于高崎以东之后莲尾、湖莲间突击上陆;255团于高崎西侧之神山地段突击上陆,先夺取神山,尔后配合254团从侧后合力夺取高崎要塞。85师应于16日8时前攻占殿前、埔子、坑园山、斗门、下屋各点,控制湖莲以西、殿前以东、高崎以南、坑园以北地区,并与左右邻部队取得联系,尔后占领园山、薛岭等地,向后坑、土坑、虎仔山、高仑山攻击前进,协同三十一军部队攻占云顶岩。该师253团在攻打集美时担任突击任务,因此在进攻厦门时,作为二梯队。86师由钟宅、壕口之间突击上陆,抢占巩固登陆场后,首先肃清北半岛之敌,尔后向东南进攻,以256团和257团二营为第一梯队,257团(不包括二营)为第二梯队,258团为师预备队;以87师259团为军预备队。另外,兵团以炮兵第14团之三个炮连加强二十九军,与该军师炮兵合组二个炮兵群,一个配置于集美地区,支援85师登陆,一个配置于刘五店、澳头地区,支援86师登陆。87师负责剿匪,没有参加解放厦门岛战役。

根据作战部署,85师以254、255团2个团为突击团,在集美东北海湾登船集结。254团二营、三营为第一梯队,一营为第二梯队。第一梯队在团参谋长杨清、副参谋长黄锦荣率领下于15日20时45在潘涂起渡,向高崎、神山方向前进。计划是以偷渡方式登陆,未进行炮火准备,但在起渡半小时后,被敌发现,我军即以炮火对敌进行压制,掩护部队渡海登陆。21时渡船于后莲尾、胡莲一线抵滩,二营、三营避开敌人设置的障碍物汽油桶,连续炸开三道铁丝网,迅速登上滩头,攀登两三丈高的悬崖,与敌人展开一场激烈的滩头争夺战。二营营长仇吉根、教导员邓纪山和三营营长叶树尧、教导员阮也平都亲临最前沿,和战士并肩战斗。战斗中,阮也平头部和胸部中弹,当场壮烈牺牲。战前,阮也平已被提拔为254团政治处主任,上级要求他立即上任,他一再向组织请求,等打下了厦门再到任。他的中学同窗、已经恋爱8年的未婚妻林枫,经组织安排,1949年从家乡调来85师文工团工作。组织已批准他俩结婚。漳厦战役打响之前,这对革命情侣曾在皎洁的月光下,倾心诉说衷情,憧憬新中国成立后的事业和生活。阮也平深情地对林枫说,等打完这一仗再结婚吧,不料两人就此诀别。

第二梯队一营在营长袁国铭、教导员向真的率领下,随后跟进,在高

第五章　红旗插上鹭岛，蒋军溃逃台湾

崎的莲尾、胡莲之间登陆后，打退了敌人的反击，俘敌一个排，向坑园山前进，并与三营取得了联系。至22时30分，攻占了后莲尾、尤厝、陈厝、王厝一带。二营向高崎方向发动攻击，切断了高崎敌人的退路。

高崎是厦门北部的一个重要关口。福州解放后，汤恩伯就指令厦门守军日夜加紧修建工事，同时利用日本侵华时构筑的坚固工事和炮台进行防御。守敌在要塞的东西两边筑了一条三里多长的防御线，在要塞前面又挖了一道一人多深的外壕，周围埋上地雷，竖起五道密密麻麻的铁丝网，后面还修了钢骨水泥的子母堡群和夹壁的工事。驻守的敌人是国民党五十五军七十四师，自吹此处是"海防堡垒，百无一失"。在进攻高崎过程中，二营避开守敌正面火力，四连、五连、六连从不同方向向敌人展开猛烈攻击，将敌人分割包围，守敌很快就土崩瓦解，敌人所谓坚不可破的"海防堡垒"在30分钟的短促时间内就解放军被摧垮了。敌一部分投降，一部分向南逃窜。南逃之敌正巧碰上从侧后向高崎攻击的一营，一营缴了他们的枪并占领了坑园山，会同三营乘着夜色迅速向高崎机场进攻。由于行动迅速、隐蔽，一营突然进攻，将机场守敌打得措手不及，很快便控制了大半个机场。凌晨，敌人为夺回机场，组织了七十四师一个团部和两个营的兵力，在坦克掩护下进行反扑。面对数倍于自己的敌军，一营解放军战士毫无惧色，与敌人展开了顽强的战斗，在三营的配合下，打退了敌人的二次反扑，迫使大部分敌人投降。当敌人的坦克向我军扑来时，三营七连副连长王洪芳抱起炸药包冲向敌坦克，第一次炸药包从坦克上滑下来，他再一次跃起把炸药包送上去。敌坦克被炸毁了，王洪芳同志壮烈牺牲。打退敌人的反扑后，一营战士乘胜向安兜方向追击。至16日上午8时左右，高崎、坑园山、机场一线均被我占领。

红旗插到神山

255团一、三两个突击营，在代团长唐诚的率领下，于15日晚20时许在集美东北侧起航，20时40分在神山北面抵滩，由于被一尺多深的淤泥所阻，战士们只好冒着敌人火力，跋涉近千米的淤泥海滩，强行登陆。代团长唐诚不幸中弹负伤。一、三营在团长负伤进攻受阻的情况下，及时调整攻击战术，顽强作战。一营抢上滩头后一口气拿下四五个碉堡，炸开敌人钢筋水泥工事，建立了登陆场，又打退敌人多次反扑，巩固了登陆场，并向神山发起攻击。教导员蒋永昌在战斗中英勇牺牲。一营营长黄启昌率领

中国人民解放军把红旗插上厦门岛

部队迅速包围了神山,组织全营火力,压制和摧毁山上敌人的火力点,掩护"七一功臣连"一连向前攻击。一连三班战士冒着炮火冲向敌人的阵地,攻下了四五个碉堡。身背五星红旗的战士张林国冲在最前面,不幸被敌人的子弹击中倒下,战士朱洪生接过红旗继续冲向前。22时许,神山被攻下,朱洪生把红旗插到神山顶上。一营占领神山后,随即向殿前方向攻击前进。三营在登陆时,因遭守军阻击,搁浅于高崎西侧海滩,在营长李克率领下,战士们就地强行登陆。七连四班班长邵元林在船只搁浅时带领全班跳下渡船,在深没及膝的泥滩中冲在最前面,首先攻下1个碉堡,打垮了守军1个排的反扑,为全营打开了突破口。22时,三营占领埔子,随后从高崎沿公路往南进攻。当代团长唐诚负伤后,朱云谦师长决定派师参谋长吴森亚赶赴255团接替唐诚指挥,吴森亚接到命令后,随第二梯队二营乘船向高崎出发。吴森亚参谋长随二营从突破口登陆后,与一营一起扑向殿前,守敌闻风逃跑。当一、二营冲进殿前敌七十四师二二一团指挥所时,电话铃正响,电话里传来敌师部要该团"坚决抵抗"的命令。一、二营在殿前会合后,从殿前打到公路上,正好与三营会合,并分两路继续向纵深发展。

第五章　红旗插上鹭岛，蒋军溃逃台湾

16 日早上 6 时左右，254 团、255 团在追击逃敌过程中会合于安兜，安兜成了 85 师的临时指挥所。此时，86 师 256 团正在钟宅一带同敌人激战，吴森亚参谋长命令 254 团派出一部分兵力向东接应 256 团，命令 255 团继续向南攻击。8 时，254 团一营占领园山，255 团向江头、后埔、蔡塘一线进攻。中午攻下后浦、洪山柄，并就地集结。

攻克钟宅

二十九军 86 师根据军部的部署，以 256 团（加强 257 团二营）为渡海突击团，257 团二个营为第二梯队，258 团为预备队。突击团以一、三营为突击营。15 日 18 时 30 分，256 团在代团长陈龙泉、政委彭布的率领下，由刘五店、澳头起航，20 时许在下马、钟宅一带抵岸。这一带滩宽岸陡，易守难攻，在接近突破口海滩时，遭受敌人火力阻击，256 团战士边打边前进。一营营长史宝富组织全营的火力，压制敌人火力，以竹梯和人梯一个顶一个冲上去，经过激战，顽强地突上滩头，占领敌人交通壕和碉堡。一营教导员张树谋牺牲在滩头阵地上；渡江战役和淞沪战役的特等功臣、一连班长杨百芬在冲上悬崖时光荣牺牲。为夺取悬崖的一个立足点，三营副营长陈汗生率领七连冒着敌人火力进行突击，在第二次突击时，陈汗生腹部受伤，仍冲上崖顶，掩护后续部队上去，因流血过多光荣牺牲。经过激烈战斗，一、三营在钟宅、下马间占领并巩固了突破口，一度占领钟宅。担任第二梯队进攻的 256 团二营和 257 团二营 2 个营因受大风浪影响，未能按指定的登陆点上陆。257 团二营被冲到草鞋屿搁浅。256 团二营则在航渡中迷失方向，冲散到五通一带，错把敌人烧船的火光误认为我方突破口，其中一部于坂美附近抵滩，上陆后遭到守军火力夹击，伤亡很大，赵营长不幸牺牲。五连连长张胜标率领仅存的 5 个班占领了一小块滩头阵地，在敌众我寡、三面受敌的险恶情况下英勇作战，击退守军的多次反击，坚守到敌人败退，起了牵制守军兵力、策应团主力登陆突破的作用。六连一排在航渡中迷向后，遭敌人三面火力夹击，处境十分危险。排长刘夕吉临危不惧，沉着果断地带领二十多名战士，冒着敌人火力涉水登陆，再攀上两丈多高的陡壁，用手榴弹和机关枪打垮岸上的守敌抢占了突破口，又带领全排同志先后打退敌人多次的反扑，击毁了敌人三辆装甲车，有力地配合了一营的正面攻击。16 日早上，第二梯队 257 团一、三营渡海登陆，增援 256 团，与 256 团会合后，向纵深和两侧攻击发展。至 16 日上午，三营攻

下了下马岭、上岭、下岭及下马以西 110 高地和岭下以南的 110 高地。中午，一营攻克钟宅，并与 85 师 254 团进攻部队取得联系。16 日下午，256 团肃清了五通、河边、虎仔山一带的敌一八一师，晚上全团在河边集结，然后继续向市区方向扩大战果。

追歼逃敌

至 16 日中午，十兵团的解放军登陆突击部队在 10 多公里宽的正面滩头，全面突破厦门岛北半部国民党守军的防线，建立了稳固的登陆场，基本上控制了厦门岛的北半部。突击部队乘胜向厦门岛纵深穿插，后续部队也源源不断地从各突破口上陆。

16 日午后，突击部队全部推进到厦门岛腰部的仙洞山、松柏山、园山和薛岭山一带高地，控制了岛上北半部，并以此为依托向南面推进。十兵团司令员叶飞命令已上岛的部队，迅速抢占岛腰部的一线高地，抗击国民党军的反扑。

半个厦门岛被解放军占领后，国民党军才醒悟到解放军的主攻方向不在鼓浪屿，而是在厦门岛的北面。于是，急忙从南面调集机动部队向北反扑。此时，厦门岛北部敌人的防御体系已被解放军摧毁，守敌七十四师、一八一师已溃不成军，虽然还占据南半岛和鼓浪屿，但已无力回天。

厦门守敌为了改变对其不利的态势，夺回战场控制权，挽救即将被歼的命运，从南面调动一个加强团的兵力，在飞机、装甲车的配合下，于园山至乌石埔一线沿公路向解放军实施疯狂的反击。我 274 团一、二营在 275 团一营的配合下，占据有利地形，施放烟幕遮挡敌机视线，通过顽强近战，打退国民党军的 5 次反冲击。后来，敌军又出动 3 辆大卡车，运载厦门警备司令部特务营，向松柏山增援。274 团埋伏在山口两侧，以突然而又猛烈的火力，将进入山口的特务营打垮。与此同时，占领园山、薛岭山等高地的其他登陆部队，也打退了国民党军的反扑。

16 日下午，被解放军击溃的国民党军狼狈向南溃退。汤恩伯知大势已去，带上一帮人逃向海边，准备登舰逃跑。这时适逢退潮，舰只难以靠岸，汤恩伯无法登舰，在海滩上急得团团转，顾不上用密语，用报话机直接呼叫军舰放下小艇接应。这一情况，刚好被我方监听人员收到。

汤恩伯的这一举动不仅暴露了敌人已经完全失去了防守的信心，也暴露了他们逃跑的方向和目的地。更严重的是从此时开始，厦门岛上的国民

第五章 红旗插上鹭岛，蒋军溃逃台湾

党军队没有了指挥官，各部队将处于群龙无首、各自为战的混乱局面，这无疑加快了国民党军的溃败。

叶飞司令员根据这一情报，也直接使用报话机，命令追击部队迅速向厦门港方向追击，活捉汤恩伯。当时，三十一军和二十九军登陆厦门岛的部队中，二十九军85师参谋长吴森亚是军职最高的指挥官，其他已经上船出发的副军长或师长，或因在海上迷失方向，或因偏离预定的登陆地点，都联系不上，因此，叶飞直接打电话给吴森亚，告知敌人已经开始逃跑，正涌向厦门岛南面海边码头，争抢上船。叶飞命令吴森亚指挥所有登陆部队，赶快追击！吴森亚接受命令后，立即以书面形式向不同隶属关系的三十一军和二十九军86师传达叶飞的命令。但是由于联络不畅，耽误了时机，汤恩伯在岸边等了一个多小时后上舰逃走了。

吴森亚传达完叶飞的命令后，立即命令在江头、后埔一线的85师255团从正面向洪山柄、云顶岩、自来水厂、厦门大学一线攻击，并保障254团迂回安全。16日16时30分，255团全部抵达洪山柄，之后一营和二、三营分路向曾厝垵方向进攻。一营原计划先攻占云顶岩，再翻过云顶岩向厦门港前进。入夜后，一营占领云顶岩时，敌人已经丢弃阵地向市区逃跑了。一营营长当即改变进攻计划，决定沿公路追击逃敌。计划报团部得到批准后，营长立刻率领全营战士下山追击。一营经梧村，到达文灶，并迅速插入市区厦禾路，沿途到处是敌人的卡车、装甲车、坦克等军用品，俘虏越抓越多。17日清晨，一营二连追至南普陀寺，迫使躲在寺里的国民党军一八一师八四二团全部放下武器，团长率残部2000余人投降。二、三营从云顶岩经上李水库，占领曾厝垵社、西边社、胡里山社等地，直到厦门大学，占领码头，截断敌人逃路。与此同时，254团从安兜出发，16日夜，占领蔡塘；17日晨，占领前村；随后沿石胄头、黄厝、溪头一线攻击前进，到达曾厝垵，与255团会合。其他各处的作战进展也顺利推进。

16日午夜，三十一军姚运良副军长率军侦察营一部，92师副师长陈梓干率师第二梯队275团二、三营由鳌冠起航，于17日凌晨4时前先后在石湖山、寨上上陆，即向第一梯队靠拢。此时，军部接到上级的敌情通报，敌人已准备逃跑，要求立即进行围歼。三十一军随即兵分三路，对敌人进行追歼。

17日拂晓，东路274团二营，在击溃敌人阻击后，即发起追击，从莲坂经洪山柄进至石胄头北侧，迎面与敌人六辆汽车遭遇，五连七班在公路两侧伏击，将敌全歼，并俘敌运输连长，截获国民党军七十四师运输连的

6辆卡车,并从中获悉其师部已逃至塔头村。班长孙继伯率全班战士乘坐缴获的敌卡车,急奔塔头村,直冲七十四师指挥所,威逼敌师长放下武器,率部投降。这时,其他突击部队也赶到塔头村,一起包围敌人,俘国民党军七十四师中将师长李益智以下3000余人。

西路274团三营和275团一营分路分头向市区挺进。三营由梧村进入市区,遇敌阻击,歼敌一部,继续分头攻击前进。九连进至市立医院缴获五辆汽车,遂搭乘敌汽车追击,在碧山岩一带俘敌3000余人。一营由文灶进入市区,敌人闻风即向码头逃窜。这时,停泊在港内的几艘军舰,面对解放军的进攻,只得丢下大批人员、武器和物资仓皇离岸。在码头上来不及登船逃走的厦门警备司令部、宪兵团和大批机关、后勤人员都成了俘虏,部队随即占领太古码头,封锁鹭江。

中路274团一营、275团二、三营,由梧村山东侧翻越东坪山,向曾厝垵一带进攻。一、三连行进间于金鸡山歼敌一部,又于东坪山之东南侧歼敌二二二团团副以下1000余人。这时,敌2个营从云顶岩下来,一连与敌遭遇,战斗非常激烈,在兄弟部队配合下,歼灭了云顶岩撤逃之敌。三连向溪头黄厝方向猛插,阻敌下海逃跑。二连插至胡里山海边后,强攻胡里山炮台,仅半小时全歼由国民党军38名军官组成的"忠孝队"。接着,二连又猛插至海边沙滩,俘获正在等船南逃的国民党军官兵3000余人。

17日拂晓,91师师长高锐令273团二营向鼓浪屿实施侦察攻击。该营在鼓浪屿西北侧登陆成功,抢占了燕尾山后,向正在登舰逃窜之敌展开攻击,战至8时,攻占鼓浪屿,将来不及逃跑的1400余名国民党军官兵全部俘虏。17日晨,二营的2个连从厦门岛南部顺利登陆,并突入市区,俘获国民党军400余人。

17日上午,274团、275团、255团、254团从不同的方向前进到厦门岛南端的厦门大学、白石炮台、曾厝垵一带。此时,厦门大学、白石炮台附近的海滩上、码头上,黑压压的一片,成千上万的敌人,聚集在一起,争抢着登船,妄图逃往金门、台湾,但只有少数敌人登上轮船仓皇逃跑,未来得及逃跑的敌人全部缴械投降。

至此,十兵团登岛部队经两昼夜奋战,厦门岛登陆作战胜利结束。不到48小时的战斗,摧毁了汤恩伯苦心经营、号称坚不可摧的防线,解放了厦门,让蒋介石把厦门作为"确保台湾"的"战略基地"的企图落空。

在这场战役中,第十兵团歼敌六十一军、八兵团部、五五军(除刘汝明、五五军军长曹福林、廿九师师长事先逃脱外,余全部歼灭)、要塞

第五章　红旗插上鹭岛，蒋军溃逃台湾

部队、装甲部队全部，六八、三五、九六、一八一师各一部；毙伤敌军 2000 余，俘八兵团正副参谋长、五五军参谋长、五五军副参谋长刘林良、七十四师师长李益智及副师长等以下 2.5 万余名；缴获要塞炮 40 余门，飞机 2 架（已损坏），山炮、步兵炮 10 余门，重迫炮 9 门，战防炮数门，迫炮数 10 门，六〇炮 100 余门，火箭筒 20 余门，重机枪 134 挺，轻机枪 577 枝，卡宾枪 553 支，长短枪 6000 余支，探照灯 11 个，坦克 5 辆，装甲汽车 11 辆，汽轮 3 艘及各种车辆、弹药军用物资等等。

　　战斗结束后，八十六师随军部进驻市区，担任全市警备任务，后转为厦门市警备部队，师部兼警备司令部，驻虎头山原国民党海军机关驻地。二十八军和二十九军 85 师 253 团于 10 月 24 日发起攻打金门战役，因准备不充分失利。1950 年进攻金门的任务解除，解放军实施整编，第二十九军番号撤销，部队转到其他兵种、部门。第二十八军驻防福建前线，执行剿匪任务。第三十一军于 1950 年攻占东山岛，后长期驻防厦门。

第六章　人民政权建立，全面接管旧政权

第一节　建立新政权，成立市区政府

为迎接解放以及后续的接管和新政权建设工作，厦门市政领导班子的搭建以及干部队伍的组建工作，早在部队进入福建之前，就已经开始了。

一、苏南大队

1949年6月19日，中共中央根据华东局的请示意见，批准成立以张鼎丞为书记的中共福建省委，与叶飞、方毅、伍洪祥等11名委员共同组成中共福建省委。为了配齐福建8个地委、2个市委的领导班子，中央同意张鼎丞的请求，把原本分配给苏南地区的"长江支队"4000多名干部调给福建，随第三野战军第十兵团进军福建，接管政权。"长江支队"是一支从晋冀鲁豫解放区的太行、太岳两个革命老区抽调的，由老红军、老八路和老解放区地方干部及军队、地方武装干部组成的接管新解放区军地政权的队伍，此前追随刘邓的第二野战军向南挺进，后划归中共中央华东局。

显然，这一规模离实际的干部需求仍有差距，张鼎丞在叶飞的建议下，通过时任苏南区党委书记的陈丕显，在苏南地区商调两套市级领导班子的干部，由时任苏州地委副书记许亚、副专员张维兹具体负责筹建事宜。此时，苏南区及其下辖的5个地市已经组建了6套党委班子，共500余人，

对外称"苏南大队",且各地干部和负责人均已基本到位。许、张二人遂向福建省委组织部长韦国清建议,将这支"苏南大队"分配给福州、厦门两市。这一建议得到了华东局的同意,苏南大队兵分两路:一路由苏州、无锡、镇江的三套班子,组成福州市委;另一路的常州、淞江和地直机关三套班子则组建厦门市委,分别由许亚、张维兹带队组建。

厦门一队经过短期集训,于7月中旬离开苏南,在嘉定短暂休整后,随解放大军南下,经闽浙两省交界的江山县兴塘边时,与福建省委通知拟任厦门市委书记的林一心等人先后会合。

解放和接管城市所需的庞大的干部架构正在逐步搭建。到了8月24日,奉中国人民革命军事委员会及中国人民解放军总部的命令,福建省人民政府在福州成立,张鼎丞任省政府主席,叶飞、方毅任副主席。[1] 同日,奉中国人民解放军总部的命令,中国人民解放军福建军区宣告成立,叶飞任司令员,张鼎丞任政治委员,韦国清任副政治委员,刘培善任政治部主任。

此时苏南大队已经进入福建,于9月抵达福州后,又吸收了粘文华和许彧青等同志的加入。

二、南下服务团

在上海,为了壮大福建干部力量而进行的招募工作则更早进行。在青年团上海市委、市青联、学联的支持下,福建省委向上海招收一批知识青年,组成中国人民解放军华东随军服务团南下,简称"南下服务团"。

招募工作吸引了大批青年学生踊跃报名。南下服务团同时还吸收了由华东局和福建省委先后从华北、华东抽调的200多名军地老干部,以及上海市委所动员的400多名党员和一批革命斗争积极分子。至1949年6月15日正式成立时,全团人数近3000人,其中包括上海知识青年约2400人,南下干部200多人,医疗、警卫、通讯、后勤人员等约300余人。

组建后的南下服务团,先是在上海进行了为期将近一个月的政治教育和军事训练,后进入福州,着重展开对党的接管方针、福建形势等的深入学习。这支重要的干部力量,就有一部分随军进入厦门,参加接管厦门的工作。

三、军队干部

军队干部同样是接管力量中的重要组成部分。9—10月，在泉州，中国人民解放军第二十九军参谋长梁灵光和第十兵团民运部长杨士敬率一批军转干部与苏南大队会合。此处值得一提的是，据梁灵光回忆，当时在厦门主要负责人的选择上，陈嘉庚曾向中央建议：厦门是闽南重镇和著名侨乡，海外影响力甚广，应当派选有担当又有从政经验的闽南人来担任这一要职。最终经叶飞推荐，中央、省委决定，梁灵光任厦门市第一任市长。

随着各方队伍的集结，厦门市政领导班子的组建便迅速提上议事日程。

四、厦门市领导机构的组建

在泉州期间，经中共中央华东局批准，中国人民解放军华东军区和中共福建省委组建了厦门市军事管制委员会、中共厦门市委和厦门市人民政府领导机构。厦门市军事管制委员会主任由中国人民解放军第十兵团司令员、福建省人民政府副主席叶飞兼任。副主任由中国人民解放军第二十九军政委黄火星担任。

福建省委任命林一心为厦门市委书记，梁灵光、许彧青、杨士敬、唐劲实、粘文华为市委委员（当时不设常委），梁灵光为厦门市市长、张维兹为副市长。厦门市委组织部、市委宣传部同时组建，部长分别为杨士敬和许彧青，孙燹文任市委办公室秘书长。

在泉州，全体同志听取了叶飞所作的动员报告，更加明确了接管的指导思想、方针与任务，并从厦门的地下党同志处了解到厦门的历史人文、政治经济、地理民俗等方方面面情况。随后，人马移师同安继续学习培训，包括学习毛泽东在中共七届二中全会上的讲话和《论人民民主专政》等文章及《约法八章》，并着手组建区、局级机关，拟定各部门接管方案。新成立的各局领导人为：市政府秘书主任于铁民、公安局长唐劲实（兼）、财政局长张维兹（兼）、侨务局长梁灵光（兼）、民政局长车鸣、贸易局长陆自奋、工商局长张继阳、邮电局长郭金海、教育局长李芳曙、人事局长朱含章、卫生局长黄开云、港航局长孔波、中国人民银行厦门市支行行长王有成、中国银行厦门分行行长章骥，吴强、肖枫为厦门大学军代表。

随着两级领导班子成员基本配备齐全，参加厦门接管的干部队伍已由南下时的200多人扩充到400多人。他们当中，既有苏南区党委和其他老解放区调来的地方干部,又有输送到闽南、闽中游击区后回到厦门的党员和进步人士,同时还有由军队转业下来的干部以及闽南地下党干部充实而来。这些同志各自发挥所长,如擅长财经工作的进入经济部门,具有丰富经验和较强领导力者则担起领导大任,拥有丰富对敌斗争经验者则进入政法部门,具有高知识水平的青年干部则更多奋斗在基层一线,密切群众与党的联系。由于前期的集中学习,他们在进入厦门后迅速投入状态,认真负责地开展工作,共同组成厦门接管及日后城市建设的忠诚能干、作风优良的干部力量。

第二节　全面接管旧政权

新的政权建立了,如何快速、全面地完成新旧政权的交替?实现对城市的平稳有序的接管是至关重要的一步。

一、因地制宜制定接管计划

接管的关键在于破旧立新,立破并举,如果没有良好的前期准备和社会摸底,而是千城一面、仓促上马,势必为后续长足发展埋下隐患。为此,接管厦门的准备工作,早已开始。

1949年9月,《厦门市接管方针与任务》出炉,它成为指导整个厦门城市接管过程的总纲领和接管工作顺利开展的制度保障。这份关键文件的制定,离不开厦门地下党人的努力。为使接管工作能够有的放矢,活跃在白区的地下党闽中和闽西南组织,根据上级指示和下发的调查提纲,秘密开展了社会调查。

社会调查的主要内容,涉及国民党党、政、军以及厦门经济、社会、文教、名人等各个领域。地下党利用各自的职务身份和各种关系渠道各显神通。例如,闽西南党组织在厦门广播电台的周珠凤,不仅抄录了电台组织情况、器材清单等,在国民党企图将电台迁移至金门时,又以仪器陈旧不适合拆迁等理由,团结其他人员抵制搬迁。盐务局的薛太吉争取到部分武装盐警,掌握到盐警编制、武器配备情况,保护了盐务局的物资。电话公司的杨清桂、叶卿辉、叶禧等话务员窃听到国民党准备将厦门银行的黄金、白银运往台湾等重要情报，及时上报党组织，得以有效开展反窃运工作。活跃在新闻记者中的党员，与他们所联系的群众一道，展开对各界知名人士的详细调查。[2]闽中地委厦门市工委有一支挺进队、一个调研组，党员们广泛收集社情，并统筹核实、研究整理，有的负责分析国民党机构及其主要企业状况，有的负责摸底舆论机关人员面貌、设备情况和舆论动向等。而在城工部事件中被迫解散的厦门城工部地下党员，在重新投入党组织怀抱后，也积极在开展资料调查和向南下纵队干部介绍厦门情况中发挥作用。所有收集的资料最终汇总成书面报告，分类造册，

1949年5月，中共（闽西南）厦门临时市委机关就设在开禾路125号（何宏杰摄）

被安全送达到接管部队手中，为制定详细的接管方案打下了基础。[3]

在调查摸底之外，其他诸如统战策反以及人员、财产、档案保护等一系列工作，同样是接管工作和建设新厦门不可或缺的。例如，为接管需要，闽中厦门工委在产业工人中建立党组织，成立了第一个地下印刷工人支部，除调查各报资产、排印敌产登记表外，还特别注意保护《星光日报》的机器设备，为《厦门日报》的诞生创造了条件。[4]而统战工作的有效开展，也为情报的收集和重要物资的保存赢得了空间。比如，地下党同志争取到了国民

党政府秘书主任郑静安，使得厦门当局的文书档案得以完整保留。[5]

面对接管工作的崭新课题，在同安集训期间，厦门市军事管制委员会严格遵循中共中央的专门指示，按照"各按系统，自上而下，原封不动，先接后分"的原则，制定厦门市各部门的接管方案。[6] 军管会根据厦门地下党整理提供的调查材料、地下党人员的详细介绍以及从其他各方面搜集到的有关资料，对厦门的政治、经济、历史、地理和人文民俗等进行通盘研究，分析得出当时厦门的基本社会概况是：

厦门市作为一个四面环海的小岛，是我国东南沿海的良好商港与军港；是一个近代化的商业城市与消费城市；同时也是帝国主义侵略势力的据点，在政治上、经济上、文化上半封建半殖民地的性质特别明显。

基于对厦门总体概况的把握和对厦门经济形势特点、军事战略地位以及意识形态等方面的预判，《厦门市接管方针与任务》诞生了。它明确了接管厦门市的基本方针，成为全体接管工作人员严格遵照执行的准则。具体要求有以下几个方面：

一是彻底摧毁国民党反动统治机构，建立人民民主专政的统治机构，但接管敌方的企业机构时，一般不予打乱，而是尽力保持完整，以便于继续生产。

二是接管工作应根据本身力量和具体情况，分清轻重缓急、稳步前进，但对于充分掌握了解和把握的情况，对某些必需（须）迅速处理与解决的问题，就必须迅速处理与解决。

三是为了正确地执行中央的基本方针，必须一切统一于军管会领导下进行接管工作，各个接管单位直接向军管会负责。凡带有原则性的重大问题，尤应严格事先请示，事后报告制度。

四是领导工作应特别注意了解与掌握情况，研究城市解放后所发生的问题，确定对策，以免在管理城市上陷于应付被动。

此外，《厦门市接管方针与任务》对接管应确立的几种优良作风及工作态度和房屋分配的原则也做出了规定。

二、兵分多路全面接管

1949年10月17日厦门解放后，400多名接管人员分成三批进入厦门，首批随军进入厦门岛内的是厦门市党政领导及军事、公安两个部门的接管人员。

|厦|门|解|放|前|后|

10月20日，厦门市军事管制委员会正式公告成立，宣布厦门即日起实行军事管制，肃清国民党反动武装残余势力，确立革命秩序，保障人民生命财产安全、维护社会安宁。中央任命叶飞为军管会主任、黄火星为副主任。林一心、梁灵光、段焕竞、刘毓标、杨文蔚、唐劲实、许彧青为军管会委员。

按照既定方案，军管委员会下设五部三处二组，即政务部、财经部、公安部、文教部、军事部和秘书处、卫生处、房产管理处以及空军、海军二组。各部又设有若干组，如政务部下设的政务组，负责接管旧省政府残存的秘书处、建设厅、教育厅、田粮处，及市参议会、厦门救济院等；市政组负责接管旧市政府的各局、科、室及思明、开元、厦港、鼓浪屿、禾山区公所；司法组负责接管旧高等法院、地方法院及看守所；侨务组负责接管旧侨务局、华侨服务社并配合公安部接管旧警察局，配合财经部接管旧直接税局和地方税征收处等等。财经部下设财政组、贸易组、金融组、实业组、交通组、邮电组、工商组。军管会作为最高权力机关，统领一切军事、政治、经济、文化等管制事宜。

紧接着，厦门市军管会发出《关于接管国民党厦门市政府的命令》，对原国民党所属一切军事、政治、经济、文化机关团体，分别按系统予以接管，并饬令原国民党所属全体人员，负责保护该市府所有文件档案、账册资财，听候处理。同时委派于铁民为接管组长、军事代表，负责进行接管事宜。

由此，对厦门城市的接管工作，马不停蹄地全面开启了。

10月21日，厦门市人民政府宣告成立，梁灵光任市长；成立厦门警备司令部，段焕竞任司令员。

10月22日，思明、厦港、开元、禾山、鼓浪屿五个区的人民区公所成立，各区区长分别为：思明区区长盛杰、开元区区长陈启强、厦港区区长李梅风、鼓浪屿区区长许仁贵、禾山区区长方针。各区长即日起到职办公，并负责对各区区公所及有关部门的接管工作。同日，中共厦门市委机关报《厦门日报》创刊，成为厦门新生人民政权宣传的重要窗口。

10月23日，厦门市军管会宣布解散反动党、团、特组织，命令所属人员立即停止一切活动。

接管工作是复杂而艰巨的，一般按照接收、清点、管理改造的步骤展开。具体来说，首先是由各接管组的负责同志携带市军管会的接管令到被接管单位召集旧职人员开会并宣布接管命令，责成他们对原机构的人员档

第六章 人民政权建立，全面接管旧政权

案、公文、财物、簿籍等如实登记造册呈报。同时，向他们宣讲人民政府对旧职人员的处理原则，即"首恶必办，胁从不问，立功受奖"的宽大政策，以消除他们的思想顾虑，并严肃地向他们指出，向人民政府彻底交代是靠拢人民的开始，是立功赎罪的最后机会，是对每个旧职人员的一种考验。其次由接管人员根据被接管单位的清册按册清点，逐项移交接收。按照原来的机关系统分别轻重缓急，再根据干部力量分别配置适当的干部分头进行点收。各单位接收的程序为：先接收文件、档案、物资，后接收人员。接管中，如发现隐瞒，则重新进行清查核实。

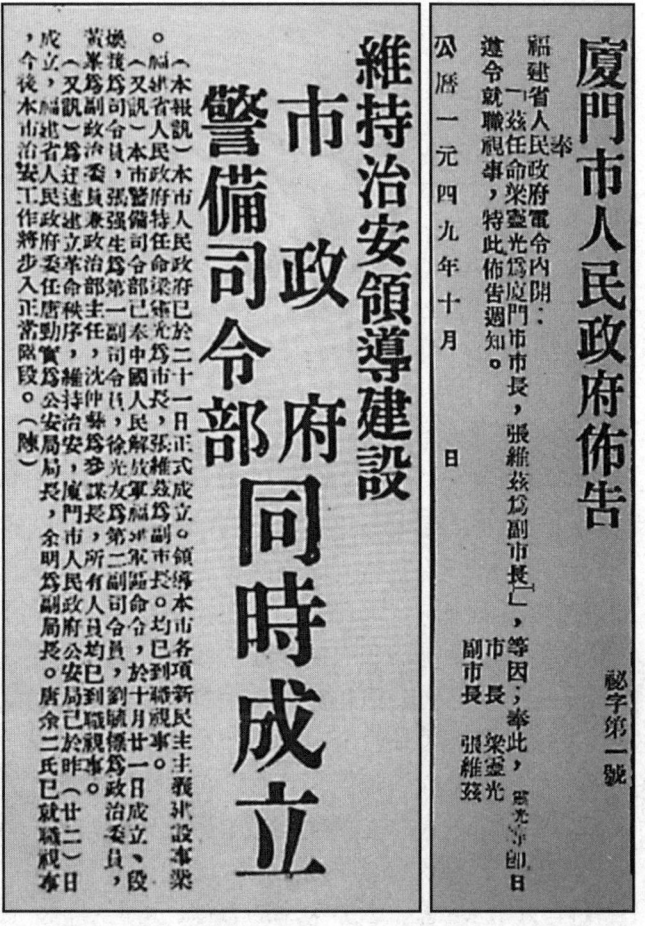

《厦门日报》刊登的厦门市人民政府、警备司令部成立快讯及有关人事任命布告

10月24日，市军管会政务部将国民党伪市府、伪区公所、福建流亡政府、伪法院等伪机关人员500余人集中到思明戏院，市长梁灵光对他们作集中动员训话。在详细分析当前形势后，他紧接着着重指出新旧政权的性质和区别：旧政权是代表少数反动统治阶级的利益而为帝国主义、封建势力与官僚资产阶级服务的；新政权则是由无产阶级领导以工农联盟为基础的人民民主专政，代表全国人民的利益。梁灵光向大家宣传了军管会的接管命令和人民政府的方针政策，责令他们对原机构的人员、财产、公物，

【165】

如实登记造册呈报。

关于政府对旧人员态度和处理的原则,梁灵光则指出,将根据"首恶者必办,胁从者不问,立功者受奖"的政策处理,除对少数罪大恶极为群众所痛恨的分子处罚外,一般不予追究。具体则是:一、凡愿为人民服务,而有一技之长者,政府量才录用;二、愿学习者政府组织起来进行教育,或转送学习机关,以后分配适当工作;三、愿回家生产或转业者政府帮助他转业或遣送回家;四、依靠特殊势力领干薪者或无工作能力者,经民主讨论后处理;五、对于罪恶昭彰为人民痛恨者即予开除或惩罚。至于旧人员的生活问题,则会在接管时期发放维持费,待接管后,正式录用者实行薪水制度。

此次动员教育历时一天半的时间,给旧职人员带来的震动很大,收效良好。军事管制委员会将旧职人员分组进行学习讨论,每组由旧职人员推选一人为组长,军管会也指定接管干部配合帮助他们深入学习梁灵光市长的讲话精神,学习我党的城市政策,并展开讨论漫谈,交流心得体会,以及进行自下而上、发动群众的彻底检查交代,以利于进一步查清部分隐瞒未报的物资、明确旧职人员的政治面貌。通过学习、座谈,旧职人员的思想顾虑进一步减轻,也对党的政策有了更深的了解,不少人的思想和立场都有明显的转变。军管会对他们作了客观评估,认为他们虽在国民党统治时期执行了反动政策,但真正甘心与人民为敌的还是少数,大部分人员为生活所迫,或误入歧途。他们当中相当一部分人具备一定的技术水平和劳动工作能力,只要经过改造,旧人员仍可做出贡献。因此,对他们采取团结教育、改造思想、量才录用的方针,坦诚对待,在生活上也给予适当照顾。

在上述教育改造之后,市军管会根据中共福建省委《关于处理国民党旧工作人员的指示》,结合厦门的实际情况开始初步审查和分批处理:凡是交代手续清楚,政治上无重大问题,而自愿转业回乡劳动谋生者,政府发给遣散费,让他们回乡参加生产劳动;凡政治上没有问题,又有一技之长,确为政府所需要,本人自愿留用的人员,则予以量才录用;凡政治上没有问题,又愿意留下工作而暂时无法安置的,则集中学习,等待分配。最后军管会根据各人的志愿和具体条件,发给遣散费返籍参加劳动生产的有2427人;介绍转业的256人;录取留用的1841人;投考军大的13人;进入旧人员训练班学习,待后视具体情况处理的有128人;擅自离职的62人。至1949年底,厦门原国民党政府机关旧人员的处理工作基本结束。

第六章 人民政权建立，全面接管旧政权

在市军管会政务部所接管的 20 多个机构中，除参议长陈烈甫、市长李怡星、地方法院院长林浩、高等法院首席检察官余高坚等少数政要头目逃走外，其余职员均留守，物资档案均保存完整，特别是市政府自秘书主任陈兢澜以下 128 人全部留守待命，照常办公。

由于接管计划的周密安排，接管人员全程认真负责、情绪饱满，始终坚持艰苦朴素、廉洁奉公的优良传统，整个接管工作忙而不乱、紧张有序，至 10 月底，各部的接管工作便宣告基本结束。

据统计，接收的单位总共 120 个，其中国民党中央直属机关 22 个，省属机关 19 个，市属机关 46 个，各种文化机关 21 个，军事系统 12 个。接收人员 4818 人，其中政务部 473 人，公安部 858 人，财经部 1136 人，文教卫生部 392 人，军事、海空军部 1959 人。

分析对厦门市原国民党政府机构顺利接管的原因，既有当时中国人民解放军在军事上已处于决定性胜利的因素，也有其他先解放的城市对于党的城市政策的深入宣传——这使得接管工作遭遇的阻力较小，一般的旧职人员均能迅速集中，甚至被动员协助办理移交工作，进行教育、处理或改造，相应的档案资料、财产、人才得以保存或承接。

对原国民党政府机构和旧职人员的接管工作的完成，标志着新旧两种政权的顺利交接，也意味着厦门市步入了中国共产党领导的、由人民当家作主的全新社会。

接管工作的又一项急迫任务则是治安，也就是镇压反动分子，肃清残敌，收缴一切反动残余武装力量，从而彻底摧毁敌伪反动统治机构。厦门是帝国主义侵华的一个立脚点，也是国民党在华南地区进行特务活动的中心。因而，不出军管会的所料，国民党反动派在逃离厦门前，在岛上安置了潜伏特务，暗中搜集情报，伺机散布谣言、制造混乱。此外，流氓活动、把头揽客破坏，以及被击溃的国民党军散兵游勇的肆意抢劫、贩卖军火，还有大批伤俘人员的滞留，都将使解放后的厦门局面变得复杂，只有及时处置，才不至于给 20 万厦门人民带来严重威胁。

市军管会公安部的接管人员首批进岛后，按既定方案，立刻分组接管了旧警察机构，并与人民解放军警备部队密切配合，成立治安委员会，统一步骤，分工合作，采取强有力的措施打击潜伏敌特的破坏活动，维护新秩序。

迅速处理散兵游勇和伤俘。设立 6 个收容所，将 3300 名来不及逃往金门的国民党散兵游勇和 2140 多名伤俘进行收容，在作短期教育后，发给路

费，分批遣送回原籍。被遣送者计有4600多人，另有220多人自愿留下加入工作。伤残严重者则由指定的医院予以接收，供给伙食、衣服和治疗。

厦门解放后一个多月里发生劫案19起，窃案74起，斗殴30起。抢劫猖狂的时候，曾有一夜发生4起之多，海上的抢更甚于市内。有的坏分子冒充人民解放军对群众进行敲诈勒索；还有的贩卖军火、烟毒、银圆，扰乱治安，扰乱市场。对于这些破坏性的活动，军管会根据中国人民解放军的约法八章，本着"首恶必办，胁从不问，立功有奖"的原则，对少数罪大恶极、不可挽救者加以严惩，使社会秩序很快安定下来。

作为鸦片战争后开放的五口通商口岸之一，厦门成为美帝和英帝商品倾销独占的市场，入超占全省入超60%以上。加之官僚资本对民族工商业的迫害以及自然环境、原材料的限制，厦门的工业基础十分薄弱。厦门海外通商频密，金融业则较为发达。据统计，解放前夕，在厦门开展侨汇业务的民信局有130多家，地下钱庄有40多家[7]；每月侨汇平均300万~500万美元之多，除了部分为侨眷维持生活之用外，多为国民党反动政府用于弥补入超，更有奸商利用此游资进行猖狂的金融投机。可以说，接管时的厦门金融业外币充斥市场，为美元港币所控制，金融极其混乱。

对于经济领域的接管主要由市军管会财经部负责，其下设财政、实业、贸易、金融、邮政、电信、交通、国税、盐务等9个接管组，同时还设有工商组对市场、商会进行调查研究。其中实业组人员多数是具有较高政治素质和业务水平的理工和农牧专业的大学本科生，当中不少人后来成了厦门经济建设中的骨干力量。

金融的稳定，既是经济恢复的基础，也是社会稳定的保障。解放后人民币如何快速进入金融市场，政府如何平稳物价，就成了当时接管工作必须解决的重要问题。

接管、改造旧机构，建立新的金融秩序势在必行。厦门素有闽南金融枢纽之称，金融业十分活跃，解放前全市钞庄达50多家，金店115家；金融机构也颇为齐全，除了中（央）中（国）交（通）农（业）四大银行和招商局，还有4家地方银行、15家商业银行，以及汇丰、华侨等9家外资银行和侨资银行。解放后，厦门一面对国民党政府的官僚资本金融机构进行接管，一面批准侨资银行、侨批业等复业、改造，集友、中南、华侨等银行均先后获批复业。1949年10月底，中国人民银行厦门分行成立，中国银行则作为国家外汇专业银行于10月24日开业。[8]

为树立人民币威信，10月21日，新成立的厦门市军管会发出布告：自

第六章 人民政权建立，全面接管旧政权

即日起，中国人民银行发行的人民币为统一流通的唯一合法货币，金银外币均为非法货币，禁止在市场上计价流通。但这也意味着老百姓手头的外币无法公开使用，定会转入地下交易，海外侨汇也会中断。意识到简单地"逐出外币"方式是行不通的，为了维护老百姓的权益，厦门将政策调整为允许人民暂时持有金银外币，由银行挂牌收兑。10月23日，中国人民银行厦门分行发出布告，对银圆进行挂牌收兑。

投资资本横行与物价上涨是当时金融领域面临的两大困难。人民币币值不稳，10月18日（厦门解放第二天），1美元折银圆1元，到21日，骤涨至1.40元，27日为1.78元；银圆与人民币的比价，银行收兑为1∶2000，黑市则在2100～2500元之间。不少银贩子乘机用美金收购银圆，又把银圆流往漳泉地区，牟取暴利。[9]对于公开在街

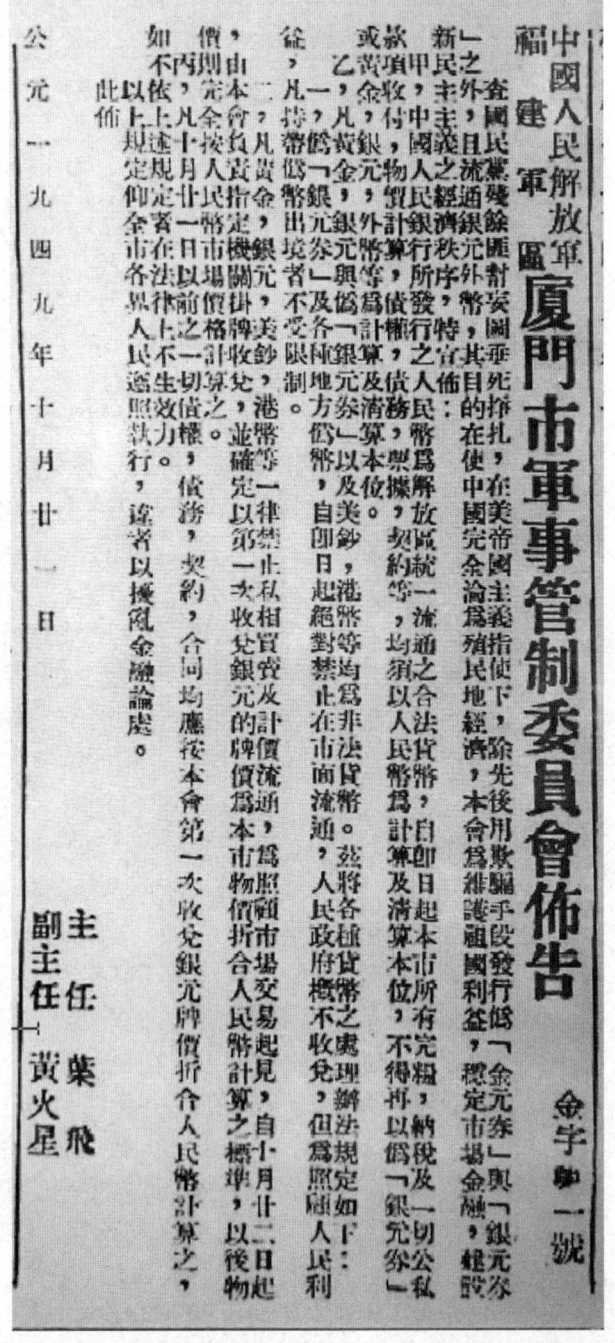

军管会关于人民币为唯一流通合法货币的布告

头买卖的银圆贩子，人民政府对他们进行了逮捕教育，使这一行为较快敛迹，但黑市仍在暗中活动。此外，在各种因素的影响下，彼时全国市场物价不断上涨，厦门也不例外，为了促进商品流通、打击地下钱庄活动，银行办理了通汇，至1950年1月上旬，厦门与省内外48处银行实现通汇，汇入近9亿元，汇出超21亿元；此外，为了吸收游资转入生产和维护老百姓的利益、免受货币贬值之苦，银行实行折实储蓄与一般存款，共收入存款6461089903.69元。

在随后的几年中，根据中央政策，厦门又通过清偿解放前存款等诸多政策，推动人民币威信的日益提高，逐步建立和完善的单一的人民币市场也得到了广大民众的拥护。

在侨汇业的接管上，厦门执行的基本方针是努力沟通侨汇，并在此方针下确定了三利原则，即利于侨民、利于福建、利于国家，鼓励侨汇业多收汇、多创汇、多奖励。具体办法主要有：动员民信局继续进行侨汇业务、委托银行帮助收汇、开展侨汇业登记和申报工作等。中国银行办理侨汇，刚开始时牌价太低，使得侨属利益一度受到影响，后来经过数次更动牌价，保障了侨民的利益。同时，还接连公布原币汇兑、原币存款办法、原币通知书、鼓励原币寄汇等多项利于侨民、便于民信局的措施。1949年11月11日，解放后第一批侨信到达厦门市，这意味着厦门的侨汇得到迅速沟通。11月份侨信数上升到15391件，相比解放前9月份的620件，增长了26倍。此后，随着解放后第一艘外轮抵厦，菲律宾、星岛、暹罗、缅甸等地信件接踵而至。[10]厦门通过执行全国统一收汇奖励制度、协助侨汇业建立会计制度等方式，大力扶持侨汇业，帮助其渡过短暂的困难时期，大大增强了经营信心和积极性，侨汇业经营状况好转。[11]

在复工复业方面，为使全市工商界人士了解人民民主政策，消除疑虑，照常营业，一系列工商界及各行业座谈会议相继召开。在了解党的政策后，生产经营者们恢复了生产信心。截至1950年1月初，各商业共有3217家，已复业者为2462家；全市工厂94家，开工的71家，已复业者60家，包括酿酒、机器、电池、制冰、饼干、砖瓦、炼油、肥皂、染织、橡胶、卷烟等。对于个别有困难而不能生产者，贸易公司则贷给生产资料以提供帮助。

其他各类经济工作也逐步恢复正常。例如，内河航运亦已初步恢复，保障城乡互助、物资交流；解放后，电信局立即恢复线路，照常营业；在未公布接收前，地税征收处即通告成立，开始征收地方税，以增加财政收入和巩固人民币的市场；为调剂物资、引导城乡交流与对外贸易而成立的

第六章　人民政权建立，全面接管旧政权

贸易公司，颁布了出入口条例，鼓励输出，争取输入，努力突破国民党的封锁。它部分解决了群众需要及土产销路，如在物价波动中贸易公司曾抛售大米 20 万斤，油 4000 余斤，也解决了市民零售需要，吸收通货 6 亿元（旧币）以上。

厦门解放的第二天便开始接管文教机构。解放前，厦门市共有公立中学 5 所，即省立厦门中学，省立高工职业学校，国立华侨师范，市立第一、第二中学。私立中学 10 所，即双十、英华、大同、粤侨、中华、毓德、怀仁、幼师、厦大校友中学和美华中学。其中，侨师于 1949 年 7 月为伪教育厅命令停办，省立高工的学生多在闽西内地，市立二中因战火学生分散，故而解放后接管的公立中学有两所：省中及市立一中，此外还有公立小学 20 所、私立中学一所。解放后 80 所大中小公私立学校一般停课半天至 2 天即复课，学生共有 13025 人。同时新建了民众夜校 5 所，学生 811 人。

军管会教育部从 10 月 20 日开始，从公立到私立、从中心学校到国民小学进行广泛访问，随后向各校传达军管会命令，对各校的行政组织、训导制度、课程标准、经费问题进行深入的研究，确立了维持原状、逐渐改造的方式，在行政方面不作重大改变。例如，在制度上，仅要求取消反动的训导制，取代以生活指导委员，并在可能条件下组织校务委员会，逐步使学校管理合乎民主集中制原则；在教学上，仅取消党义与公民课程，删除一些反动科目，采用政治经济学、青年修养、论人民民主专政为政治课程等。

接管工作在陈嘉庚先生所创办的厦门大学受到了热烈欢迎。解放军进城后，厦大学生就主动帮助维持秩序，打扫战场，收集游兵散勇和枪支。解放前，该校被迫迁移到鼓浪屿上课，一些进步的教员、学生和工友被反动派逼走或逮捕屠杀，这给解放后的复课带来了一定的困难。为了做好厦大的接管工作，10 月 20 日，市军管会特发布教字第 1 号令，委派军代表吴强、肖枫接管厦门大学，组建新的厦大党支部。10 月 24 日，厦门大学全校师生、员工、家属等数百人举行欢迎接管大会。会上，吴、肖代表报告接管意义、教育方针、学校前途，并宣布取消训导制度及反动课程，勉励师生为建立新民主主义的新厦大共同努力。到了 12 月，厦门大学理、工两学院八系首先招收新生 135 名，开始复课。

新闻出版方面，1949 年 10 月 22 日，借助《星光日报》的全套设备，《厦门日报》发布创刊号，《本市军管会成立》《本市秩序迅速恢复交通邮电多已复业》《中国人民解放军布告》……创刊后的《厦门日报》迅速成为人民

政权的喉舌，在扩大宣传、澄清谣言、稳定民心上，起到了十分重要的作用。两个月后，厦门人民广播电台开始试行播音，除了转播京沪新华电台新闻，还播送本省市的新闻。这期间先后被接管的共有5个通讯社或报馆、2个印刷所，2个广播电台，其中如《星光日报》由于过去接近官僚资本，被责令停刊；《海疆日报》作为反动派报纸也已停刊。

市立图书馆被接管后，战犯所著及封建迷信、奴化的反动书籍等相继得到清除，革命书报及领袖像等陆续添置，共接收图书27268册。在书店、剧场、戏院里，宣扬反动思想、封建迷信、低级趣味的书刊或戏剧、电影不见踪影。进步书刊、新文化书报、新编印书籍摆进了新华书店，在短短两个多月的时间里，这家书店就卖出了86458册书，以毛泽东主席著作销数为最多。

文艺领域，在接管国民党九军京剧团、思明戏院的同时，尽快打开文艺工作新局面也早早地提上议事日程。解放后成立了文联；先后召开了三次文艺界座谈会，讨论开展新文艺工作，对旧艺人也专门召开一次会议。为打造厦门本土的新型文艺团体，新成立的文艺工作团招收了50名文艺青年，并试演了方言剧《王贵与李香香》，获得好评。市文联、文工团对闽南地方戏、土调、民歌等民间剧目进行详细的资料收集和调研，提倡用方言写剧本、填土调，供给用方言说书的材料；市军管会文教部帮助各戏院复业，帮助丽声歌舞团、天仙京剧团排演新剧，同时还辅导与改良旧戏，如地方戏、评剧等。文化宣传机构在进城的头四个月就配合中心工作进行了7次全市性大规模的宣传活动。1950年新年，美术展览、歌咏、晚会、戏剧公演等丰富多彩的文艺形式便呈现在厦门人民面前。一个又一个新生文化思想宣传阵地建立起来，使厦门人民的文化生活耳目一新。

1949年9月，厦门青工队在泉州成立；1950年1月22日，中国新民主主义青年团厦门市工作委员会在厦门成立。

1949年11月，厦门市总工会筹备委员会建立，包括了15个企业、3个行业及码头工人。在筹备会领导之下，电讯局、西装业和厦港区的渔民均组织了筹备会，为了加强航运，船工自己办了个民船联运站，组织职工3200余人；厦港、禾山两个区均成立了农协筹备会；全市学联、文联、侨联筹备会也先后组成。工人们有了自己的组织后，在各自岗位上表现得更加积极。比如，码头工人取消了封建的超额剥削（过去伪工会与工头们剥夺走工人70%的工资，解放后已全部为工人所得），规定了新的工作制度，劳动热情大涨，工作效率大大提高。如太古码头工人一夜装卸货物达60

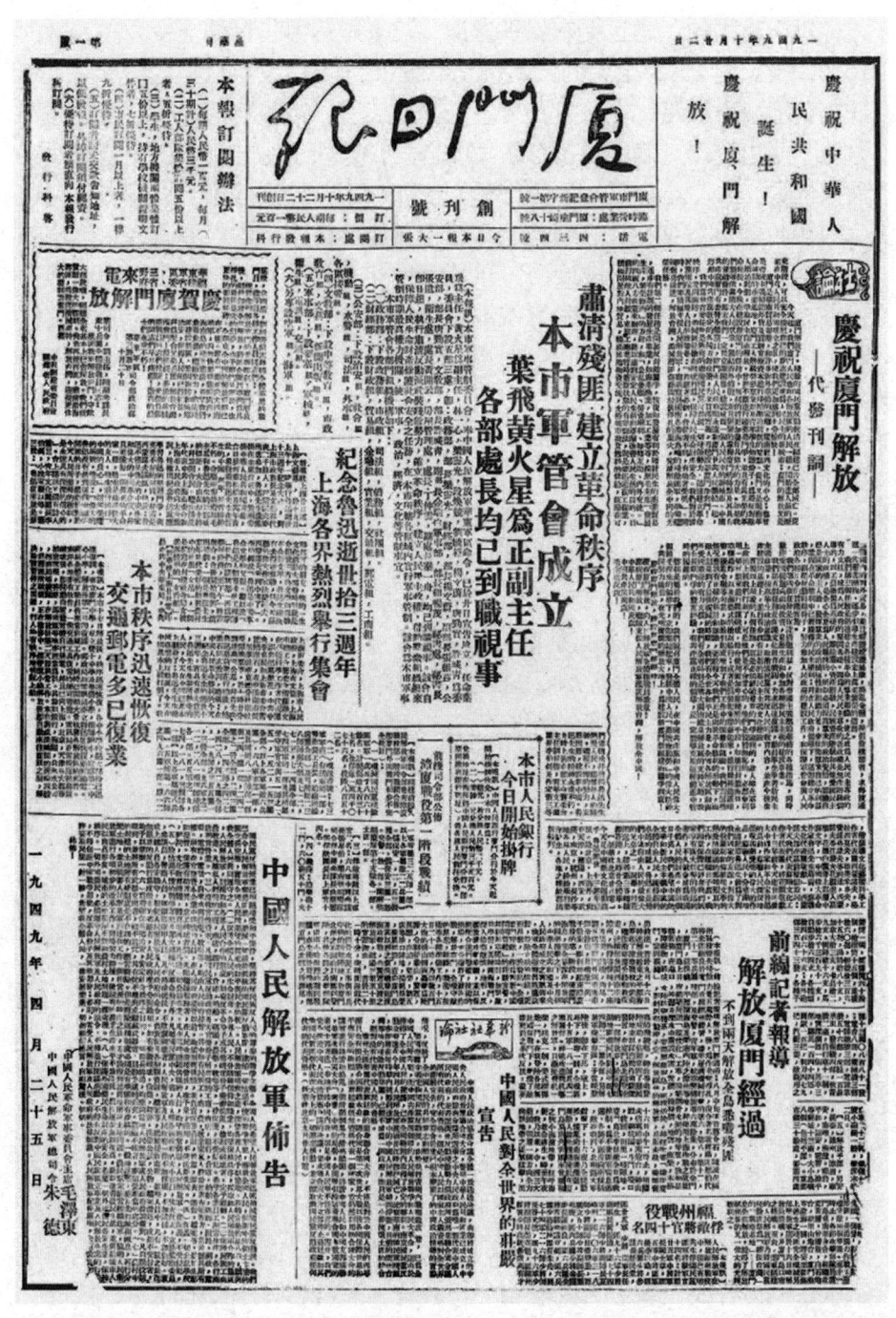

第六章 人民政权建立，全面接管旧政权

1949年10月22日，《厦门日报》创刊

吨，对于货物的运送也更有保护意识，过去搬运中货物的损失约占总数的10%，减少到1%；电厂的工友修复二座25千瓦特发电机；电讯局职工不辞辛苦地抢修线路，在敌机扫射下仍坚持工作；裁缝业与皮鞋业师徒与资方为了通力合作克服困难签订了集体合同，兼顾了双方利益，使劳资关系渐行正常。工人俱乐部也组织起来了，提倡积极向上的文化娱乐活动。

1949年底，厦门市归国华侨联合会筹委会成立；次年8月，厦门市归侨联合会第一届会员代表大会召开。1950年3月，厦门市民主妇女联合会筹备委员会和厦门市工商联筹备委员会先后成立。工商联筹委会成立后便开始整顿和改组各种旧同业公会，至1952年7月止，共成立了76个同业公会筹备委员会。

作为党和政府联系群众的桥梁和纽带，工、青、妇、工商联、侨联等群众团体在成立后积极开展工作，使厦门人民紧密地团结在党的周围，攻坚克难，努力恢复发展经济，掀起建设厦门的热潮。

厦门共分五区，接管队伍进入厦门后即适当改划区界，以便于行政领导和治安维持。

在民政工作方面，救济荣烈军工属成为常态工作之一，包括对原有的一所救济院进行接收和整顿，截至1950年初，已安置革命军人家属6人，救济荣誉军人4人，救济烈属5户，救济支前船工36户，船属4户；同时设立社会救济13处，收容资遣流亡学生7人，资遣旧人员308人。在民政工作日趋恢复正常后，一些民事案件与劳资纠纷案件也开始相继受理，包括工资纠纷、民事房产纠纷、离婚、债务纠纷等等。

在卫生工作方面，卫生部门建立后，就随即开展市区扫除垃圾及消毒工作，一周内就清除垃圾1568900余斤，并对菜场、屠场、公厕、僻街、小巷进行了重点消毒；建立了防疫旬报制，各区开展防疫、捕鼠、检验等工作。厦门省立医院于接管第三日即照常进行医诊工作，鉴于缺乏护士，经省政府批准，该院开始设立护士学校。

在公用事业领域，市电灯公司解放前夕遭国民党军队的严重破坏，厦门市民生活大受影响。接管后，市军管会一面帮助电灯公司解决小型发电机、路灯等问题，一面帮助修复被蒋军炸毁的中华电厂。由于工人自觉开展护厂斗争，使特务分子拆卸电厂设备运往海外的阴谋未能得逞，多余的较大型发电机也为市电灯公司所利用，厦门全市得以重见光明。其他如自来水、电话等公用事业，则兼顾公司合理利润与市民的负担能力，核定出较为适当的价格。解放后通讯从未间断，有线、无线电报也快速恢复，长

第六章 人民政权建立，全面接管旧政权

期停顿的闽西南线得到抢修，与国内各地（除台湾外）的通讯均实现畅通，与马尼拉等国家的通讯恢复后，到1949年底，每天收发报已近1500份，厦门对外通信信件日最高纪录达到了14041封。

厦门解放时，航运陷于瘫痪状态，经过两个多月对公有机轮、各私有轮船、帆船、渔船的积极修复，石码、同安一带等陆续恢复航运，为运输厦门城乡军民物资提供了保障；轮渡公司的船只经过修理后，厦鼓间的日常交通也得到恢复。

海堤修筑、农田保护工作也快速推开，大同路、思明北路、定安路等几条残破的主要马路得到修补；几大公园首先禁止破坏、砍伐树木，经清洁整理后开放，供市民游览。

城市接管工作不仅是政治、经济、文教、社会各领域的接管改造，更是一场复杂的新旧交替的重大政治斗争。实行军事接管，是为了避免新旧交替时可能产生的动乱和破坏，确保生产有序恢复和社会秩序的正常过度。接管工作基本结束后，便着手筹备召开人民代表会议，实行民主建政。

1950年1月12—17日，厦门市第一届各界人民代表会议正式召开，与会的225名代表大部分经过民主选举产生，这在厦门史无前例。

在开幕词中，梁灵光指出此次会议的三个任务主要：虚心听取各位代表的意见；认真研究本市当前的情况，定出厦门市今后的施政方针与任务；根据大家提出的提案，参照目前的客观条件与主观力量，选择两三个重要的迫切需要解决而可能解决的问题。[12]

会上，军管会副主任黄火星代表军管会、市政府，从接管的方针步骤、数字统计、军管时期的具体工作及接管工作的检讨等四个方面，作了两个半月以来的接管工作报告。具体接收的物资数据如下：

金银货币：黄金129.981两，银圆120208.98元，美钞94801.32元，港币89205.27元，菲币298元，国民党中央储备券747419元，人民币535269元。

武器弹药：步枪635支，机枪18挺，短枪178支（战场缴获的除外），各种子弹2476692发，炮弹29403发，空军照明弹580发，信号弹484发，烟幕弹170发，炸药41箱

车辆船只：大汽车完好的39辆、破损的50辆；中小汽车完好的15辆、破损的16辆；脚踏车完好的96辆、破损的21辆，其他车百余辆（包括货车、火车、人力车），汽艇10艘。

液体燃料：汽油688桶又37加仑，机油112桶又37加仑，柴油711桶

又 2 加仑，柏油 54 桶，煤油 52 桶，其他油 438 桶 45 加仑，煤炭 2060 吨。

被服装具：被服 6091 件，军衣 12319 套，鞋子 19587 双，麻袋 68671 只，毛巾 45938 条，袜子 5608 双，蚊帐 308 顶，布 957 码 13 匹又 43 块，皮带 3422 条。

各种仪器、机车、发动机：飞机 2 架（已坏），空军器材 114 件，碎石机 2 部（坏 1 部），汽车发动机 1 部，飞机发动机 14 部，汽车起重机 3 部，碾路车 2 部，牵引车 1 部，发电机 21 部，显微镜 9 架，无线电台 1 座，收报机 43 架，发报机 31 架。

其他：医药器材 1014 件，药品 1818 种（省立医院厦大除外），房屋 287 座，家具 12093 件，大米 1721460 斤。[13]

随着接管工作顺利完成，新的民主管理机构逐步建立。在整个接管过程中，全体接管干部始终以为人民服务的决心，严格执行各项政策，发扬艰苦朴素、廉洁奉公的优良作风，爱护国家财富，接管的国民党财产和各种官僚资本财产，成为日后建设新民主主义政权的物质财富；在接管国民党反动统治机构后，又废除保甲制，改造基层组织，彻底终结国民党反动统治，取而代之以新的人民政权。[14]正如林一心在厦门市第一届各界人民代表会议上的报告中指出的：我们今后的方针，是要做到"全市人民团结起来，积极支援解放战争，粉碎敌人的封锁，克服困难，建设人民的新厦门"。开启新厦门建设的厦门人民，在解放初期努力生产，投入各项工作，致力于"把消费的旧厦门变为新的人民的城市"。

注释：

[1]《福建省人民政府布告（总字第一号）》，1949 年 8 月 24 日。

[2] 中共厦门市委党史研究室编：《鹭岛新生——厦门城市接管与社会改造》，中央文献出版社 1997 年版，第 11 页。

[3] 中共厦门市委党史研究室编：《风雨鹭江——厦门闽中地下党的回忆与史料》，中央文献出版社 2000 年 8 月版，第 248 页。

[4] 中共厦门市委党史研究室编：《风雨鹭江——厦门闽中地下党的回忆与史料》，中央文献出版社 2000 年 8 月版，第 194 页。

[5] 中共厦门市委党史研究室编：《风雨鹭江——厦门闽中地下党的回忆与史料》，中央文献出版社 2000 年 8 月版，第 145 页。

[6] 中共厦门市委党史研究室编：《中国共产党厦门历史（1949—1978）》，中共党史出

版社2013年版,第3页。

[7] 中共厦门市委党史研究室编:《鹭岛新生——厦门城市接管与社会改造》,中央文献出版社1997年版,第115页。

[8] 中共厦门市委党史研究室编:《鹭岛新生——厦门城市接管与社会改造》,中央文献出版社1997年版,第121页。

[9] 梁灵光:《接管厦门》,《福建党史月刊》2009第18期,第157~170页。

[10] 中共厦门市委党史研究室编:《鹭岛新生——厦门城市接管与社会改造》,中央文献出版社1997年版,第46页。

[11] 中共厦门市委党史研究室编:《鹭岛新生——厦门城市接管与社会改造》,中央文献出版社1997年版,第123页。

[12]《梁灵光市长致开幕词》,《厦门日报》1950年1月13日。

[13] 厦门市档案(馆):《厦门解放》,厦门大学出版社2002年版,第370~371页。

[14] 中共厦门市委党史研究室、厦门市档案局(馆)编:《中国共产党厦门市历次代表大会重要文献选编》,中共党史出版社2007年版,第4页。

第七章　防特肃奸镇反，巩固人民政权

第一节　防特肃奸剿匪

厦门与国民党军队盘踞的台湾、金门仅一水之隔，解放初期，两岸仍处于战争状态。此外，被人民解放军击溃而来不及逃往金门的国民党散兵游勇以及大批伤俘人员仍滞留在岛上，这对厦门的社会治安和人民群众的安全构成严重威胁。

1950年9月，美国悍然发动侵略朝鲜战争，同时把第七舰队开进台湾海峡。台湾蒋介石集团乘机叫嚷"反攻大陆"，不断向大陆派遣特务，给潜伏在内地山区的武装土匪空投武器、弹药、通讯器材，命令他们进行反革命破坏。

早在国民党统治时期，其军统、中统、国防部二厅、宪兵等系统在厦的特务机构以及反动党、团组织与本市的封建势力、流氓派系、反动会道门等紧密勾结，渗透到社会各个角落。解放前夕，又有大量国民党的党、政、军、特人员溃退岛内，特别是特务头子毛森担任厦门警备司令后大搞白色恐怖，并组建东南人民反共救国军闽南军区武装特务机构，成立8个纵队，妄图以厦门为中心，在闽南一带进行反革命潜伏应变活动。

厦门解放之初，潜伏下来的、从金门偷渡过来的特务与残留在厦门的反革命组织、土匪相互勾结，疯狂进行收集情报、暗杀和各种破坏活动。妄图在厦门举行武装暴动，颠覆我人民政权。还有匪特组织"中国革命联盟会"策划炸毁贸易公司、电话公司、思明戏院;"厦码(厦门、石码)独立支队"组织暗杀队,企图在国庆日全市举行庆祝游行活动时,暗杀领导干部。原国民党保密局潜伏特务,在市区密设电台,刺探我军事情报和港口轮船进出情况,指示敌机轰炸目标。1950年6月27日,两架敌机轰炸太古码头,炸死18人,炸伤26人。

他们到处抢劫杀人、造谣惑众,袭扰人民政府机关和百姓,对新生人民政权造成极大威胁。特别是同安县,匪患更为猖獗。1950年,同安县境内共有土匪19股,发生抢劫案477起,被土匪杀害的基层干部和群众达60人。匪首柯宝珍担任反共救国军漳厦纵队司令后,四处收罗土匪发展武装特务组织,并在同安五峰莲花山区一带烧杀抢掠。1950年3月6日,陈生仁、陈福兴等土匪在南山社绑架杀害农会干部王九汝。同日,邱清波、叶章等匪徒在南安与同安交界的大湖一带抢劫乡民与旅客106人,劫走大量财物。9月19日,解放前长期横行于角尾、灌口一带并加入国民党特务组织,解放后继续为匪的匪首王小鲛绑架杀害莲花乡民兵副队长陈番仔。贫农郭宽因向人民政府报告匪情,全家也惨遭土匪杀害。10月16日,匪首郭精言、陈秋成等在同安至安溪公路御史岭拦劫客车,杀害旅客14人,打伤8人。

这些反革命分子还与流氓分子相勾结,明目张胆地行凶抢劫,厦门治安形势也极为严峻。在解放后的两个半月中,厦门市就发生抢劫案58起、偷窃案139起、贩卖军火案30起、贩卖烟毒案38起、扰乱金融案33起。11月中下旬,曾一夜发生抢劫案4起。更为恶劣的是,犯罪分子竟冒充人民解放军对群众进行敲诈勒索。这些抢劫、盗窃、诈骗、扰乱社会治安的破坏性犯罪活动,严重威胁着人民群众的生命安全。位于中山路厦门日报社楼下的一家商店,大白天被一伙匪徒洗劫,引起社会震动。从1949年10月17日厦门解放之日起至1950年底,发生重大盗匪抢劫案106起,凶杀案11起。

面对严峻的斗争形势,厦门市人民政权建立后,即把整顿治安和打击敌特匪霸的反革命犯罪活动作为工作重点来抓。为打击敌特与社会黑势力的破坏活动,整治岛内的社会治安,厦门警备司令部与市公安局密切配合,成立了治安委员会,统一部署,分工合作,集中力量处置国民党散兵游勇和伤俘人员,收缴流散在社会上的武器弹药。厦门警备司令部还成立了收容站,5个警备分区也设立临时收容所。在短短的半个月内,就收容了滞留在岛内的散兵游勇3324名、伤俘人员2140名。这些人被收容、医治并作短

1949年11月10日《厦门日报》有关收容散兵的报道

期教育后由政府发给路费分批遣送回原籍者有4600多人,自愿加入革命队伍的有220人。通过收容、处置散兵游勇和伤俘,散兵和伤俘人员流离街巷的现象在较短的时间内得到解决。与此同时,收缴隐藏非法武器的工作也同步进行。从1949年12月15日至12月30日止,共登记民枪35支,收缴机枪2挺、步枪11支、短枪6支、子弹5340发,进一步消除了岛内的治安隐患。

为严厉打击敌对势力的破坏活动,建立和维护革命秩序,驻厦警备部队和公安机关依靠人民群众,根据"约法八章",本着"首恶必办,胁从不问,立功受奖"的政策原则,针锋相对地开展反特肃匪斗争,同时对破坏社会治安的各种犯罪活动进行严厉打击。这期间,共破获特务案件19起,逮捕了国民党反共救国军闽西纵队司令(原保密局闽西南分站龙岩组组长)林一声、自卫军漳属纵队副司令连英豪、原国民党国防部三八一一部第七大队部队长夏剑秋、反共救国军总队长莫清苞及行动总队副大队长陈成德等,并将毛森在厦时屠杀革命志士的刽子手、原国民党厦门警备司令部军法官魏光清等人缉拿归案,缴获敌特电台4部。同时,还破获了一大批行凶抢劫、盗窃、贩卖军火烟毒等刑事案件,抢劫杀人犯李水桶、吴永福被

第七章 防特肃奸镇反，巩固人民政权

执行枪决。反特肃匪和严惩危害社会治安的犯罪活动，有力地打击了敌特和犯罪分子的嚣张气焰，使岛内的社会秩序很快安定下来。

在整顿社会治安期间，捕捉的人犯除首恶必办外，对大多数胁从者主要采取教育改造的宽大政策，经教育后交保释放了356人。由于释放这些人时对群众缺乏政策宣传和解释，曾引起群众的误解，认为这样处理过于宽大。对群众的此类反映，市军管会极为重视，公开表示今后要更好地改进工作。

在匪患猖獗的同安，县委、县政府坚决执行省委关于"以剿匪为压倒一切中心任务"的指示精神，于1950年与同安驻军共同组建同安县剿匪指挥部。人民解放军和县公安机关在县剿匪指挥部的统一领导下，认真贯彻"军事清剿、政治瓦解和发动群众相结合"的方针，集中力量组织部队、公安战士和干部群众搜山围捕。同时，各乡都召开干部会、群众会、知情者和匪属座谈会，宣传"首恶必办，胁从不问，立功受奖"的政策，加强政治宣传和政策攻心，并通过广播、墙报、标语、布告等形式，在全县范围内大力宣传党的剿匪和治理匪患的方针政策，军事清剿与政策攻心并举，有效地围剿和分化瓦解土匪队伍。

1950年春，同安县在灌口公审处决了血债累累的国民党水上纵队分队长陈曹。5月26日，在县城公审处决了在厦门鼓浪屿捕获的同安大土匪、大恶霸、闽台赣反共救国军司令叶金泰。在县剿匪指挥部的统一领导下，人民解放军和公安机关发动和依靠人民群众，在多次的剿匪战斗中先

1950年5月28日《厦门日报》刊载公审叶金泰的消息

后捕获郭精言、陈秋成、康继、林国忠等多名匪首,当场击毙匪首柯宝珍、惯匪叶芳展、薛宝忠和黄凤鸣等37人。匪首王仔婴(王杰)也落网并被押往龙溪地区正法。与此同时,通过政策攻心和分化瓦解工作,争取了一些匪首投诚自新,促使大量土匪迅速瓦解,前来自新登记者达331人。

在剿匪中,同安县县长许昭明不但亲自带队剿匪,而且深入匪穴做争取瓦解土匪的工作。同安县的广大干部群众也表现出高度的政治觉悟和无所畏惧的牺牲精神,他们冒着生命危险,积极参加剿匪斗争,许多群众及时报告土匪踪迹,有的亲自给部队带路,有力地支持了剿匪斗争的开展。在剿匪战斗中,同安县三区区长何建智和区委委员石天宝英勇牺牲。在全县军民的浴血奋战下,全县两年间共肃清土匪1277人(其中匪首40人,惯匪589人),缴获机枪冲锋枪24挺、长短枪725支、子弹3775发。除对那些罪大恶极的匪首、惯匪从严判处死刑或死缓刑外,有262人被判处有期徒刑、250人交群众管制,其余的大部分经教育后给以宽大处理。至1951年底,同安境内的匪患基本肃清。同安县广大人民群众无不拍手称快,新生人民政权也得到巩固。

第二节　镇压反革命

敌特及国民党反动政权残余的反革命势力在全国范围内猖狂破坏,给新中国的社会稳定、生产恢复和民主改革的进行带来极大的危害。因此,严厉打击一切反革命的破坏活动,铲除反动政权残余的社会基础,成为这一时期共产党加强和巩固人民民主专政,建立革命民主新秩序,恢复和解放生产力的一项重要举措。

在镇反斗争中,中共厦门市委、市人民政府坚决贯彻中央的指示,将镇反运动作为这一时期党的中心任务之一。从1950年12月起,全市大张旗鼓地开展镇压反革命的群众运动。在厦门市委的统一领导下,各单位组织发动广大干部群众,学习中央文件,控诉和揭发特务分子和各类反革命分子的罪行,结合抗美援朝运动,广泛开展群众性的镇反运动宣传。市人民法院根据"稳、准、狠"的方针,及时判处一批罪大恶极的反革命分子死刑,有力地打击了反革命分子的嚣张气焰。

第七章　防特肃奸镇反，巩固人民政权

1951年4月27日《厦门日报》有关民兵检阅的报道

1951年3月5日，厦门市各界人民代表会议协商委员会召开会议，听取市公安局长余明关于镇压反革命分子的报告。为表示保卫世界和平、巩固海防、坚决镇压反革命的决心，4月26日，全市2000余名纠察队员和民兵在中山公园接受梁灵光市长的检阅并举行示威游行。5月1日，全市7万军民举行以保卫世界和平、巩固海防、镇压反革命为主题的示威游行。5月17日至19日，在市第一届第四次各界人民代表扩大会议上，梁灵光市长以镇反工作为主题作了专题报告，群众代表在会上控诉反革命分子的罪行，一些受到从宽处理的犯罪分子则在会上坦白交代，全市5万多群众收听了会议实况广播。会议期间接到群众控诉和揭发反革命分子罪行的电话达200多个、信件百余封。

1951年5月18日《厦门日报》报道"反特治安展览会"开幕的消息

  5月18日起,厦门市治安反特展览会开幕。展会展出了已破获的反革命特务组织和特务分子大量的实物罪证,展期44天,观众达6万余人。在展览会上,被捕的国民党保密局厦门潜伏组电台台长向群众坦白认罪,受到从宽处理。在镇反运动期间,同安县也举办治安反特展览会,有25000余名观众观看展览接受教育。5月21日,市军管会发出布告,严令一切反动党、团、特务人员履行登记,坦白自新,并公布《厦门市反动党、团、特务人员登记实施办法》。这一工作得到广大群众的拥护支持,共有19个团体和956名群众向人民政府举报。在强大的政策攻势和群众威力下,至6月25日,全市办理登记的反动党、团、特务人员达1639人。

  全市大张旗鼓、广泛深入地开展镇反运动的宣传,充分发动群众踊跃投入镇反斗争,厦门的镇反运动很快成为人民群众和人民政府的共同行动。反革命分子空前孤立,无处藏身。市公安机关在广大群众的协助下,深入调查取证布控,侦破案件,先后逮捕了一大批严重危害人民的土匪、特务、恶霸、反动会道门的头子、角头流氓头子及其他现行反革命分子。人民政府认真贯彻执行镇压与宽大相结合的政策,对那些罪大恶极、民愤极大的反革命首恶,坚决镇压;对大多数胁从分子,或确已悔过坦白的罪犯,则从宽处理,促使残存在厦门地区的反革命势力土崩瓦解。镇反运动取得如下重大成果:

第七章 防特肃奸镇反，巩固人民政权

（一）破获大批潜伏的特务组织和反革命组织。1950年10月至12月，公安机关连续破获盘踞在金门的国民党第十二兵团福建游击总部所属的几个武装特务组织；10月10日，破获以周晨为首的厦码独立支队；11月13日，破获以游德元为首的第九纵队；11月24日，破获以鲍长贤为首的第四纵队；12月13日，破获以洪鼎鸣为首的第十纵队；12月24日，同时破获以刘铁桥、蓝阶山为首的第八纵队第三支队和以施国雄为首的独立支队。这些特务组织，主要由一些接受金门特务指令的匪霸、流氓、反动军官等社会渣滓纠合而成。以上匪首，除鲍长贤被判处有期徒刑外，其余均被判处死刑。1951年1月7日，公安机关同时破获由金门特务头子王盛传所指挥的反共救国军鹭江纵队、厦鼓行动队及三五反共救国工作团等武装特务组织，匪首白松根、黄玉衡、曾鸿禧、梁武科以及3月6日在同安落网的鹭江纵队副司令王自璜均被判处死刑。1951年2月，同安县破获由金门偷渡潜入的反共救国军闽南纵队特务、同安站正副站长张安然、陈再辉，二特务均被判处死刑。1951年4月13日，破获国民党国防部青年救国军直属行动总队第二大队，匪首吴景熙被判处死刑。1953年1月9日，破获闽粤边区反共救国军第四纵队，匪首曾清辉、张文明被判处死缓刑。

（二）镇压一批罪大恶极的土匪、恶霸和反革命骨干分子，维护了社会安宁。这些被镇压的反革命首恶分子包括血债累累的国民党厦门警备司令部侦讯科长沈步峰；1949年11月16日晚在厦门中山路25号抢劫并杀害医师叶全泰父子两人的国民党九八七一部队特务吴在川；解放初多次纠伙行凶抢劫的反共救国军闽南军区直属行动总队指导员陈永明；解放初纠伙抢劫已遂及未遂共33次的中美合作所重庆训练班特务陈憨、庄国恩；大汉奸、日伪厦门市市长李思贤；禾山区恶霸陈宝琦、孙嘉武、薛笃生等；同安县公审处决了后坑三霸李宗辇、李宗题、李宗盼。该三犯分别担任过国民党的保长、县长秘书和县党部监察委员，长期在后坑一带欺压百姓，搜刮民膏，强奸霸占民女，有15尸16命的血债。国民党同安县党部书记长、中统特务王澄沂等一批反革命分子也受到镇压。为了打击长期横行于厦门码头的几股封建势力，市公安机关还在码头工人中发动群众，开展民主改革和反霸斗争，将长期操纵码头，欺压盘剥码头工人，煽动械斗的封建把头陈勃水（反共救国军宝山纵队第五总队长）、吴妙基、吴桶水（反共救国军分队长）等人判处死刑，纪凤瑞等人判处有期徒刑或管制，从而彻底解决了历史上长期困扰厦门码头的陈、吴、纪三族姓纠纷和封建势力剥削压榨码头工人的问题。

（三）铲除遍布市区的角头流氓帮派。解放前，厦门市区共有十多个角头流氓帮派，主要是：草仔垵派、城内派、关隘内派、厦港派、大王派、二王派、鼓浪屿派、美仁宫派、寮仔后派等。这些流氓帮派，依仗国民党特务、警探、官僚、党棍为靠山，称王称霸，长期横行于社会。厦门解放前夕，除和凤宫派和山仔顶派的流氓头子逃往香港，另一部分帮派头子逃往台湾外，尚有许多流氓帮派解放后仍在市区继续为非作歹，抢劫诈骗，危害百姓，有的还接受国民党特务机关的指派，进行特务活动。在镇反运动中，市公安机关依靠人民群众，铲除了这些危害厦门百姓数十年的角头流氓帮派。如草仔垵派的吴永福、李水桶率同伙在解放初抢劫7次。该派的赵福山解放前夕逃往香港，1950年又接受特务任务潜回厦门。此3人被捕后均被判处死刑。城内派的头子沈步峰和吴景熙、白士奇因特务活动被镇压，有反革命血债的陈福仁被判处死刑。关隘内派的黄永吉、廖松龄因特务活动被捕后被判处死刑。厦港派的骆歪（中统特务）解放后伙同他人继续贩卖鸦片，被判处死刑。大王派的陈粪扫解放后因抢劫多起被判处死刑。二王派的陈维辉（特务）解放后仍豢养扒手，坐地分赃，被判处死刑。鼓浪屿派的三名头子黄豆芽（毛森警备司令部爪牙）、林荣翀、黄宝德（两人均为反共救国军特务）解放后仍开设赌场、收购军火资敌，三人均被判处死刑。美仁宫派的头子林芋头（反共救国军特务），密谋策划组织暗杀行动，被判处死刑。寮仔后派的头子洪天生（国民党警察局情报员），解放后纠集王清池等人抢劫多起，洪被判处死刑，王清池等人被判有期徒刑。

（四）举办反动党、团、特务人员登记，摧毁国民党、三青团等反动组织。1951年5月21日，市军管会根据厦门市各界人民代表扩大会议决议，发出布告，严令一切反动党、团、特务人员履行登记。同时颁布的《厦门市反动党、团、特务人员登记实施办法》规定，反动党、团登记对象为：国民党区分部委员以上、三青团分队长以上、青年党区分部委员以上和民社党区分部委员以上人员；国民党员或三青团员中，曾担任蒋军连级（或上尉）军官以上人员。特务人员登记对象为：凡参加国民党保密局（军统）、内调局（中统）、国防部二厅和其他系统的特务组织以及帝国主义特务间谍机关的人员。办法严令上述人员履行登记，坦白自新。登记工作历时一个月，于6月25日结束，全市办理登记手续的有1639人，其中特务分子706人，国民党等反动党派骨干分子336人，三青团骨干分子442人，其他指定应登记者155人。同时还缴获各种枪支96支（其中长枪28支，短枪68支）、子弹9756发、电台3部、通讯器材124件、各种反动证件822件

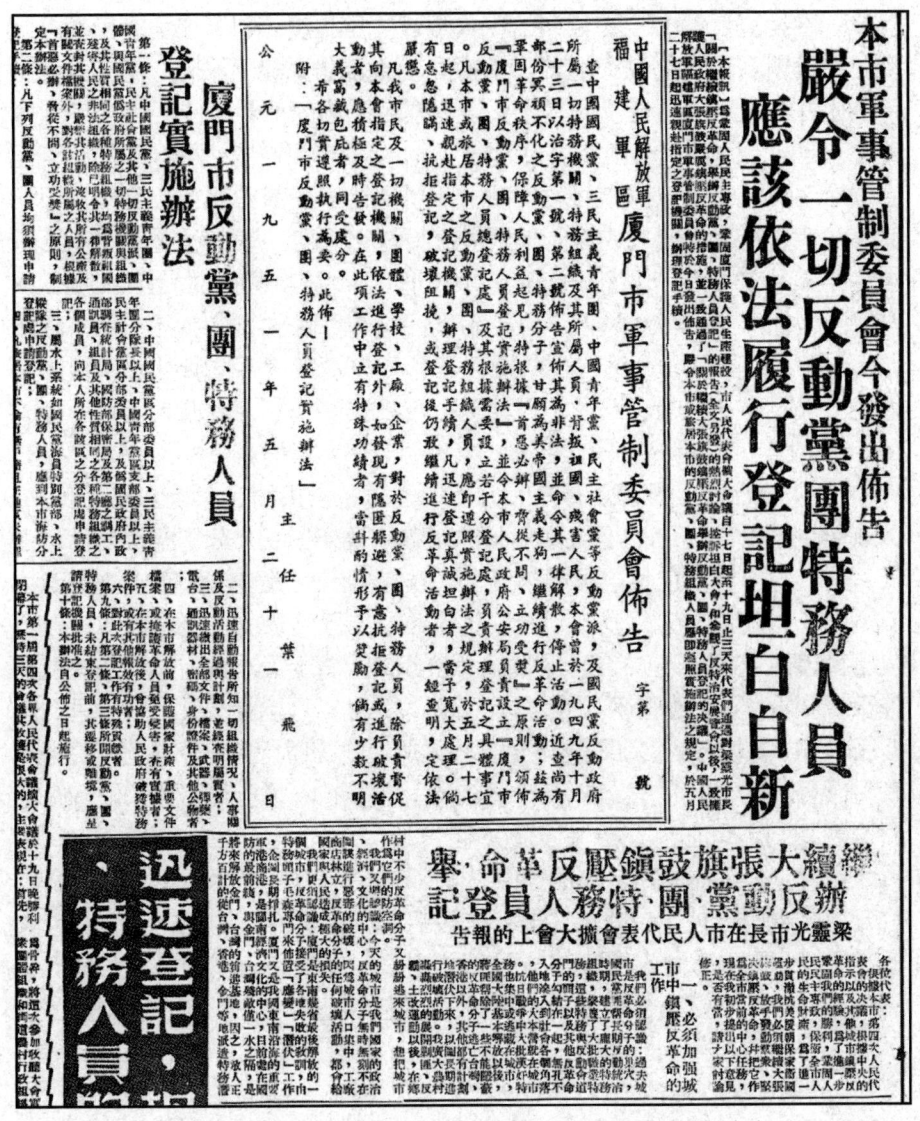

第七章 防特肃奸镇反，巩固人民政权

1951年5月21日《厦门日报》刊发军管会严令反动党团登记的布告

和一批反动印信及档案资料。至此，厦门地区的国民党、三青团、青年党、民社党和各种特务组织被摧毁。

（五）取缔反动会道门。1953年3月3日，市军管会宣布取缔反动会道门，厦门的两个反动会道门组织一贯道和同善社被取缔，一批罪大恶极的道首、善长受到严惩，一般成员均自动退道、退社，不予追究。一贯道道首唐绍继、严学礼、张荣华自1945年起先后在厦门和同安发展一贯道组织，并长期利用迷信欺诈道徒。解放后，他们继续造谣破坏，蛊惑人心。严学礼等人还到香港接受一贯道头子孙素贞下达的反革命任务，密谋煽惑道徒，配合国民党反动派"反攻大陆"。反动会道门被取缔后，一批反动道首纷纷落网，唐绍继被捕后病死狱中，严学礼、张荣华被判处死刑，骨干薛宝英等被判有期徒刑或管制，一般道徒854人自动宣布退道。同安县于1953年5月13日宣布取缔一贯道，中小道首8人均被判刑或管制，登记38人，自动宣布退道900多人。厦门同善社的头目解放前夕参与了反革命活动，阴谋组织暴乱，并进行反共造谣破坏。1953年3月同善社被取缔，其善长（六层）刘西彪、天恩（四层）张吉成被判处有期徒刑8年，一般成员20多人宣布退社，不予追究。

（六）取缔反动组织圣母军（又称"圣母慈爱祈祷会宗教之友支会"）。1951年1月17日，披着天主教神职人员外衣的帝国主义分子西班牙人茅中砥、吴明德接受南京黎培里的指使，在鼓浪屿天主教堂内秘密成立反动组织圣母军，蒙骗一部分教徒参加，其任务是进行反共反人民的宣传，破坏"三自革新"运动。1953年9月3日，厦门市军管会发布命令，把帝国主义分子茅中砥、吴明德驱逐出境，同时宣布取缔圣母军。命令凡在圣母军支会担任职员以上职务或参加圣母军的外籍人员，均需履行登记，其他一般会员声明退会，即不予追究。取缔命令发布后，共有19名圣母军分子履行登记并收缴了一批罪证，至9月8日取缔完毕。

特别值得一提的是，在镇反中，厦门市坚持镇压与宽大相结合的原则，对死刑控制得比较严，对那些罪行比较轻而又愿意悔改的人，给予宽大处理，让他们有重新做人的机会。据当时厦门的市委书记兼市长梁灵光回忆：那时省公安厅对镇反抓得很紧，要求我们定期汇报情况。有一次，省公安厅批评厦门"右倾"，迟迟不报名单，对反革命分子"打击不力"。于是，厦门市公安局赶紧报了一个100人的判刑材料。名单上去，省委、省政府很快批了下来，其中有24人判了死刑。批文发到市委、市府，梁灵光同志看了很惊讶，"市公安局上报这份材料，要杀这么多人，怎么没经过市委讨论呢？"一问，原来是市公安局顶不住上头的压力，就急急忙忙上报了。市委决定由法院、检察院、公安局3家联合成立一个审查小组，指定副市长张维兹负责，逐个审查案犯的犯罪事实，重新做出结论。重新审查以后，24人中真正够得上判死刑的只有一个，否定了23个。市委经过认真讨论以后，如实向省里写报告，派专人送去福州汇报。省委、省政府根据厦门市委的意见，重新作了研究，批准判处死刑1人。

市委坚持党的政策，坚持实事求是，本着对上级负责、对人民负责的态度，认真按中央公布的《惩治反革命条例》的量刑标准和重大案件的判刑程序规定办事，还在市政治协商委员会成立了一个反革命案件审查委员会。委员会由全体政协委员（30名）和各界代表（15名）共45人组成。市委、市政府把公安局和法院审理结案并附有初步处理意见的102件案件（犯人159人）交给委员会审查。委员会成员分成6个小组工作，每一案件至少经三四位委员审阅后在小组讨论，有分歧意见或重大案件交大组讨论，再有不同意见交全体委员会议解决，几个重大案件最后都经过全体委员讨论。在审查完结后，委员会对每一个案件提出若干意见。凡是全体一致的，政府完全接受；如果还有分歧的，政府有关部门就再进行调查分析，以判断那一种意见更正确，作出慎重的决定，努力做到不纵不枉，对罪犯的量刑也力求准确。

1950年至1953年的镇压反革命运动，基本上扫除了国民党反动政权遗留在厦门的反革命残余势力，曾经猖獗一时的特务、匪霸、流氓、反革命骨干分子以及反动会道门等黑社会组织受到严厉的打击，并基本上被肃清。镇反运动，铲除了反革命势力进行反革命破坏活动的各种社会基础，粉碎了他们配合帝国主义和国民党反动派妄图反攻倒算的罪恶阴谋，巩固了人民民主专政，稳定了新民主主义社会秩序，保障了社会经济的恢复和发展，使人民群众得以安居乐业。同时，镇反运动进一步密切党和政府同人民群众的血肉联系，使人民政府的威信显著提高，人民民主专政的队伍经过镇反运动的洗礼，纯洁了组织，积累了经验，得到了锻炼和考验。

第三节　民主改革与社会改造

20世纪50年代初期，在农村开展大规模土地改革的同时，城乡各项民主改革与社会改造也全面展开。

1950年3月，厦门市人民政府宣布废除反动的保甲制度。同年5月，厦门调整行政区划，撤销厦港区，将其农村部分划归禾山区，街道部分归入思明区，并着手建立街、村基层人民政权。

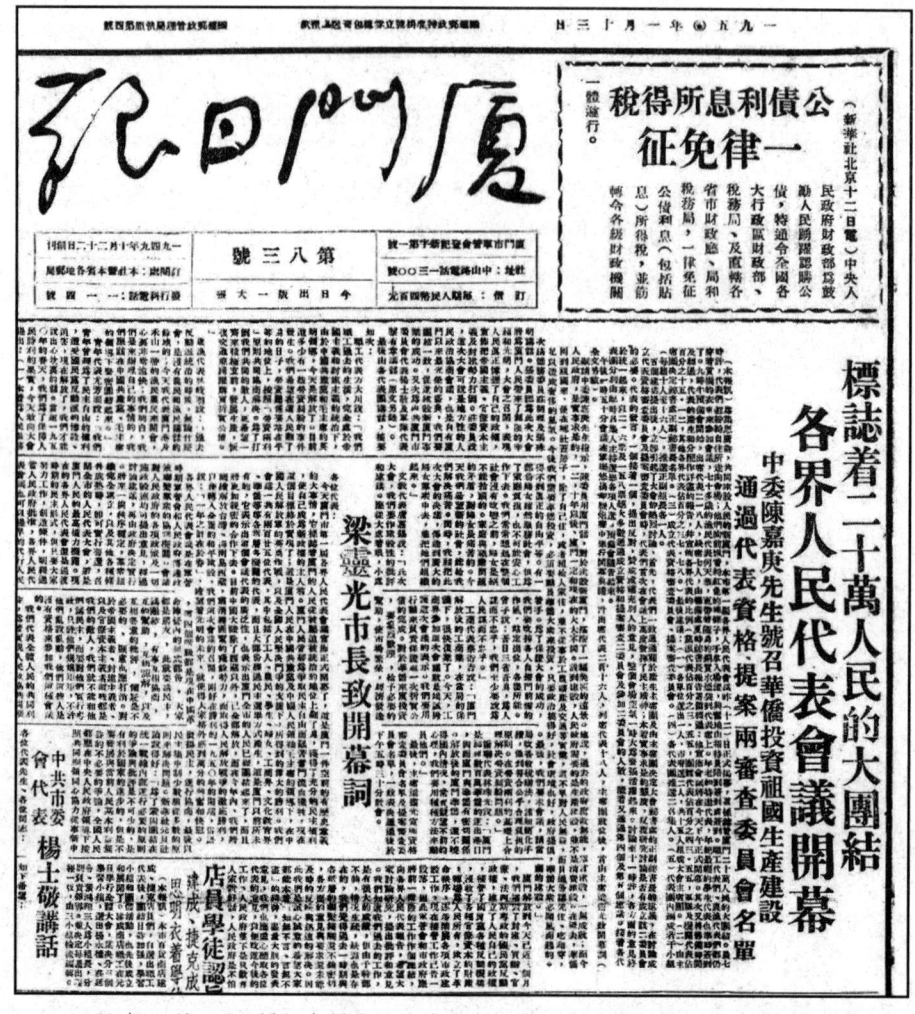

1950年1月12日厦门各界人民代表会议开幕,标志着厦门20万市民团结在中国共产党周围,民主建政工作全面开展

  为了确保基层民主建政工作的顺利开展,市委、市政府采取选择重点、创造经验、逐步推广的方法进行。如禾山区的吕厝村、后埔社、湖里社、高崎村,思明区的思西保都作为试点先行改造,建立了街、村政权组织。《厦门日报》则积极配合此项工作,及时将废除反动保甲制度、建立基层政权组织的进展情况和经验向全市宣传推广。7月,厦门市思明、开元、禾山、鼓浪屿4个区共成立了41个街、43个村、916个居民小组。但是,这种以户为单位按地区划分居民小组的过渡组织形式,当人民团体普遍成立

第七章 防特肃奸镇反，巩固人民政权

并迅速发展，群众政治觉悟显著提高后，已不适应政权建设工作需要和群众的民主要求。为进一步发扬民主，厦门市委、市政府决定完善基层政权的组织形式，着手建立街人民代表会议制度。

1951年7月中旬，市委、市政府选择思北街作为全市街道民主建政的试点街，开展试点工作。9月，厦门市成立民主建政工作委员会，车鸣为主任委员，李文陵、盛杰为副主任委员，并将思北街的试点经验在全市推广，全面展开街道建政工作。第一期先选择10个街道建立街人民代表会议制，第二期13个街随后进行。到1951年12月中旬，全市各街道的人民代表会议制基本完成。接着，各街根据"按照阶层、分别行业、照顾地区"的原则，划分选民组，审查选民，选举代表，召开街人民代表会议，成立街政委员会。街人民代表会议制的建立，不仅教育广大人民树立当家作主的思想，而且密切群众同政府的联系，较好地发挥了人民群众参与管理基层政权组织的积极性。

在市区，各行业的工会组织，则依靠和发动工人群众，在企业中实行民主改革。厦门的码

市人民政府决定废除基层反动保甲制

（本报讯）本市人民政府，已决定於本年三、四月内，澈底废除封建的反动保甲制，有系统、有计划的建立人民基层政权。这一项工作，早为解放後一般人民的要求，但在厦门人民解放初期，由於支前任务亟待完成，革命秩序尚未建立，区人民政权，其基本群众尚未发动；为维持社会治安，发动各阶层保甲长来加以澈底废除，令其为人民展开支前工作，故在解放後，迅速的成立市了，在五个月内分别创造了、区人民政权，对反动的基层保甲制度未加以澈底废除，如在各项工作中，聚众已初步的发动起来了，废除保甲制度，一般来说，废除保甲长的条件已经具备了。现在各区已作好准备工作，并已涌现出了不少的积极份子，混盐纷纷建立基层政权组织创条件（现各区已作好准备工作，并已展开工作。

1950年3月24日《厦门日报》报道保甲制度废除的消息

头，解放前为封建的家族势力、流氓把头所控制。他们又多半与国民党的地方官员、警察相勾结，压迫剥削广大码头工人。如厦门的第六、七、八、

九码头,都为同安石浔吴姓家族所控制。他们以国民党特务为靠山,结伙组成大八仙、小八仙、三十六天罡、七十二地煞等地痞流氓组织,向码头工人抽"三七"、收干份,并经常挑起与陈姓码头之间的械斗。在长年的械斗中,码头工人死伤不计其数。解放后,这些封建恶势力仍然压在码头工人头上,向工人抽"三七"、收干份的剥削仍在继续,工人们称其为"三七"公司。为彻底铲除码头上的封建恶势力,码头搬运工会组织和发动码头工人,召开3次斗霸大会,斗倒码头地霸,铲除了盘剥工人血汗的"三七"公司,进而整顿了劳动组织,改革了劳动分配制度。民主改革后,工人们提高了政治觉悟和劳动生产积极性,增强了团结,呈现出一派新气象。工会组织也在民主改革中得到纯洁与发展,并发挥了团结、组织、教育工人的作用,成为党联系广大工人群众的纽带。

1951年7月25日《厦门日报》有关民主建政的经验介绍

在社会改造方面,由于解放初期旧社会遗留下来的社会痼疾如贩毒吸毒、卖淫嫖娼、设局赌博等社会丑恶现象仍严重毒害人们的心灵,扰乱社会秩序,因此集中力量扫黄打丑,荡涤旧社会的污泥浊水是党和人民政府领导人民进行社会改造的重要内容。为树立新的社会风尚,促进社会文明进步,在市委、市政府领导下,厦门市从1950年至1952年底,开展了一场扫除各种社会丑恶现象的斗争。

1950年2月24日,政务院发布《关于严禁鸦片烟毒的通令》后,厦门市人民政府就积极采取各种措施,严厉查禁烟毒,市公安机关先后破获了一批烟毒案件。1950年11月23日,厦门市财政局在中山公园烧毁大量收缴

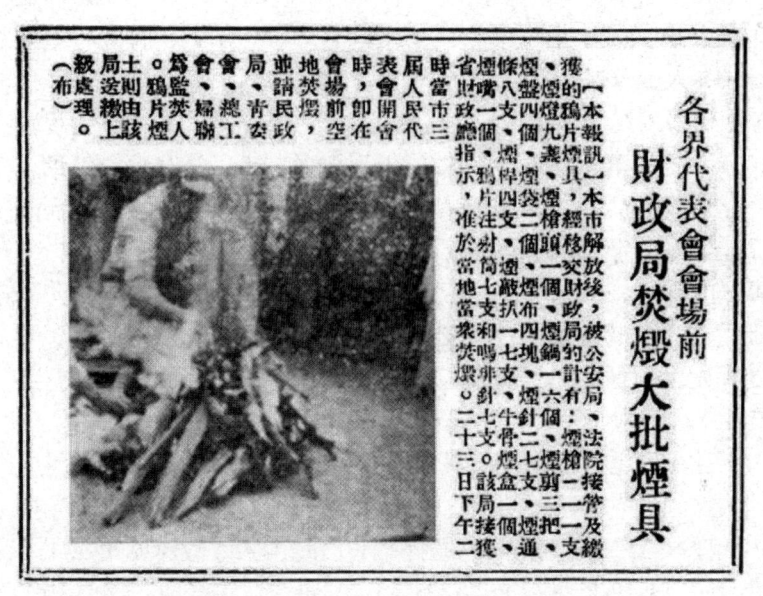

第七章 防特肃奸镇反，巩固人民政权

1950年11月28日《厦门日报》有关焚毁烟具的图文报道

的鸦片和烟具。1951年12月12日，厦门市人民法院判处厦门沦陷时期担任日伪福和鸦片公司副董事长等职、解放后又继续从事贩卖鸦片活动的大烟毒犯陈裕乞死刑。1952年7月下旬，在市委、市政府的领导下，厦门市开展了更加严厉、更为彻底的禁烟肃毒运动。市公安机关在有关部门的密切配合下，共抽调干部、积极分子560人，经过集中学习训练后专门从事禁烟肃毒工作。而后，全市统一部署，在对烟毒情况进行全面、缜密调查之后，于8月13日集中统一行动，依法逮捕烟毒犯280人。其中贩毒集团24个、76人。大烟毒犯陈雨水、曾作宾两人被判处死刑。集中教育烟毒犯354人，责令吸毒者履行登记770人。缴获鸦片6433.64两、鸦片制品235.63两、吗啡105.5两、制烟机5部、制吗啡机2部、各种烟具1480件。同时，还缴获烟毒犯隐藏的机枪1挺、步枪1支、短枪5支、各种子弹350发。

同安县早在1950年9月就通令全县各区禁烟禁毒。为彻底查禁烟毒，1952年6月24日，同安县又专门成立禁毒指挥部，县长王德秀任总指挥，公安局长马有才、法院院长李进明为副总指挥，并于8月13日和9月3日两次统一行动，破获3个专案，逮捕了烟毒犯61人。9月5日、6日，同安县分别在城关、马巷两镇召开3000多人参加的群众大会，开展禁毒宣传，号召群众积极行动检举揭发，为全面禁烟肃毒打下群众基础。经过2年的不懈努力，全县共破获大小烟毒案上百起，枪决烟毒犯1人，判处有期徒刑11人、劳改15人、管制15人，收缴鸦片2757825两、吗啡28.1两、砒霜272两、各种烟毒用具139件。同时还缴获长枪4支、短枪7支、手榴弹1枚、子弹1355发，教育、改造、挽救了上千个吸毒者。通过这次禁烟肃毒运动，厦门、同安的鸦片烟毒被基本禁绝，吸毒者被教育戒除，从而改善了社会风气，净化了社会环境，提高了党和政府的威信。

在禁烟肃毒的同时，取缔娼妓，查封妓院，改造妓女工作也同时展开。娼妓是私有制度下长期畸形发展的历史产物，是旧社会遗留下来的一颗毒瘤。为解救受害妇女，保障人民群众的健康，彻底清除娼妓这一社会丑恶现象，厦门市开展了查封妓院、收容、改造妓女工作。

1952年10月3日至7日，在厦门市召开的第二届第一次各界人民代表会议期间，共收到各界代表关于收容妓女予以教育改造的提案71件，提案者来自75个单位，计655人。对这些提案，厦门市人民政府和市二届一次协商委员会于12月12日举行联席会议，专门研究讨论了收容妓女的工作计划以及方法、步骤等相关问题。为使妓女收容后生活得到妥善安置并得到良好教育，市公安局、市民政局和市妇联抽调15名干部，成立了妇女生产教育教养所。所址设在梧村（原救济院旧地），所内重新整修，并添置100多张木床及其他生活用具。为了给染有性病的妓女治病，教养所还安排一批医护人员负责治疗工作。12月19日晚，在市政府的组织领导下，全市统一行动，将以娼妓为职业者166人集中收容并送往妇女生产教育教养所。收容后，先组织她们学习，进行思想教育和改造，帮助她们树立劳动观念，从事劳动生产并治疗性病。通过教育改造，对收容者分别根据不同情况分批给以不同的处理。对于有家可归或有对象的，送她们回家或让她们结婚，有家但无生活出路或无家可归的，人民政府帮助安排就业，或留所从事生产劳动，以解决生活出路。许多人后来都走上新的生活道路，成为自食其力的劳动妇女，建立起幸福美满家庭。查禁妓院，取缔收容娼妓，使旧社会长期摧残妇女的社会丑恶现象在很短的时间内基本绝迹，同时也杜绝了性病的传播途径，新的道德风尚开始形成。

市委、市政府进行社会改造的另一项主要工作是禁赌。赌博是旧社会遗留下来的恶习，严重危害社会治安，影响社会稳定。解放前，厦门市仅营业性赌场就有22家，社会上的一般聚赌则不可胜数。这些赌场大都有政治背景作为靠山，官场上的贪官污吏、社会上的角头流氓经常混迹其间。如曾姑娘巷29号开设的赌场，是以原厦门中心区区长为后台；大元

第七章　防特肃奸镇反，巩固人民政权

路 15 号开设的赌场，后台则是军统特务；一些角头流氓势力则直接开设赌场，收取高额利润。而警察局的官警则以禁赌为名，暗中向赌场敲诈勒索，收受贿赂。因此，设局赌博屡禁不绝。人民政府集中力量，周密计划，发动和依靠人民群众，几项社会改造工作同时进行，不仅禁毒、禁娼，还严厉查禁赌博，封闭赌场，很快刹住了赌博歪风。作为赌场靠山的反动官僚、特务和角头流氓势力被彻底摧毁，赌场失去生存条件很快绝迹。而一般性的聚赌行为，也随着整个社会风气的好转而逐步灭迹。

这一时期同时开展的各项民主改革和社会改造，使厦门的社会面貌发生了深刻变化。土地改革和城乡各项民主改革与禁娼、禁毒、禁赌斗争得到广大人民群众积极拥护、支持和好评。通过这些改革和社会改造，全市人民的思想觉悟、组织程度普遍得到提高，人们的精神面貌焕然一新，从而为恢复和发展生产，开展新民主主义建设创造了良好的社会环境。

第四节　文化教育改造与建设

厦门解放后，由于旧有文化教育事业已不适应新社会的需要，新生人民政权在恢复社会经济的同时，开始有步骤地对教育文化事业进行改造。厦门文教系统的接管由市军事管制委员会文教部负责。文教系统在完成接管后，各部门、各单位均在市军管会的统一领导下，根据各自的特点、任务进行改造。

为建立新的教育秩序，市教育系统的各类学校均采取"维持原状，逐渐改造"的方针。首先是从管理制度上取消了反动的训导制，以生活指导委员会取而代之，并在可能的条件下成立校务委员会，逐步使学校管理符合民主集中制的原则。在教学方面，统一废除反动的政治教育，废止原国民党政府颁布的"党义"、"童子军"等反动课程；建立革命的政治教育，选用政治经济学、青年修养、论人民民主专政等为政治教材，使马列主义、毛泽东思想的理论教育进入学校。同时帮助各校组织建立教职员学习组，学习《共同纲领》，提高教职员工的政治觉悟。市教育局还举办教师讲座、教师研究会，选调教师参加省培训，给教职员提供学习改造、提高素质的机会。为了改变旧社会劳动人民没有受教育机会的状况，解决教育为工农大众开门的问题，厦门还新建民众夜校5所，吸收工人、店员800多人参加扫盲学习和文化补习，使许多普通劳动者通过工农速成文化学习班掌握了基础文化知识。教育系统经过整顿改造后，新的教育秩序初步建立，全市80所大中小公私立学校迅速复课，厦门的教育事业开始步入正轨。

1950年初，正当厦门大学抓紧复课之时，出任首届全国政协常委及中央人民政府委员的厦大创办人陈嘉庚离京南下视察各地后回到厦门。1月8日晚，陈嘉庚到厦大作专题演讲，畅谈他回国后到各地考察的观感和他对发展新中国教育、科学事业的看法，阐述他对建设新厦门和新厦大的设想。他的厦大之行，给全校师生极大的鼓舞，有力地推动厦大各项校务工作的开展。

根据省人民政府的指示，厦门大学于1950年4月1日成立了厦门大学临时校务委员会。临时校务委员会第五次例会决定设置学校政治学习委员会，负责主持全校师生的政治学习。临时校务委员会还按照中央人民政府教育部的部署，开展教学改革工作。教学改革的原则是注意理论与实践相结合，加强或增设新社会建设迫切需要的课程，精简合并重复或相似的课程，坚决删除内容反动的课程。

1950年3月17日，新民主主义青年团厦门大学总支部向师生公开；6月10日，中共厦门大学支部公开活动。厦大党团组织的公开活动，使厦门大学的各项工作有了坚强领导和主心骨。在解放初期的备战支前工作中，厦门大学充分发挥高校学科优势，先后选派一些教授、学生参加厦门前线的支前工作，帮助部队培训人员，指导观测海潮、测量道路。

1950年7月6日，由中央人民政府政务院任命的厦门大学校长、著名政治经济学家王亚南抵达厦门大学任职。王亚南上任后，配合厦大军代表和党团组织全力投入新厦大的建设工作。他向全校师生发出"端正学风，加强学习"的号召，主张改进教学，提高政治业务水平，将政治与教学一齐抓。当年暑假，他号召师生留校学习，得到广大师生的热烈响应。为配合当时正在全国各地开展的土地改革，厦大师生将《中华人民共和国土地改革法》作为学习的主要内容，王亚南多次亲自主讲，收到很好的效果。1951年10月15日，奉华东教育部电令，厦大文法学院二、三、四年级师生270人前往惠安、安溪两地区参加土改。10月底，文法学院一年级师生123人又奉华东教育部令，组成土改工作队到厦门禾山区参加土改。在土改中，师生们发扬厦大的革命传统和吃苦耐劳的作风，胜利完成了任务，受到省人民政府主席张鼎丞的来电表扬。

第七章 防特肃奸镇反，巩固人民政权

王亚南到任后，鉴于厦门大学的教育秩序已步入正轨，厦门大学的军事代表于 1950 年 7 月 12 日完成历史使命撤出学校。在校长王亚南的领导下，厦门大学从此走上社会主义新型大学的发展道路。

厦门完成接管后，对旧有文化事业的改造主要是根据市军管会确定的接管方案来执行，即凡属于国民党等反动党派社团创办的报纸、杂志、出版社、剧场、书店等一律予以接收。属民营性质的报刊，言论反动的，停止其出版；而言论比较客观、公正的民营报纸，允许继续出版。如《江声报》，其言论较公正，获许继续发行（1952 年元旦，《江声报》与中共厦门市委机关报《厦门日报》合并）；通讯社则一律停止发稿。《星光日报》继续出版了两天，即奉厦门市军事管制委员会命令停止发行。印刷排字工人留用，其

《江声报》1949 年 10 月 30 日刊登陈嘉庚祝贺厦门解放的新闻（张元基供图）

厦门解放后第一个元旦，《江声报》推出庆祝特刊（张元基供图）

他人员除中共党团员外,一律发三个月工资予以遣散;所有物资财产房屋列具清册,交军代表接收。报社一切设施完整的保存下来,为1949年10月22日《厦门日报》创刊提供了全套设备。

为了加强对民营文化机构的管理改造,政府颁布了登记条例,建立登记制度,并采取维持原状、逐步改造的方针,在业务方面加强管理指导,在政治上加以改造。对私营书店、图书馆、剧场、电影院、说书馆等,除进行登记外,还召集这些机构的人员开座谈会,宣传党的文化、文艺政策和有关纪律规定,加强对行业人员的思想教育和行业规范教育。比如要求图书馆必须将反动书籍清除,然后将图书资料目录重新整理,经审查后才能对外开放;书店必须停售国民党出版的书籍和宣传淫秽、封建迷信及低级趣味的书刊;剧场、电影院不准演出反动的戏剧电影及不健康不文明的节目,从而将这些文化机构纳入政治上监督改造、业务上管理指导的轨道。

当时,军管会文教部成立临时电影审查小组,进入影院工作。电影院的经理以为军管会干部年轻不更事,身穿土布军装,一副土包子模样,就摆出爱理不理的傲慢样子。电影审查小组的同志不为所动,一边耐心地向经理们说明影片处理的意见,一边有意识地聊起上海电影界的著名导演、演员和电影作品,也谈到好莱坞电影和苏联影片。在侃侃而谈中,这些经理听出军管会的干部肚子里有墨水,便改变了态度,接受督导,促使电影和其他文化娱乐业也较快地恢复了营业。

占领思想文化宣传阵地后,属于人民的,完全置于市委、市政府统一领导之下的新的思想文化宣传阵地迅速建立起来。新闻出版、文化宣传部门紧紧围绕时局、政策、稳定物价保障民生、揭发国民党反动派的罪行四个方面开展宣传工作,戳穿国民党特务的谣言,使党的各项政策主张能迅速宣传贯彻并让广大民众所了解。1949年10月22日,中国人民解放军厦门市军事管制委员会(军管会)登记新字第一号、中共厦门市委机关报《厦门日报》创刊发行,出版初期在仅有16万人口厦门市,日销量超过4500份,并稳步增加。12月24日,厦门人民广播电台也克服缺电造成延误等困难,开始试播。刚刚成立并开始营业的新华书店,书架上摆满了马列和毛泽东著作及各类进步的政治、经济、文化书籍,在短短的两个多月就销出书籍86458册,其中以毛泽东著作的销量最大。同时,厦门还创建了人民剧场和新华印刷厂。这些文化宣传机构的建立,对宣传党和人民政府的政策,团结各阶层人民,起了积极的作用。

解放不久,厦门就召开了三次文艺界座谈会,专门讨论如何开展新文

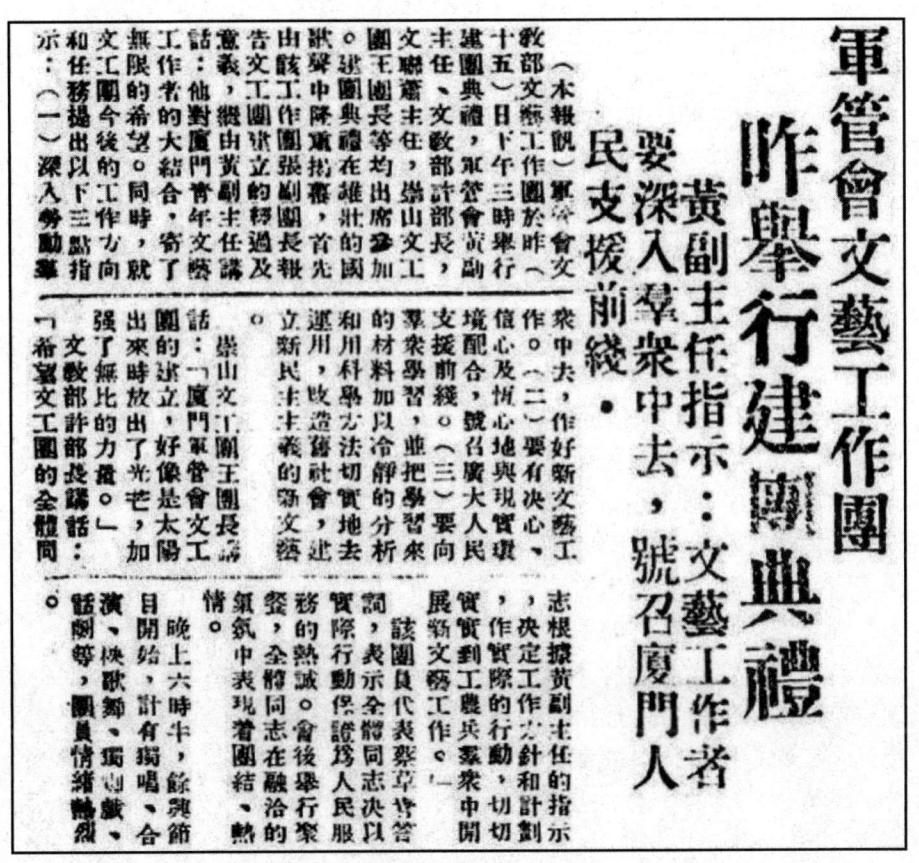

第七章 防特肃奸镇反，巩固人民政权

1949年12月16日《厦门日报》报道军管会文工团建团的消息

艺工作问题。为了创建为工农兵服务的新型文艺团体，厦门市军管会文教部在本市通过考试招收了30名文艺青年，组建厦门市文艺工作团，军管会文教部还深入到各区街、学校等单位，物色了一批艺术人才，如抗战期间毕业于重庆国立剧专导演系的蔡剑光。为解除蔡剑光家庭子女多生活负担重的后顾之忧，组织上将他的妻子安排到思明电影院工作。还有马来西亚的进步归侨卢平、骆庆添等，因被排华驱逐出境而流落厦门。在文艺方面，他们都有一技之长，后来也都被吸收进入文工团。这些文艺工作者接受了新文艺思想教育，树立为人民大众服务的思想，深入基层、深入部队、深入群众，积极参加拥军支前。对原有的文艺团体，除加强整顿管理外，还积极帮助指导丽声歌舞团、天仙京剧团改造剧目、排演新剧。

文工团成立后上的第一课，是组织全体团员学习毛泽东的《在延安文艺座谈会上的讲话》等党的文艺方针与政策；排练的第一个节目是歌剧《王贵与李香香》。《王贵与李香香》展现黄土高原的民情风俗、人物性格与闽南滨海不尽相同，加上语言上的隔阂，若一味照搬，水土不服，厦门的普通老百姓听不懂、看不懂。为了贯彻文艺为工农兵服务，为广大劳动人民服务的方针，文工团一群初生牛犊不畏虎的年轻人将它二度创作成5幕14场的闽南方言歌剧，1950年元宵节前夕在人民剧场与观众见面。该剧一炮打响，连演3天，场场爆满。此后又连演5天，门票在中山路新华书店预售，被疯抢一空。

1950年3月7日《厦门日报》有关《王贵与李香香》的演出报道

　　文化宣传部门在进城后的4个月里也配合市委、市政府进行多次较大规模的宣传活动。第一次是形势与政策的宣传；第二次是接管政策的宣传；第三次是关于人民币为唯一合法货币的宣传；第四次是庆祝解放、庆祝元旦的宣传；第五次是对首届各界人民代表会议决议的宣传；第六次是劝购胜利折实公债的宣传；第七次是春节扩大宣传。这些宣传活动，对团结人民，教育人民，澄清谣言，打击敌人的破坏活动和巩固新生的人民政权起到了重要作用。

　　通过对旧有的教育文化事业的接管并有步骤地改造，新生人民政权全面占领了宣传舆论和思想文化教育阵地，消除了封建买办的资产阶级的思想影响以及帝国主义文化侵略的影响，确立了民族的科学的大众的文化的总体方向，树立起马克思主义、毛泽东思想占主导地位的新的意识形态，并以催人奋发向上、充满活力、丰富多彩、人民喜爱的文化生活，展示新生人民政权和厦门人民的精神风貌。

第五节　贯彻《婚姻法》与移风易俗

新中国成立后，中国的社会制度发生了质的转变，但是，旧的婚姻观念依然在老百姓的头脑中根深蒂固，野蛮落后的旧婚姻制度仍在束缚着人们，并对男女婚姻自由造成严重摧残。

为了废除束缚妇女的封建婚姻制度，实行男女婚姻自由和男女平等，1950年4月13日，经中央人民政府委员会第七次会议通过，《中华人民共和国婚姻法》于同年5月1日公布施行，这是新中国成立后颁布的第一部具有基本法性质的法律。它的施行，不仅使中国广大妇女从几千年旧的婚姻制度下解放出来，而且使新的婚姻制度、新的家庭关系、新的社会生活和新的社会道德得以在新中国建立，从而促进新民主主义经济和社会的全面发展。

新中国颁布的第一部《婚姻法》，以调整男女婚姻关系为主，同时又涉及到家庭关系的调整，它的施行从根本上打破了封建婚姻制度对人们，特别是对广大妇女的束缚，并为妇女解放提供了法律保障。为此，党和人民政府对《婚姻法》的贯彻执行十分重视。《婚姻法》通过的当天，中共中央就发出了《关于保证执行婚姻法给全党的通知》，中央人民政府法制委员会随后公布《就有关婚姻法施行的若干问题的解答》，政务院、内务部、司法部也先后发出关于检查《婚姻法》执行情况的指示。

《婚姻法》颁布前，束缚妇女的封建婚姻制度在厦门有着根深蒂固的基础和错综复杂的表现形态。男女婚姻以封建礼教婚姻制度为模式，实行的是男尊女卑、包办强迫的买卖婚姻，男女欲结百年之好，必须按"父母之命，媒妁之言"的方式进行，包办、强迫、买卖婚姻占全市婚姻总数70%以上，男女婚姻没有自主权。这种婚姻制度以夫权为中心，妇女在封建婚姻家庭中的地位极为低下，没有财产支配权，处于从属地位，离婚权属于男方，妇女只能"从一而终"，没有离婚自由。

为了进一步扩大宣传影响，1951年12月12日晚，市民主妇联筹委会和市广播电台联合举办宣传婚姻法广播大会，全市各工厂、学校、街道等111个单位，13800多人收听了广播。各阶层人民听了广播后，纷纷表示要努力学习《婚姻法》，积极宣传《婚姻法》。厦门师范学校的179名学生会后表示要做好《婚姻法》的宣传员，群众性的宣传教育取得良好效果。

为了更好地贯彻《婚姻法》，市民政局自1950年5月起开始办理婚姻

堅決貫徹執行婚姻法
殺人犯譚少椿昨日伏法
漢奸、鴉片大王陳裕乞同時槍決

民法院二審判決確定，認為譚犯上訴無理由，予以駁回，應維持原審（按即市人民法院）判決，昨天下午二時卅分，將兇犯譚少椿遊街示眾，在中山醫院右邊廣場宣佈其罪惡事實後，經呈省府批准，也在昨天下午二時三十分，將該犯遊街示眾，執行槍決。

【又訊】本市軍事管制委員會判處漢奸、「鴉片大王」陳裕乞死刑並剝奪政治權利終身後，經呈省人民政府核准。

按漢奸、「鴉片大王」陳裕乞在二十多年前便和他的父親蘇寶全在本市開設慶發行，做鴉片生意。抗戰前，蘇寶全因當時台灣人享有特權，故勾通日寇領事館，頂替已經死亡的台灣人陳寶全的姓名，取得台灣籍，遂改名為陳寶全，更勾結日偽「公賣局局長」林濟川與漢奸陳振、蔡培楚等，在日寇領事館的指使下，為肖招股組織了製造、販賣毒品的福和三個公司，陳奸裕乞即總任賭裕、福隆兩公司的監察、福和公司的副董事長兼製毒主任及金融組合的理事等職，積極進行販毒活動。各公司在偽「公賣局」、「福字」、「天字烟枝」、「特字」等種鴉片烟，分工合作，配製料啓及內地出售，供人吸食，成為日寇在東南沿海各省實施毒害我國人民的規模最大的製造、販賣毒品的機關。我國人民受其毒害，難以數計。抗戰勝利後，陳奸裕雖一度被捕入獄，但在國民黨反動政府縱奸政策下，仍然繼續販賣烟毒，貽害人民。（維理）

1951年12月13日《廈門日報》有關逼婚殺人犯伏法的報道

第七章　防特肃奸镇反，巩固人民政权

登记。从1951年1月起，对婚姻登记并领取结婚证者，逐月予以公告，使广大群众能清楚了解婚姻登记情况。从1950年5月至1951年10月止，全市有721对青年男女按《婚姻法》进行婚姻登记，自由结婚。市人民法院则根据《婚姻法》的基本原则，依法受理婚姻案件，处理婚姻纠纷。从1950年5月至1952年5月，市人民法院受理婚姻纠纷案件433起。其中199件请求离婚的案件中，95%以上是女方提出的。为了扩大《婚姻法》的宣传教育，人民法院还适时选择典型案例，组织了8次公开审理和调解，使广大群众受到教育。各区公所和民政局在受理当事人的离婚请求时，也注意以例释法，就地调解，在工作中扩大教育面。

同安县和禾山区则结合秋收和土改工作，在乡村贯彻《婚姻法》。1951年11月2日至12月7日，同安县结合秋收工作，开展了《婚姻法》宣传贯彻和执行情况检查，并对干部进行了一次《婚姻法》的测验。通过宣传《婚姻法》，广大群众的思想认识有了很大提高，在秋收后的一个半月中，到县、区进行婚姻登记的就有622对，集体结婚的有15对，群众普遍反映"喜事新办省钱又热闹"。

在土地改革运动中，禾山区通过群众会、贫雇农会、青代会、妇代会宣传《婚姻法》，用典型事例，启发教育群众，用诉苦的方式揭发封建婚姻制度的罪恶。通过大张旗鼓地宣传，《婚姻法》在郊区农村受到热烈拥护。不少农村青年男女，在《婚姻法》的保护下，得到婚姻自由，各自找到情投意合的终身伴侣。

在宣传贯彻婚姻法运动中，妇女部门成为宣传活动的重要阵地。市民主妇联结合纪念三八国际妇女节，号召各级妇联组织和各机关事业单位、部队、企业的妇女，认真学习《婚姻法》，联系实际，检查是否存在漠视妇女权利的现象。同时，积极开展家庭和睦活动，在全社会倡导男女权利平等、民主和睦的新风尚。郊区妇联则召开纪念大会，号召农村妇女把宣传贯彻《婚姻法》同参加互助合作、开展爱国生产竞赛活动结合起来，为完成郊区当年粮食生产2100万斤的光荣任务，为祖国的经济建设而奋斗。三八国际妇女节前后，市女工、厦门女中、厦师女同学，基督教女青年会和街道妇女组织，都分别组织街头宣传队，通过幻灯片、黑板报、广播等方式，进行《婚姻法》和纪念三八妇女节的宣传。各部队、机关、工厂、学校、街道等单位都组织妇女召开座谈会或文艺晚会，对妇女进行爱国主义教育和《婚姻法》教育，以提高妇女对工作、学习、生活的自信心，激发她们参加社会活动和民主改革的积极性。

贯彻婚姻法运动月在全市城乡各行各业收效显著。通过《婚姻法》的宣传教育,"一夫一妻制度,婚姻自主自愿"逐步成为广大群众普遍认同的原则,良好的社会道德风尚和民主和睦的新家庭到处涌现,并广泛地推动社会各方面的移风易俗。在贯彻婚姻法运动月中,全市共涌现模范夫妻46对、模范家庭41户、好夫妻8对、好家庭8户、好姑嫂1对、好婆婆1人、模范军属1人、宣传《婚姻法》模范1人。经过将近3年的宣传贯彻,《婚姻法》在厦门基本上家喻户晓,深入人心,并逐步转入经常化、正常化的工作轨道。

《婚姻法》的广泛宣传和贯彻,不仅教育了广大人民群众,也教育了各级干部。它的贯彻实施,使人们的思想观念和社会风气发生了很大改变,自主自愿婚姻明显增加,男女平等、民主和睦的家庭大量涌现,婚姻家庭关系的这种深刻变化,充分显示了《婚姻法》的强大威力,并对厦门日后的精神文明建设产生深远的影响。

第八章　反封锁恢复生产，抗美援朝保家卫国

第一节　恢复生产，冲破美蒋封锁

1949年10月17日厦门解放后，厦门历史翻开了崭新的一页。厦门人民在中国共产党的领导下开始新厦门的建设。

厦门是一个海岛城市，港口自然条件好，水上交通很方便，但经济资源缺乏。鸦片战争后，厦门被开辟为五口通商口岸，西方列强蜂拥来到厦门。西方列强进入厦门后，依靠不平等条约，滥用领事裁判权，在厦门租土地，开洋行，建教堂，进行疯狂的侵略和掠夺，包括销售鸦片、吗啡，拐骗、绑架、贩卖劳工，厦门成为西方列强掠夺原材料的输出口岸和过剩商品的倾销市场。在工业方面，由于海岛城市缺乏原材料，更重要的是由于西方经济的入侵和官僚资本对工商业的垄断，造成厦门工业基础差，生产落后。在金融方面，厦门是著名的侨乡，也是华侨出入口岸，侨汇规模庞大，每月侨汇平均300万至500万美元之多，除部分为侨眷维持生活之用，多为反动政府用于弥补入超，奸商更利用此游资，进行金融投机，使厦门金融市场为美元、港币所控制，金融极为混乱。因此，在解放前，厦门是一个典型的商业性消费城市。

1949年9月，在厦门解放之前，为在解放后迅速恢复生产和建设，厦门市军管会即对厦门的形势进行了深入的研究分析，军管会财经部在《关于厦门解放初期财经工作措施》中指出，厦门解放后可能面对的一系列问

题：(一)敌人的封锁和袭扰，将给厦门的对外贸易和与其他城市交流产生严重障碍，依靠航运生活的部分工人暂时要受到失业的威胁，依靠出口、入口、转口及专营外货的商业，与依靠对外贸易的一系列的店铺行栈，均将出现一时的清淡萧条或倒闭，市场物资供给将出现短缺，影响厦门人民生活必需的供应，将会形成以粮柴带头的物价上涨，这将是反敌人封锁中首要解决的问题。(二)金融物价问题，人民币可能遭到拒用而影响商业，外币银圆依然流通，人民币汇率不稳定，投机商人进行投机倒把、操纵市场，影响中小市民生活与社会秩序。(三)侨汇可能减少或中断。针对这些问题，市军管会财经部提出了相应的措施与对策：在对外贸易上，开展反封锁，在金融领域反对投机倒把，打击捣乱金融秩序行为，正确贯彻财经政策，在上级领导与后方的支援下，科学组织财经力量，在经济上占领厦门并尽快站住脚。在具体措施上，首先应解决金融问题，取缔银圆杂钞和外币，建立单一的人民币市场；其次是迅速沟通城乡以及和其他城市交流，输入货物，解决供需，减少市场混乱和物价波动；第三是恢复中国银行业务，争取侨汇，同时积极筹办对内对外贸易和整顿海关，恢复交通、邮政、电讯、盐局等公营事业，迅速复工复业复市。

10月17日，厦门解放，广大市民在庆贺喜获新生之余，迅速投入生产恢复中，城市社会秩序迅速恢复。10月18日，省立厦门中学、私立双十中学及粤侨小学、侨师附小、厦港第二中心小学等中小学校迅速复课；厦门与漳州、石码、同安等水陆交通恢复，物资开始进入厦门市场，市场物价开始稳定。邮政、电信开始营业，对外通信恢复。20日晚，鼓浪屿区中华电灯厂恢复发电，在解放前夕遭国民党军疯狂破坏的厦门电灯公司(厦港电厂)经工人们连续三天的抢修，于22日起也恢复供电。10月21日，中国人民银行厦门分行正式成立，分行长委王有成，副行长章骥。22日，市军管会发布金字第一号布告，宣布人民币为唯一合法流通之货币，禁止旧政权发行的银圆券及各类地方辅券(币)，禁止黄金、银圆、美钞、港币等买卖和流通，人民银行厦门分行公布人民币兑换银圆比值，人民币二千比银圆一元，美钞比率是1∶2500元。在解放前因金圆券贬值而停业的新华、中南银行先后复业。

在工业方面，全市各工厂陆续复工生产。当时规模较大的华康、中原、华侨三烟厂，于解放次日在工人积极要求下即复工生产。鼓浪屿中华电灯厂工人，解放前在炮火下英勇护厂，解放后一面欢迎解放军，一面展开复工活动，线路修理工人不顾飞机轰炸、扫射，抢修电线，架设电杆，机工

第八章　反封锁恢复生产，抗美援朝保家卫国

和修理机工人则紧张修复机器，清理机房，经4天的积极工作，10月20日恢复全区的供电。解放前，因遭国民党军任意抢米而被迫停工的几十家碾米厂，大部复工营业。益民碾米厂的工人，于10月18日自动回厂，虽然厂方老板怕飞机轰炸逃走，工人却立即复工营业。该厂一位姓刘的工人说："蒋匪军破坏工厂，我们工人无保障，经常遭受失业的痛苦。现在解放了，我们的生活有了保障，所以干得又积极又愉快！"全市较大规模的6家电机锯木厂，被蒋军"征木军用"所迫，不得不停工。解放后，各家工厂都积极筹划复工，其中的同文锯木厂于10月26日复工生产。其他如民生织布厂、华中火柴厂等，在解放前受国民党政权敲诈掠夺而停工，解放后也积极筹备复工。到1949年12月，全市工厂14家中已有12家复工，电池业6家中有5家复工，肥皂业11家中有10家复工，棉织业5家中已有4家复工，其中在闽南较具规模的民生布厂的复工是经过劳资双方积极努力和政府具体扶助所获得的结果。卷烟工厂3家不仅迅速复工，且生产量大幅增加。唯一的火柴厂解放后克服了资金与原料运输等种种困难而宣告复工。玻璃业一家与制革业两家也全部复工。食品业7家中复工2家、酿酒25家中有5家复工。

在公用事业方面，工人们以崭新的面貌和主人姿态积极开展复工复业。工人们说："现在是为我们自己大翻身干活啦！"厦门电话公司外线工人，在解放当日下午就开始工作，修理鼓浪屿、鹭江道、禾山等地被破坏的线路，至19日全部修理完毕，全市通话如常。邮政局的邮工们工作积极性更高，一个邮工说："现在我们脚踏车也踏得快些了。"电讯局的职工立即将过去为避免蒋军破坏而埋藏起来的数部发报机与收报机取出使用。在解放当日，职工们自动与福州恢复通报，他们发出第一个电报："厦门解放了！"自来水公司的修理工人们，在厦门解放第二天就到各处修理被破坏的输水管，同时开始修理载重120吨的运水船。工人们说："我们要在鼓浪屿断水前把船修好，把水送到。"厦门市轮渡公司机工梁亚鸠在18日开始修理被国民党军破坏的第五号汽船引擎，本来需要5天时间才能修好，但梁亚鸠从早晨5点做到黄昏7点钟，自动增加4小时工作时间，二天单人就把第五号汽船的引擎修好。厦禾汽车公司的修理工人们，在解放后的初期修好一辆客车。工人们以自己的实际行动庆祝解放。

在商业方面，大部分商店都正常营业，在此前一部分关门歇业的商店，在人民币与银圆比率挂牌后，也全部开门营业。市上各商店交易一律改以人民币为计价单位，即使是乡下挑菜果土产入市的，对人民币也乐于收用。

1949年11月，解放后第一艘外轮驶抵厦门，英轮永兴号搭载300多名客人，并运来白蜡、柴油、汽油、肥田粉、棉油及汽车零件等工农业原料用品二百多吨以及来自美国、马来亚、香港等地方的27大件邮件，其中不少是侨信。

在市军管会、人民政府领导下，企业调动了积极性，工人提高了觉悟，大部分企业在短时间内恢复生产和经营。建福电池厂工友林重福说："本市解放后，我们都非常高兴，大家都明白，现在多做工，就是对社会多有益处，因而我们做工，也越来越起劲了。"厦门电灯厂工人陈宜中曾说："工厂被破坏了，我们更要团结，困难愈是艰巨，我们愈要努力克服它，这样不仅能使工厂迅速复业，而且我们的生活也就得到保障。"

表8-1　1950年厦门市各商店复业情况

类别	解放前原有家数	解放后复业	新开	转业	停业	现有家数
百货	168	141	4	1	14	130
绸布	67	70	4		7	67
粮食	331（包括六途）	144	85	13	7	209
旅栈	232	165			16	149
烟酒	166	154	3	5	13	139
烹饪	140	76	3		2	77
裁缝	114	119		2	9	108
柴炭	114	140	53	6	83	108
民信	93	71	31		30	72
金银器	93					
酱园	86	72	13	2	6	77
酒业	80	71	7		3	75
糕饼	77	79			6	73
理发	69	45	10		2	53
国药	66	70				70
棉纱	65	14				14

第八章　反封锁恢复生产，抗美援朝保家卫国

续表

类别	解放前原有家数	解放后 复业	解放后 新开	解放后 转业	解放后 停业	现有家数
进出口	65	44	5	4	1	44
五金	64	50			5	45
鞋业	58	68			2	66
旧货	58	52	10	4	5	53
纸业	57	72			26	46
新药	51	49	4	1	4	39
鲜果	50	40	11		8	43
京果	49	39			3	36
鱼商	48					
鱼牙行	28	28			2	26
人力客车	48	23				23
轮船	43					
豆干	42	49				49
茶业	42	37			3	34
驳船	36					
参药	35	37			2	35
木器	37	31				19
钟表	31	29				29
照相	31	24				24
制面	30	27				27
木业	29	15	3		2	16
印刷	26	19	5		3	21
红料	22					转工业
书籍文具	21	21	4			25
报关	20	17			1	16
猪牙	17	17	1			18

【209】

续表

类别	解放前原有家数	解放后复业	解放后新开	解放后转业	解放后停业	现有家数
人力货车	16					
蜜果	14	13			1	12
寿板	13	13				13
戏院	7	6				6
其他	188	152	2		2	152
总计	3217	2498	272	40	292	2438

说明：①解放前原有家数非会员不在内。
　　　②复业家数包括非会员。
　　　③现有家数根据已办理商业登记者，少数未登记者在外。

表 8-2　1950 年 2 月工业厂商复工情况

项目		原有家数	解放前数量	现已复工	尚未复工
公用事业	共计	5	5	5	
	自来水	1	1	1	
	电灯电力	2	2	2	
	电话	1	1	1	
	轮渡	1	1	1	
工业	共计	48	38	41	7
	织布	2	1	2	
	火柴	1		1	
	电池	6	5	5	1
	铸字制版	4	4	4	
	电锯木材	4	4	4	
	皮革	2	2	2	
	烟草	5	3	4	1
	制冰	3	3	3	

第八章 反封锁恢复生产,抗美援朝保家卫国

续表

	项目	原有家数	解放前数量	现已复工	尚未复工
工业	橡胶	1	1		
	机器修理	9	9	9	
	翻砂	2	2	2	
	制钉	2		1	1
	度量衡	1	1	1	
	五金铜器	1	1	1	
	糖果	2	1		
	罐头食品	2	1	1	
	榨油	1			1
	共计	28	21	20	8
作坊	酿酒	25	18	17	8
	米粉干	3	3	3	

国民党军占据台湾、金门等岛屿,利用海空优势,对厦门进行海上封锁,不时派飞机袭扰轰炸。一向支持蒋介石集团的美国,为打击新中国的经济建设,也联合一些国家对新中国进行封锁,对中国禁运物资、限制侨汇,甚至在海上公然拦劫来往中国的船只。刚刚解放的厦门,由于内外物资交流未能完全恢复,侨汇断绝,农村生产力未提高,市场的销路停滞,资金周转不灵,原料补给困难,多数工商业者存在严重的困难,经济形势非常严峻。

蒋介石集团在对厦门进行海上封锁的同时,还不断派出飞机对厦门进行袭扰轰炸,利用潜伏的特务在城市和农村对经济建设进行破坏,散播谣言。个别不法奸商在敌特煽动下,囤积居奇,哄抬物价,扰乱金融秩序,给解放初期厦门经济建设造成严重干扰。如,1949 年 11 月中旬,仅数日间,美钞由 4000 元,暴涨至 16000 元,棉纱由 1848000 元涨至 6587000 元,在 8 天中 20 支纱每件上涨 356%,大米上涨 366%。银圆黄牛出没街头巷尾,金银店、钱庄大肆活动,加重了解放初期物价波动,扰乱了市场秩序。

表 8-3　敌机活动统计表（1949 年 10 月至 1950 年 12 月）

时间	敌机数量	潜厦次数	思明区 投弹（颗）	思明区 扫射（次）	开元区 投弹（颗）	开元区 扫射（次）	鼓浪屿区 投弹（颗）	鼓浪屿区 扫射（次）	禾山区 投弹（颗）	禾山区 扫射（次）	沿海地区 投弹（颗）	沿海地区 扫射（次）
1949.10	1	2	3									
1949.11	3	8	2				6				5	
1949.12	1	2			3							
1950.1	1	2	4									
1950.2	1	2							2			
1950.3	6	13					4		5		8	
1950.5	4	8	4				2		5			
1950.6	1	2	4		5							
1950.8	9	14					2		3	2	5	6
1950.10	2	2										
1950.11	1	1										
1950.12	1	2										

　　为打破敌人的封锁，改变经济发展的不利局面，厦门市政府采取了一系列的措施：健全工商界组织，加强工商联筹会与各公会工作，发挥工商联筹会与各公会的桥梁作用，广泛展开宣传教育，提高工商界对新民主主义的各种政策的认识与了解，打破顾虑，转变经营中的消极观望态度；帮助工商界解决资金困难，公私银行组织联合贷款组，统一办理对工商界贷款事宜，调整贷款利息，鼓励企业吸收社会游资投入生产，打击游资投机作祟，稳定物价；搞好劳资关系，设立劳资协商会议，鼓励订立集体合同，动员工人主动团结资方，降低生活待遇，尽力维持生产，开展失业工人救济工作；改善工商业的经营管理，提高产品质量，减低成本；沟通城乡内外物资交流，保障原料物资供给，争取轮船进口，开辟陆路交通，出口工业与手工业产品，简化海关、贸易局、税务局等有关部门检验和纳税手续，开展对东北、华北的转口贸易等等。与此同时，人民政府还根据各行各业的具体情况，采取了相应的发展措施，改善经济运行状况，促进厦门社会

第八章 反封锁恢复生产，抗美援朝保家卫国

经济的发展。如在工业生产方面，卷烟在1950年1月份产量301箱，8月份达983.5箱，电池业产量5月份5713打，9月份达25281打；肥皂业产量1949年1月份1158箱，6月2131箱，8月份达4502箱。除了少数工业产品因季节性因素或特殊原因外，一般自7月份以后，产量都有增加。

稳定物价是当时一项十分重要的工作。物价波动直接影响市民、百姓生活，影响社会稳定。由于受全国性的物价波动影响，加上经济的特殊情形，厦门在解放初期物价也出现不稳定情况。在当时内外贸易不畅通的情况下，市贸易公司掌握的资源，如米、油、纱、布等，数量都不很多，市政府为稳定物价，在刚解放时主要采取的措施是对投机商人（如黄牛、银牛）等给予严厉的打击，贸易公司通过加强对市场的零售来稳定市场物价，使职工、城市贫民及公教人员不因物价波动而影响其生活。此后，随着贸易公司不断补充资金，扩大经营，稳定市场的力量不断增强。如在1950年二三月间，市场物价出现了两次较大波动，在这二次稳定物价的斗争中贸易公司及时配合金融、税收部门，增设零售处及代售机构，大量抛售物资，当时共抛出大米42万余斤、布615匹、纱33件、煤油175桶、面粉2491包及一部分生油、肥田粉，共回笼货币达79亿6千余万元，对稳定物价发挥了重要的作用。中央财经统一政策实施后，物价由涨而落，逐步趋向稳定。

表8-4　1950年1月至9月城乡主要物资交流情况

物资名称	内地流入	物资名称	销往内地
白米	119217担	棉纱	855件
生油	7190担	布匹	18766匹
柴	262145担	肥皂	15270箱
茶叶	30123担	电池	1114箱
红糖	18406担	肥田粉	180855包
黄豆	9964担	烧碱	2909担
煤油	2868桶		

为了冲破敌人的封锁，厦门市政府首先加强了城乡物资交流，通过市贸易公司组织工业品大量下乡，保证本市与闽南农村的供应不间断，并鼓励批发商积极贩运必需品来厦，调剂市场供求；同时贸易公司自己也按照自身的力量输送工业品、肥料、煤油与纱布给内地公司，通过内地公司取

得农产品供应本市，解除了多年的城市米荒，并在受到严重的封锁情况下，组织土产出口或转口（糖茶等），以此促进城乡间与地区间的物资交流。

其次，在对外贸易方面，为了争取土产出口及工农业原料与必需品的进口，保护、维持与恢复国内生产，厦门市政府加强了和厦门工商业者的联系，与他们共同商讨冲破敌人封锁、恢复海上交通、开展对外贸易的办法。厦门与香港的贸易关系向来密切，在开展对外贸易的过程中，厦门充分利用与香港的贸易关系，发动商人与香港商人开展贸易。1949年11月初，根据观察，台湾当局军队对沿海的封锁时紧时松，如果能利用间隙，是有可能突破封锁的。在经过几次夜间小船出航并取得成功之后，华祥号商行老板王清华首先用"金顺安"号机帆船运载本地土特产品冲破封锁，将货物运往香港，并运回一批化肥和燃油。首次出航成功后，厦门的船务行和进出口商信心大增，纷纷加入航运队伍。以纸箔业为例：厦门解放前夕，一些出口大户如聚泰、文记迁往香港，厦门的纸箔厂（场）陷于停顿。解放初期，厦门港口受到封锁，纸箔出口更是受到极为严重的阻滞。在解放后的数月间，厦门外销纸箔工厂在困难中维持的仅剩17家。为突破海上封锁造成的出口困境，外销纸箔业者在厦门市贸易局、工商局和军管会的鼓励及解放军炮舰的护航下，由出口商裕成行为首组织第一批装载纸箔的小轮船"美成号"突破封锁，安全抵达香港。以后陆续几批纸箔均以小轮船运输，虽然有时船沉货没，有时货物被劫，但未动摇纸箔业者的信心。东南亚各国的纸箔商见厦门纸箔能冲开封锁，源源不断地运出，非常兴奋。在新加坡，除原来经营纸箔的商号外，还新开设了两家规模甚大的纸箔商行，一是金门人吕水沟开设的兴南贸易公司，一是厦门人钱丰盛与人合办的一丰行，与厦门商行开展纸箔贸易，厦门外销纸箔业逐渐复苏。

在千方百计组织商船冲破敌人封锁的同时，厦门市政府、市工商联还采取了一系列措施鼓励进出口企业，照顾正当出进口商的利益。市人民政府依据华东对外贸易管理办法及本市具体情况，在对外贸易上的管理较为宽松，借以鼓励出进口商的积极性。在组织方面，1950年7月份市政府发布的合格的进出口商共205家（其中进口商167家），进出口兼营者91家（其中出口商39家），以后又陆续批准进出口商23家（专营出口的7家），进商30家。成立了对外贸易研究会，组织了以行业为主的出口和进口小组（如中西药、化工原料、五金电料等），通过这些组织，研究执行政策的具体办法，解决出进口贸易中的困难，并具体指导与组织进出口贸易。在管理办法及贸易方式与利润照顾方面，本着放宽尺度的精神，曾采用了一

第八章　反封锁恢复生产，抗美援朝保家卫国

系列办法，包括特许进口、联销、预估价格结汇、供给外汇、鼓励侨胞以自备外汇方式组织进口等。此外，还成立港务管理委员会（后改设码头行政管理处，并入航务局），统一管理港务及码头事宜，以利于出进口贸易的恢复。在反封锁过程中，厦门积极利用与香港的贸易关系来打破封锁，确定了背靠香港、面向东南亚的对外贸易方针，在反禁运、反封锁斗争中，利用香港把大批商品转口东南亚，以此逐步扩大厦门出口贸易。

为配合反封锁、反禁运斗争，厦门还对航线进行调整。厦门市航务局准许小型船舶行驶厦门至香港的航线。小型船舶主要运载货物出口香港。回程时多数空船经广州载运国内货物返厦。船舶出口时．厦门海关对船舶、船员及其用品实施检查，受理报关，然后造具监管检查情况通知书，封交九龙海关三门监管站，三门监管站根据厦门海关关封监管放行。船舶进口时，在三门监管站封舱，厦门海关根据三门监管站关封、进口载货清单、船员携带进口自用物品清单、封舱通知及货舱封志监管卸货。当时，小型船舶多系厦门—香港—广州三线运输，厦门海关监管办法力求与广州海关一致。

以上这些措施的落实，加上进出口商积极经营，我市在外贸方面克服了许多困难，初步取得了反封锁斗争的胜利。1950年，外轮停靠厦门港达533艘次，进出口货物为3.07万吨。从1949年11月到1950年9月间，全市出口计2038848元港币，其中茶叶占41.1%，干鲜果占34.4%，糖类占11.9%，其他占12.6%；进口计24772846元港币，其中化工原料占40.2%，石油类占10.9%，西药占10.1%，特许进口货物占16.8%，其他占22%。

在金融领域，中国人民银行厦门分行建立后，即根据"发展生产、繁荣经济"的城市政策，公布了有关法令、政策，对私营银钱业进行登记、审查，准予合法的私营银钱业复业。1949年十一二月份先后批准新华、中南、集友、国华等银行复业，继之中实、华侨、通商等银行也于1950年1月先后获准复业。1950年1月27日奉令核准中南、新华、华侨为本市指定银行，其中新华、中南两家为中行外汇代理行。接着国华、集友、中实先后获批为指定银行。在规范私营银行业务的同时，对于一些不正当的私营钱庄业则进行严格管理，禁止黑市买卖和捣乱金融秩序行为。为稳定金融，收缩银根，回笼货币，银行加强了现金管理，实行统一收支，开展代理金库、代收税款等业务，举办了折实储蓄，推行胜利折实公债。这些措施的实施，不仅稳定了金融秩序，也对平抑市场物价起到了很好的作用。

表8-5　1949年10月厦门侨批局

局　名	经理	局　名	经理	局　名	经理	局　名	经理
人和	许步恒	全裕	林铁城	建昌	陈台成	新生	林　实
大道	谢杰英	合昌	李际敏	南侨建设	陈潜真	新南	曾文才
大中	郭尚俭	利华	陈连捷	荣记	吴迪胜	瑞记	林世品
大有	林荣昌	林和泰	林本良	荣源	蔡德修	闽鸿	吴世铁
大罗	何扬明	和盛	黄渊泽	新亚	吴再钵	群众	李天保
大生	张懋修	和兴	林亲鉴	美兴	林谦逊	福通	许玉良
三春	李喜承	和昌	陈伴水	信达	洪　盛	福美	周西宫
太平洋	洪祖祉	昌元	皮荫芬	益群	蔡维暹	德成	陈本傅
天平	杜冠群	金淘	候和銮	隆吉	林朝云	德美	翁玉銮
友联	颜金鍊	恒利	陈振群	振安		侨通	廖子美
五洲	洪毓锦	信行	刘书源	达华	黄奕龙	侨源	陈文东
文记	曾文轨	信义安	施至钗	荣成	李清黎	侨兴	陈伯宽
永安	周景年	南通和记	吴迪述	远裕	白祯祥	兴源锦记	陈诗锦
永福	林清管	南兴	庄垂燕	慎德	黄世英	侨川	林怀英
永德行	陈德润	南丰	吴开添	联胜	陈秋月	德丰	郑国梁
民兴	骆水发	南大	施棱透	集裕	陈金映	兴光	黄焕祖
正大	郭尚霖	南侨	谢朝宅	源兴	李成田	汉昌	李川扬
正中	吴　楚	南友	梁祖银	联兴	刘益发	骆协成	骆佳森
同兴	杨静毅	建东	庄思明	源大	许谦盛	壁丰	陈金烈
光民	李文眉	建隆	吴道长	裕成	谢成寿	岭记	吴奕华
光大	黄起文	建兴锦记	王忠诗	华兴	骆清发	鸿美	洪作忠
仰昌	陈水成	建和	吕新光	义昌	洪　钟	鸿华	陈礽广
江南	柯子亮	建安	李钟庆	新永兴	陈云竹	谦记	许谋铨

第八章 反封锁恢复生产，抗美援朝保家卫国

争取侨汇是当时开展反禁运、反封锁的一项重要工作。厦门是重要的华侨出入口岸，华侨、侨眷、侨属众多，在历史上一直是侨批、侨汇的聚散地。侨汇是广大侨眷的生活来源，也是国家外汇的一个重要来源。解放初期，厦门对外海运未通，侨批、侨汇一度停顿，侨眷侨属生活受到严重影响。为了沟通侨汇，厦门市对侨批业采取团结与管理相结合的政策，在国外建立了国外联行、指行、信局的收汇网，在国内建立由信局、人行、邮局组成的解付网，通过迅速、周到的服务，赢得了侨胞和侨眷的信任，侨批、侨汇业务逐步恢复起来。为保护和照顾侨民利益，避免侨胞侨眷因汇价、物价波动而受损失，提倡原币汇款和侨汇原币存单的办法，银行签发了420323张的原币侨汇存单，保证了侨汇的实际购买力。侨批和侨汇业务的开展，在解决广大侨眷侨属生活的同时，也为厦门带来了可观的外汇收入，支援了当时的经济建设，特别是对取得反封锁斗争的胜利发挥了重要的作用。

经过近一年的努力，在全市人民的共同努力下，旧的半殖民地半封建的经济制度被清除，建立了新民主主义经济制度，财政收支接近平衡，通货停止膨胀，物价趋向稳定，经济状况有了极大的转变。

在城市经济逐步恢复的同时，农村也开展了轰轰烈烈的生产运动。禾山是本市仅有的一个市郊农业区。解放前，农民深受国民党政府及其保甲长的压迫和掠夺，过着暗无天日、牛马不如的生活。解放后，农民翻了身，开展了减租反霸，废除了保甲制，建立了农民自己当家的乡村政权，组织了农协、妇联。当家做主的农民以空前的热情和积极性投入到农业生产中。1950年，雨水比较均匀，适于耕作。在春耕下种到夏收夏种的过程中，农民组织了585个互助组，全部劳动力都投入了生产，做到了不荒一亩田。在发展生产过程中，政府也给予了大力的扶持，发放农贷帮助农民解决种子、肥料的困难，计春季80000余斤大米，夏贷1亿元。在生产中有些农民生活没法维持，政府还拨发了救济粮大米14000斤，解决了部分农民在青黄不接时候的生活困难。政治上翻身后的农民，在发展生产的同时，还迫切要求在文化上翻身，积极投身文化活动中。到1950年，全区中小学校共32所全部恢复上课，并增加了私立小学1所，农村补习班3个，民众夜校35个，妇女补习夜校两个，失学儿童班5个；另举办大众黑板报及快板5种，阅览室2个，大众图书馆1个及农友剧团1个，农村的文化教育得到初步的恢复和发展。

第二节　开展三反五反，打击贪污腐败

一、三反运动

　　1951年下半年，刚刚起步的新中国面临着内外部的双重压力。外部，抗美援朝战争即将取得胜利，中美双方进入边谈边战阶段。战事对物资、人力的大量需求，使得国内经济建设继续面临巨大的挑战。与此同时，美国在国际上各处施压，如阻挠中国在联合国取得的合法席位、通过对中国禁运的决议案等等，开展对中国的各种敌对活动。内部，一些铺张浪费乃至贪污腐败的现象日渐引起党中央的高度关注和警惕。

　　为了节约资金、支援朝鲜战场，同时发展国内建设，三反五反运动拉开帷幕。1951年10月，毛泽东在中共中央政治局扩大会议上提出重要战略方针："战争必须胜利，物价不许波动，生产仍须发展"，并提出5条具体解决办法：节约兵力，整训部队，全国兵员从610万减至465万；精简机关，缩编人员；紧缩开支，清理资财；提倡节约，严禁浪费；组训民兵，准备推行义务兵役制。[1]由此，一场广泛深入的爱国增产节约运动在全国开启了。

　　随着爱国增产节约运动的纵深推进，各地一些铺张浪费、贪污腐败、官僚主义的现象逐渐显露出来，甚至到了触目惊心的地步。1951年11月，一份来自东北局的情况汇报递到了毛泽东的手中。报告汇报了当时在东北开展的声势浩大的反对贪污蜕化、反对官僚主义运动，并将增产节约和反贪污斗争联系起来，引起毛泽东的重视。他批示道："为贯彻精兵简政、增产节约的中心任务，必须进行反对贪污、反对浪费和反对官僚主义的坚决斗争，东北的党，已在这方面走在先头，他们的经验可供全国仿办。"[2]

　　在此期间，各地反映地方官员贪污腐败的报告陆续上报，天津地委前任书记刘青山和时任书记兼专员张子善的贪污问题更是震动全国。深感在全国开展反对贪污、反对浪费和反对官僚主义的严重性和紧迫性，1951年12月1日，中共中央作出《关于精兵简政、增产节约、反对贪污、反对浪费、反对官僚主义的决定》，从中央到地方全面成立增产节约检查委员会。

　　接到中央指令后，厦门迅速行动。12月下旬，中共厦门市委发出《关于开展反贪污、反浪费、反官僚主义运动的指示》，部署全市三反运动。随

第八章　反封锁恢复生产，抗美援朝保家卫国

后，市长梁灵光、市委副书记林修德向市机关干部作动员，号召大家发动群众，坚决揭露和打击一切贪污浪费行为，严惩贪污蜕化分子，对广大干部进行深刻的自我教育和思想改造工作。[3]

1950年春和1950年冬，厦门在机关内部已经小范围地开展有关斗争，即整编节约运动和整风运动，揭发数十起贪污案件，但范围仅限于机关内部，并未扩展到群众层面。

厦门解放两年多来，绝大多数党员干部能够做到克己奉公、廉洁自律、艰苦朴素。但仍有一些干部思想松动，改造不彻底。譬如有的干部过去长期在农村艰苦环境里奋斗，接触城市新环境后，产生了居功自傲、贪图享受的思想，甚至走上贪污腐化的道路；一些新吸收的政府干部，因缺乏实际锻炼，没有完全树立起全心全意为人民服务的思想，也容易受到腐化思想的污染；还有一部分留用人员，未经彻底改造，仍沾染了旧社会的不良习气。再加上有关制度尚未健全，使得领导上的官僚主义作风仍然存在，而贪污腐败分子更是令国家和人民财产蒙受巨大的损失。

清除贪污浪费行为和官僚主义作风势在必行，也是增产节约的必经之路，而贪污浪费现象与私营工商业有着难以剥离的关系。解放后，仍有一些工商业者投机倒把、走私漏税，采取过去腐蚀政府官员的手段，行贿拉拢。在三反运动的动员阶段，厦门已经意识到在工商界开展相关工作的必要性。1951年12月31日，市长梁灵光在向市工商界代表传达省人民代表会议精神时，希望工商界要行动起来、自行坦白、检举贪污分子，这为此后开展五反运动做出了铺垫。十天后，厦门市工商界成立了反行贿、反偷漏税、反投机倒把工作委员会，1月12日，厦门市委召开全体党员大会，号召全市党员积极参加三反斗争，同时从市委开始进行领导检查。1月15日起，各部门进行领导检查，当天市委召开全市党员反贪污、反蜕化斗争大会。梁灵光市长代表市政府宣布接受市委纪律检查委员会的建议，将3人撤职并送司法机关依法严惩。梁灵光希望全体党员吸取沉痛教训，加强党性锻炼，警惕不拿枪的敌人糖衣炮弹的进攻。

经过第一阶段的思想酝酿和学习动员，一些三反运动期间须把握好的原则问题得到明确，其中包括领导要首先联系自己；要发动群众，做到言者无罪，告者不究；联系实际，做到从检查行为表现到查找思想根源等等。[4]

1952年1月下旬起到4月底，三反运动进入第二阶段，即检查坦白检举阶段。在此期间，经历了三场"打虎"战役。2月20日，在中山公园，

1952年1月15日《厦门日报》报道"反贪污"运动进展情况

全市机关干部三反坦白检举大会举行，当场宣布坦白彻底者从宽处理，抗拒坦白者扣押法办。大会在一天时间里捕捉到大、小"老虎"数十只，打响"打虎"第一战。此后，3月，又召开了市机关肃清贪污"限期坦白"大会；对百万元以下的小贪污分子进行处理；对已掌握材料又拒不坦白的贪污分子则集中力量穷追猛攻，促其坦白自新。3月21日，市节约检查委员会召开"打虎队"干部会议，总结、交流各单位的"打虎"经验，并对下期工作作出部署。

第三阶段则转入定案处理与建设阶段，具体时间约从1952年5月初到7月运动结束。4月7日，市委组织部、纪检会、法院、检察署、监委会等组成全市审查处理委员会，指定市府财政局、人民银行成立全市赃款赃物收缴机构。随后，通过召开退赃洗污大会，结合甄别定案，开展有组织、有计划的全面退赃。5月初又进行一次动员，反复进行甄别，组织人民法庭进行处理工作，反复说明省委指示的"批判从严、处理从宽、该严者严、该轻者轻，对于可处分可不处分者不予处分，可从轻者从轻，可开除可不开除者不予开除"的精神并严格执行，并结合整党工作，对犯有错误的人员进行党纪处分。

在核实定案处理阶段，厦门全市查出的贪污分子中，贪污1亿元（旧币）以上的1人，贪污千万元以上1亿元以下的56人，贪污百万元以上千万元以下的434人。对这些人员，根据情节轻重及坦白退赃情况，按照中央的政策，分别作出不同的处理。[5]

厦门的三反运动历时半年多，彻底解决和清除了严重的贪污浪费行为和官僚主义作风，挽救了一批犯错误的同志，教育了广大干部，各种腐败现象、浪费现象得到揭发和遏制。同时，三反运动也加强了党的自身建设和政府机构自身建设。

1952年6月初，厦门市广泛听取和收集各方的意见建议，为更加系统、全面地改进各项制度、建立新制度、提高工作效率而广纳良言。6月中旬，经过整编，确立新的编制，机构更加精简、干部相应调整、效率得到提升。例如，撤销了四个公安分局，以充实公安派出所及市公安局；抗美援朝分会、中苏友协、文联、学联、民主青联、体协等机构分别并入有关部门，节省了一批人力；文教、劳动、卫生等部门设立人事工作机构，财经、文教等部门得到加强，干部能够更好地学用一致、发挥作用。

更重要的是，机关中普遍出现了新的气象。旧社会恶习和资产阶级腐蚀得到抵制的同时，一股艰苦奋斗、节约朴素、廉洁奉公的风气在党内和全社会倡导和形成起来，党的威信得到提升。干部们的工作责任心、积极性普遍提高。比如，公安局户籍室盖2万本居民册印章的时间，由7天缩短到3天。节约现象频出，如《厦门日报》印报破损率由每天200份减少至5~6份；市政府合署单位的各项开支仅1952年1至4月，就比1951年12月减少了50%；三反运动以来，贸易公司储运科由于减少运费及加工损耗率，已为国家节约大米35万多斤。

二、五反运动

当三反运动大张旗鼓全面展开的时候，根据三反斗争揭露出来的大量问题，中共中央、毛泽东决定，在进行三反斗争的同时，开展反对不法资本家行贿、偷税漏税、盗骗国家资财、偷工减料、盗窃国家经济情报的五反斗争，以维护国家的经济建设，防止干部被腐蚀毒害。

1952年1月26日，中共中央发出毛泽东起草的《关于在大中城市开展五反斗争的指示》提出："在全国一切城市，首先在大城市和中等城市中，依靠工人阶级，团结守法的资产阶级及其他市民，向违法的资产阶级开展一个大规模的坚决的彻底的反对行贿、反对偷税漏税、反对盗骗国家资产、反对偷工减料和反对盗窃经济情报的斗争，以配合党政军民内部的反对贪污、反对浪费、反对官僚主义的斗争，现在是极为必要和极为适时的。"

厦门解放后，因港口被封锁，工商业萧条，私套外汇和非法买卖走私黄金银圆的行为，在解放后一段时间内普遍存在。这些不法商人普遍囤积黄金外币，或抽逃台湾甚至国外，或是以坐商为名，做行商投机生意。有些行业在国家委托加工和采购中，大量掺假、偷工减料，骗取非法暴利，甚至腐化国家机关、企业内部的工作人员，大量偷漏与盗骗，如贿赂税务干部从而偷漏税款。更有不法资本家贩卖毒品，制卖假药，兜售劣质菜种。违法行为较为严重的大行业包括肥杂、纱布、百货、国际贸易、西药、五金、侨批、茶叶、车辆修理、粮食加工、卷烟等。

中央的指示下达后，厦门市迅速作出部署，市节约检查委员会从重点行业抽调干部200余名，分别派到上述重点行业开展五反运动，原在市工商界发动开展的三反运动也根据中央的指示改为五反运动。

运动的具体经过及各阶段的主要工作：

第一阶段为1952年2月初到3月9日，一月初开始酝酿，二月初市节约检查委员会抽调干部200余人，在肥杂、纱布等11个重点行业开展五反运动。2月11日召开的全市工商界第一次五反坦白检举大会上，各行各业组织收听实况转播人数就超过四万人。大会号召全市人民尤其是工人、店员行动起来，彻底肃清资产阶级腐化堕落思想的影响，同时希望工商业者在这一过程中加强改造，以便在工人阶级和国营经济的领导下，遵守《共同纲领》，合法生产经营，更好地发展事业、发展生产。第一阶段举行了两次全市性坦白检举大会、大小的斗争会百余次，逮捕了个别不法资本家，对不法经营者施予强大压力，鼓舞了职工的斗志。不过，当时正值机关内部三反高潮，领导层面难以两头顾及，省委指示五反运动暂时中止，转入修整准备工作。

修整准备工作历时两个月左右，主要做了以下几项工作：一是举办训练班，进行阶级教育和政策策略教育，轮训工会干部积极分子、高级职员

第八章 反封锁恢复生产，抗美援朝保家卫国

和工作队干部，建立了五反工作队。二是进一步发动工人群众。在第一阶段的基础上，通过训练干部，有计划有步骤地分别在各行业举行大会，进行传达；组织座谈会等发动检举。三是分门别类整理材料。对掌握的职工检举资料、各种线索等进行梳理，进一步把握情况。

经过修整后，第二阶段的五反运动自5月17日开始，至7月25日结束。在这一阶段，有了前期较为充分的准备，同时从各有关业务部门抽调熟悉各行业情况的干部，经过对26个行业的试点，制定出较为完整的计划，对可能出现的偏向和困难进行预估。首先，召开会议全面动员，说明五反运动的方针、政策，宣布五项措施、七项纪律，并处理了典型违法户；会后，开展更广泛深入的宣传动员。其次，开展资方的互助互评与工人背靠背的督查把关，并结合重点检查和重点斗争。具体来说，各行业工商户的互助互评组都有五反工作队干部和熟悉业务的老工人、老店员参加，先由工商户自报违法事实，然后经小组讨论通过后，交以本单位为主的工人、店员审查。五反工作队广泛发动群众，以工人、店员为骨干，积极争取高级职员，从而形成以工人、店员为主体的五反统一战线。最后，转入复查核实定案。根据"斗争从严，处理从宽，应当严者严之，应当宽者宽之"的原则，开展定案处理，召开总结大会，实行劳资见面，做出结论。五反的核实定案一般采取自报公议、三审定案的方式，即先由工商户自报自评，而后提交工人审查提出意见，然后经协商再由市或区节约检查委员会定案。

对工商户的正确定案、适当处理，是五反斗争胜利结束的关键。整个过程正确掌握对工商户分类的标准，对于在政治经济上有重大意义者在划分类型上予以一定的照顾，同时遵照中央指示的退补比例数字，切实合理地核实定案。截至6月21日，全市46个行业结束核实定案工作，召开第二次总结大会。这一过程，形成了强大的五反统一战线。6月25日开始，为巩固与扩大五反运动胜利成果，在职工中开展三查一评与自觉交代。另外对劳资关系和公私关系及生产情况，进行全面深入调查。最后召开职工代表大会、工商界代表大会及工作队会议，教育职工主动团结资方搞好生产，并提出发展生产、搞好劳资关系的方案，建立"劳资两利"的劳资关系：资方应尊重工人的政治权利和工资福利等问题，而职工也应认真遵守劳动纪律，双方应通过劳资协商会议，以平等两利的精神，正确研究与解决劳资双方关系及本厂店生产经营问题。此举不但保证了军民物资的供应，更精准地掌握了全市私营工商业的情况，维持了广大群众的经济生活，获得了职工和社会各界的拥护，也使资方了解政府的政策，认识到政府旨在

对其进行改造从而团结一致更好地开展生产。

在五反运动中,广大干部职工群众表现出高度的组织性和纪律性,整个过程可谓迅速、正常、健康。全市在五反过程中,查出全部违法所得款为 949 亿元(旧币,行贿 14 亿不计在内)。在退补方面,按照"退补罚款后还能继续维持生产和经营"的原则,在退补方式上及退补时间给予一定的照顾,应补退 230 亿元。为了照顾海防前线工商业者的困难,鼓励他们合法经营,经报上级批准补退减为 119 亿元,并分期补退,从而有利于团结各方搞好生产,提高恢复生产的积极性,促使经济迅速恢复和发展。

经过五反运动,政府经济管理部门对全市私营工商业的内部情况、派系矛盾、资金数额、营业情况以及违法特点等,都有了进一步了解和掌握。国家税收得到了增强,1952 年上半年实征税额 456.67 亿元,比 1951 年同期增加 18.97%。更重要的是,经过这场运动,腐化堕落的思想受到鄙视,节约俭朴的作风得到赞扬,一种新的社会风气正在成长中。主要表现有:

生产上产生新气象。由于运动在一开始就强调五反、生产两不误,宣布五项措施七项纪律,运动的过程中也不断宣传政策,在斗争方式、划分类型、补退罚计算标准等方面,做到不太伤"感情",不妨碍生产。运动结束后,通过银行贷款和国营贸易公司的帮助,加上工人觉悟进一步提高,生产效率也进一步提升。因此,一部分影响国计民生的行业,生产经营出现新的气象。如大道肥皂厂,资方在五反运动中,从南洋调回资金 9 亿多元,该厂职工发挥积极性,6 月产量比 5 月增长 100%;同英布店职工建议资方采取薄利多销的方针,完成 6 月业务计划任务 2 亿元的 152.6%,打破往年淡季的惯例。肥杂、五金等十几个行业参加省物资交流大会,购销总额达 93 亿元,破历史纪录。

第三节 抗美援朝,保家卫国

1950 年 6 月,朝鲜内战爆发。美国立即打着联合国的旗号,公然实行武装干涉,并派遣海军第七舰队侵入台湾海峡。8 月 27 日起,美军飞机不断侵入中国领空进行侦察,台湾的蒋介石集团也乘机对大陆进行轰炸和扫射,造成财产损失、人员伤亡。10 月 7 日,美军越过三八线,向朝鲜北方

第八章 反封锁恢复生产，抗美援朝保家卫国

大举进犯，并迅速向朝中边境推进。

危急时刻，应朝鲜劳动党和政府的请求，中共中央和毛泽东做出了抗美援朝、保家卫国的重大决策。1950年10月19日，中国人民志愿军奉命开赴朝鲜战场，与朝鲜人民军并肩作战，在8个月内，先后连续进行5次大的战役，共歼敌23万余人，将战线稳定在三八线附近地区。1951年7月，朝鲜战争进入"边打边谈"阶段。经两年艰苦斗争，交战双方于1953年7月签署停战协定。

在此期间，随着美苏冷战全面展开，美国对日政策从遏制转为扶植，同时策动蒋介石集团骚扰大陆，派遣第七舰队入侵台湾海峡，插足我国领土台湾，进而把战火烧到我国东北边境。

1951年10月，毛泽东发出"增加生产，厉行节约，以支持中国人民志愿军"的号召，中央人民政府发出"开展爱国增产竞赛运动"的指示。全国人民抗美援朝运动的统一领导机构——中国人民保卫世界和平反对美国侵略委员会（简称"中国人民抗美援朝总会"）成立。

面对美帝国主义的罪恶行径，厦门全市各阶层群众奋起响应政府号召，掀起了轰轰烈烈的抗美援朝运动。

在中共厦门市委领导下，1950年7月25日，厦门成立中国人民反对美帝侵略台湾、朝鲜运动委员会厦门分会。随后于8月3日，举行了厦门市各界人民反对美国侵略台湾、朝鲜示威大游行。为推动抗美援朝运动向纵深发展，按照党中央统一部署，1950年11月12日，中国人民反对美国侵略台湾、朝鲜运动委员会厦门分会改名为中国人民保卫世界和平反对美国侵略委员会厦门分会，广泛开展"抗美援朝，保家卫国"的捐款活动。通过捐款活动，"抗美援朝，保家卫国"的战斗口号逐步深入人心，传遍全市各个角落。

一、增产节约支援前线

当时，尽管厦门的自身经济情况仍很困难，但厦门的抗美援朝活动不甘人后，一系列座谈会、讲座、各界人民抗美援朝保家卫国代表会议相继举行，在广大群众间掀起了一场全面而深入的爱国主义教育。这当中，爱国公约的订立是抗美援朝活动推向常态化的良好形式。

1951年6月1日，中国抗美援朝总会发出了《关于推行爱国公约，捐献飞机大炮和优待烈军属的号召》（时称"六一号召"），呼吁在全国普遍开

展订立爱国公约运动，要求全国人民抓紧并充分运用这一形势，进一步推进生产、工作和学习及其他各项革命斗争和建设事业；建议全国各界人民，各企业、机关、学校、街道和农村，结合业务，围绕抗美援朝运动，订出具体的爱国公约；还建议在性质相近的订约单位间开展实现爱国公约的竞赛运动。中国抗美援朝总会同时要求将爱国增产、捐献武器和优抚工作都订入各单位的爱国公约作为重要内容。各厂矿企业、机关、学校、街道、农村的各级组织以至各个家庭都从自己的实际出发，围绕抗美援朝运动制订出具体的爱国公约，并相应建立经常性的领导机构来监督和执行公约。

在厦门，各单位职工订立的爱国公约主要分为三种：一种是由工会组织，总工会和基层工会均订立爱国公约；一种是由整个厂组织订立厂约；还有一种则是以车间与生产小组为单位制定爱国公约——这是工人爱国公约最重要的组成部分。在农村，则以自然村、生产互助组、农户，或农会、妇女、民兵各级组织为单位；在城区，同样有家庭约、居民小组约等形式；在工商界，则主要由工商业工会组织，或由店、厂订立。至1951年，订立爱国公

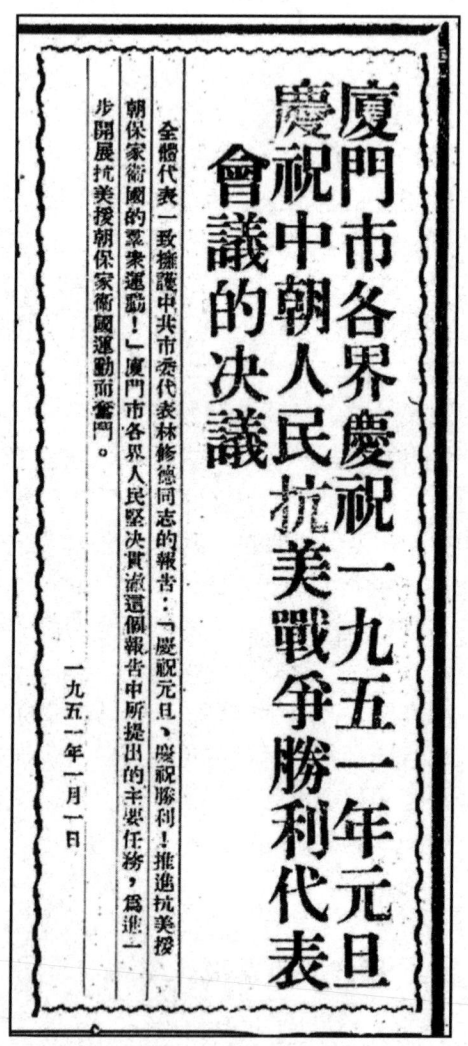

1951年1月7日《厦门日报》刊登的庆祝抗美援朝胜利的决议

第八章 反封锁恢复生产，抗美援朝保家卫国

约的基层单位达 3503 个。

爱国公约从订立到落实，可以说是一个摒弃形式主义、迈向脚踏实地的过程。1951 年，厦门抗美援朝第二次代表会议召开，会上大力宣传倡导，推动各单位的爱国公约落向实处，而不再只是贴在墙上、放进抽屉或送交上级的一纸文书。各个单位纷纷结合具体实际，反复检查、修改内容，将时事学习和实际工作结合起来，鼓励先进，帮助后进，真正使爱国公约成了广大群众的爱国行动纲领和发展生产的原动力。"什么是爱国"在这场运动中，有了具体可感的答案。群众纷纷说着："好好学习，就是爱国。""好好生产，就是爱国。"华康烟厂就是一个典型的例子。一开始，该厂早早地制定了爱国公约，但过后就将之"束之高阁"了。该厂随后对爱国公约进行修订，广泛动员干部，深入工人群体，树立模范典型。原本发电部的工人认为，该部门已改柴油机为木炭机，每天节省下了 40 多万元，无法再进一步节约了。经过动员学习，工人们绞尽脑汁，又想出了每日节省半磅机油、注意电力调配、保养机器等办法。就这样，爱国公约不再只是一纸空谈，而成为整个烟厂工人们节约生产的切实行动，而且节约出来的资金，15% 用来作为工人们合理化建议的奖金，85% 作为抗美援朝的捐献款项——这既增强了职工们的爱国主义精神，也使得生产气象一新，浪费减少、效率提升，工人们干劲更足了。烟厂经理不由感叹："过去总工会、工商局建议我们改善经营，我们一直当作空头口号，现在才知道依靠工人是能搞好生产的。"

类似的例子还有许多，例如厦门进明机器厂职工改良汽车木炭成功，使车速达汽油车的 90%；12 名市电信局的水线工人日夜抢修年久失修的高崎——集美海底线路，摘得了邮电部颁发的奖状和奖章；电灯公司改装木炭机，大大减少了燃料费，线路损耗从 22.6% 减到 20.9%，使公司扭亏为盈。禾山农民将爱国公约与生产救灾、抗旱防汛等相结合，发动互助互济，抢救地瓜苗超 16 万条，在抗旱过程中修筑了一批水坝，并纷纷订立增产计划进行捐献。

"抗美援朝，保家卫国"成为活跃在厦门各个生产战线工人和人民群众的自觉行动。而爱国公约的订立与践行，则大大提高人民的政治觉悟和爱国热忱，也为抗美援朝运动解决了一部分财政上的困难。要知道，彼时，厦门自身正处于十分困难和艰险的情势下，意图"反攻大陆"的蒋介石集团趁美国发动侵朝战争和美国海军第七舰队开入台湾海峡之机，频频派遣机群，对厦门进行袭扰破坏，还企图封锁厦门海运，断绝厦门的生产和生

活资料,可以说,厦门人民是在随时都会遇到敌机轰炸的十分危险的环境里,一边做着防空工作,一边拥军支前,一边坚持发展生产的。

二、宣传教育

广泛的宣传教育是抗美援朝运动的重要组成。在抗美援朝期间,志愿军曾三次归国向广大人民群众做报告,十几万厦门各界群众通过收听报告会,更加激发爱国主义和国际主义精神。

1950年11月14日,刚刚成立不久的厦门文联召开文艺工作者座谈会,发表《厦门文联为响应全国文联〈关于文艺界展开抗美援朝宣传工作的号召〉宣言》。在此后的一年时间里,开展以抗美援朝为中心的较大规模演唱、展览19次,演出、展出73场(天),创作了歌舞剧《一九五一颂》、歌剧《鸭绿江边》、话剧《美帝暴行图》、方言短剧《捐献飞机大炮》等,观众、听众约8万人。1951年元旦,厦门市还举行了抗美援朝文艺晚会。热情高涨的文艺工作者们不辞辛苦地参加排练、演出、教唱等活动,向群众进行爱国主义宣传,一批工人、教师文艺骨干也在这一过程中培养起来。[6]

各种学习座谈会广泛举行,大家追溯美国帝国主义的侵华历史,结合切身经历讲述帝国主义的残酷迫害。例如在侨联组织下,一些归侨侨眷在座谈会、控诉会中彼此交流了自身或亲属在国内、在南洋遭受日寇迫害的经历,联想到当前侨汇受阻,海外家人受到美帝国主义的迫害,以及美帝重新武装日本,都倍感愤怒,爱国之情更为浓烈。知识分子和干部中部分存在的"亲美、崇美、恐美"的思想也得到进一步纠正。比如,厦门大学组织师生员工尤其是老教师通过学习,进一步树立了民族自尊心和民族自信心。厦门大学校长、著名的马克思主义经济学家王亚南在校刊《新厦大》第31期发表了《一九五二年是我们的思想改造年》一文,希望全校师生员工把改造人生观问题提到应有的高度,并且指出"在时代的鞭策及中国共产党的领导和教育下,只要我们下大决心,团结互助地努力工作,我们是定能改造过来的。"

抗美援朝报告会是当时进行宣传教育的重要方式,其影响范围深广且直接。厦门曾多次举行大规模的抗美援朝报告会。仅1951年,就举行了欢迎中国人民志愿军代表董乐辅向厦门各界干部和群众3万余人报告抗美援朝英雄事迹的大会、厦门各界群众听取赴朝慰问团代表报告的集会、厦门市各界代表庆祝中国人民志愿军出国作战一周年暨厦门解放两周年大会、中国人民志愿军战斗英雄徐文炳和反坦克英雄谭炳云等报告志愿军英雄事迹的宣传教育活动、厦门各界代表庆祝元旦暨听取中国人民志愿军战斗英雄事迹的报告会等，都在社会上扩大了抗美援朝的爱国主义教育面，其影响深入厦门大街小巷，可谓家喻户晓、妇孺皆知。

1951年，15万人听取了志愿军代表、赴朝鲜慰问团代表等的报告后，全市人民掀起了抗美援朝新的高潮。鼓浪屿有位老人，听了报告后，捐出了自己3万元的积蓄，说"美国鬼子这么凶，让它到来就不堪设想了"。1952年元旦，厦门市举行庆祝元旦暨欢迎中国人民志愿军战斗英雄报告大会，厦门各界均收听了大会实况广播。出席大会者700余人，收听大会实况广播者超过17万人。此外，在抗美援朝运动期间，厦门各界群众更曾多次举行抗美援朝的示威游行，如厦门市妇女界"反对美帝武装日本，拥护世界和平"的示威游行、厦门市军民"保卫和平、巩固海防"的大规模示威游行、厦门市教育界抗美援朝示威游行等。

厦门市委、市政府还通过各种全市性会议进行抗美援朝的宣传教育，对这一运动的广泛发动和纵深发展，起了重要的指导作用。1951年9月的第一届工会会员代表大会，号召全市工人阶级继续为抗美援朝作出新的贡献；1952年10月，厦门市第二届第二次人民代表会议通过了《继续加强抗美援朝的决议》。[7]

三、赴朝参战，拥军优属

抗美援朝战争开始后，中国人民解放军第27军奉命编为中国人民志愿军入朝作战，军长彭德清是同安彭厝村人，这支队伍中有不少战士也来自彭厝村。在近两年的抗美援朝战争中，彭德清率领的第27军共歼敌2.1万余人，击毁和缴获各种火炮375门，枪支5835支，击毁坦克40辆，击落飞机69架，圆满完成了祖国人民赋予的抗美援朝作战任务。[8]

抗美援朝开始后，满腔热血的厦门青年和指战员纷纷要求参加中国人民志愿军。例如，厦门大学的师生们闻悉军干校正为国防需要招生，当即有的写志愿书，有的写血书，争相报名，最终41名同学获准入校。1951年初，得知美帝国主义侵朝军队公然使用细菌战，师生们又致信中国人民抗美援朝总会福建分会，要求赴朝参加战斗。[9]

1950年12月22日，中央人民政府内务部、人民革命军事委员会总政治部发布了《关于开展拥政爱民拥军优属运动的指示》，同时公布了五项优抚条例。为使优抚工作落到实处，在厦门，许多群众订立的爱国公约中，都包含有帮助军队、优待军烈属的内容。厦门市党委政府除了组织慰问伤病员外，还帮助军烈属介绍职业、组织生产，帮助农村军烈属进行代耕等，以解决其因劳力不足造成的生产困难。

四、捐献运动，慷慨解囊

在抗美援朝运动中，厦门各行各业的人们积极行动起来，踊跃捐献，汇成了汹涌的爱国洪流。1950年11月27日，厦门各界正式发动"抗美援朝，保家卫国"捐款活动，宣传中强调捐献必须以自愿为原则，并有效地与增长节约、工作学习相结合。次年2月1日，厦门人民捐赠中国人民志愿军和朝鲜人民军大批慰问品，其中有慰问金5900余万元（旧人民币）、慰问信11000多封和其他的慰问品19大袋运往朝鲜。可以说，在抗美援朝期间，厦门人民有钱的出钱，无钱的出粮，大家各尽所能，向中国人民志愿军单位和个人捐款捐物。

在工商界，大家一方面积极集体纳税，例如缴清了1950年"尾欠"，厦门成为"无尾欠"的光荣城市；一方面慷慨解囊，不少归侨在工商界参加捐献后，还主动表示愿在侨联单位另外参加捐献。许多的海外侨胞避过蒋介石集团的监视封锁，冒险汇来捐款。侨领陈嘉庚在南洋发动爱国华侨募捐飞机的工作卓有成效。许多老百姓将自己心爱的东西献给了志愿军，大家有的以戒烟节约捐献，有的捐献薪水、大米，更有人将自己结婚29年不离身的金链子捐献了出来。

当全国抗美援朝运动汹涌澎湃之际，1951年北京侨联会发出建议，于2月21日（即反对殖民地斗争日）在全国范围内的归侨举行反对美帝重新武装日本单独对日媾和的大示威。这一建议立即得到厦门归国华侨的响应，当天，3000多人参加了示威游行，其中以侨眷居多。他们中有年迈的老人，有带着孩子的家庭妇女，也有从三四十里外赶来参加的缅甸归侨。

随着抗美援朝战事的推进，中国人民志愿军与朝鲜军队并肩战斗，在8个月内先后连续发动5次大的战役并取得胜利，共歼敌23万余人，将战线稳定在三八线附近地区。不甘失败的美国侵略者，在同中朝方面谈判的同时，又从我人民志愿军后方和运输补给线入手，发起"绞杀战"。然而，我军以无比坚强的毅力组成了一条炸不烂、打不垮的钢铁运输线。在这种情

第八章　反封锁恢复生产，抗美援朝保家卫国

1951年5月1日《厦门日报》有关我市开展抗美援朝运动的报道

况下，全国各地进一步开展了"献机"运动，厦门人民热烈响应，把抗美援朝的捐献活动推进到新阶段。

1951年6月7日，厦门市抗美援朝分会发出了关于开展捐献飞机大炮运动的通知，在最初发起捐献飞机大炮的时候，全市原本的计划是捐献四架战斗机，但到了1951年底，厦门市各界群众捐款数额折合战斗机5架。在蒋介石的炮火骚扰下，在恢复生产的艰苦环境中，全市人民仍然超额捐款，足见对祖国的热爱之情。

除了捐献慰问金和飞机大炮，在春节等日子里，厦门人民还向人民解放军和中国人民志愿军献出慰劳品、寄送慰问信及贺年片……抗美援朝三年，厦门各界人民的爱国捐献和慰问金共计约7.6亿元（旧币），向志愿军等写去慰问信两万多封，缔结出更为深厚的军民鱼水情。与此同时，这种以订立爱国公约，捐献、增产、节约为主要内容的具体的爱国主义行动，对于增强我国的国防力量、增加工农业生产、保持物价稳定、提高工作效率等起了重大作用。

往后数年，随着厦门对农业、手工业和资本主义工商业的社会主义改造的全面展开与完成，厦门的经济社会完成了从新民主主义向社会主义的历史过渡，社会主义基本制度已经在厦门建立，为下一阶段厦门城市进一步发展打下基础。

注释：

[1] 刘一：《建国初期"三反""五反"运动与当前反腐败斗争比较研究》，首都经济贸易大学硕士学位论文，2017年，第9页。

[2] 吴钰：《三反五反运动纪实》，东方出版社2014年版，第55页。

[3] 中共厦门市委党史研究室：《中国共产党厦门历史（1949—1978）》，中共党史出版社2013年版，第90页。

[4] 中共厦门市委党史研究室：《中国共产党厦门历史（1949—1978）》，中共党史出版社2013年版，第91页。

[5] 中共厦门市委党史研究室：《中国共产党厦门历史（1949—1978）》，中共党史出版社2013年版，第97页。

[6]《厦门文联成立初期活动纪实》，《厦门文学》2010第8期，第48~49页。

[7] 中共厦门市委党史研究室：《中国共产党厦门历史（1949—1978）》，中共党史出版社2013年版，第80页。

[8] 陈骞：《彭德清将军二三事》，《中国公路》1999第15期，第12~15页。

[9] 中共厦门市委党史研究室：《中国共产党厦门历史（1949—1978）》，中共党史出版社2013年版，第80页。

参考文献

洪卜仁主编：《厦门抗战岁月》，厦门：厦门大学出版社，2015年12月。

李正编著：《踏浪东海——第三野战军解放东南纪实》，北京：国防大学出版社，1999年9月。

吴兴镛：《黄金密档——1949年大陆黄金运台始末》，南京：江苏人民出版社，2009年。

吴钰：《三反五反运动纪实》，北京：东方出版社，2014年。

厦门市档案局、厦门市档案馆编：《近代厦门经济档案资料》，厦门：厦门大学出版社，1997年5月。

厦门市档案局、厦门市档案馆编：《厦门抗日战争档案资料》，厦门：厦门大学出版社，1997年。

厦门市档案馆、厦门总商会编：《厦门商会档案史料选编》，厦门：鹭江出版社，1993年7月。

厦门市档案局（馆）编：《厦门解放》，厦门：厦门大学出版社，2002年3月。

厦门市政法志编委会编：《厦门政法史实（晚清民国部分）》，厦门：鹭江出版社，1989年。

厦门市总工会编：《厦门工人运动史》，厦门：厦门大学出版社，1991年。

中共福建省委党史研究室著：《中共福建地方史（社会主义时期）》，北京：中央文献出版社，2008年9月。

中共厦门市委党史研究室编：《漳厦战役》，北京：中央文献出版社，1994年8月。

中共厦门市委党史研究室编：《厦门烈士》，北京：中央文献出版社，1999年5月。

中共厦门市委党史研究室著：《中共厦门地方史——新民主主义革命时期》，北京：中央文献出版社，1999年8月。

中共厦门市委党史研究室著：《鹭岛新生——厦门城市接管与社会改造》，北京：中央文献出版社，1997年3月。

中共厦门市委党史研究室著：《风雨鹭江——厦门闽中地下党的回忆与史料》，北京：中央文献出版社，2000年8月。

中共厦门市委党史研究室著：《中国共产党厦门历史（1949—1978）》，北京：中共党史出版社，2013年11月。

中共厦门市委党史研究室著：《中共厦门地方史专题研究：社会主义时期》，北京：中共党史出版社，2004年12月。

中共厦门市委党史研究室著：《中共厦门地方史大事记》，北京：中共党史出版社，2002年12月。

中共厦门市委党史研究室、厦门市档案局（馆）编：《中国共产党厦门市历次代表大会重要文献选编》，北京：中共党史出版社，2007年11月。

中共厦门市委宣传部编：《新中国五十年的厦门》，厦门：鹭江出版社，1999年9月。

中共厦门市委宣传部、厦门市社会科学界联合会编：《口述历史：亲历厦门解放》，厦门：厦门大学出版社，2009年9月。

中共厦门市委组织部、中共厦门市党史办公室、厦门市档案馆编：《中国共产党福建省厦门市组织史资料》，福州：福建人民出版社，1989年12月。

【后记】

在中华人民共和国成立70周年和厦门解放70周年之际，编撰出版《厦门解放前后》一书，可作为一个特别的献礼。

本书的编撰工作，早在2017年就已启动。厦门市政协特邀研究员洪卜仁先生主编厦门文史丛书，特别注重历史与现实的紧密联系，善于捕捉时代的脉动。当时他已经意识到新中国成立70周年庆典，是一个抚今追昔，缅怀革命先烈，回顾新中国成立初期建立社会治理新体制的好时机。怀着强烈的责任感，他制定了编撰计划，得到了市政协领导的支持。遗憾的是，年逾九旬还在从事政协文史工作的洪老先生，痛于2019年5月20日因病去世，本书的编写就此耽搁了一段时间。完成洪老先生未竟的工作，成了我们义不容辞的分内事。

根据原定工作安排，朱平、吴仰荣、叶舒雯、王科武等同志分别编写第一、二章，第四、五、八章（第一节），第六章、第八章（第二、三节）和第三、七章。图片及部分资料，得到了厦门日报社、厦门市档案局、厦门市档案馆、厦门市图书馆等单位的大力支持。

十年前,洪卜仁先生主编的厦门文史丛书,曾出版过《厦门60年纪事》,采用编年纪事体,反映厦门解放后60年的600件要事。今天出版的《厦门解放前后》,则用叙事的手法,聚焦厦门解放前后的那一段特别岁月,前至抗战胜利之初,后到厦门解放新政权建立后的20世纪50年代初期。这是厦门发生翻天覆地变化的一个重要历史节点,厦门文史丛书理应为此浓墨重彩地加以回溯。

然而,70年过去了。感受抗战胜利喜悦、经历新社会翻身作主的那批人,多已老去;当年浴血奋战的革命先辈、参与厦门解放初期建设的老一辈,多已进入耄耋之年。要重新为这一段时光编写一本历史读物,难度不小。我们翻阅前辈的口述历史,参考《中国共产党厦门历史(1949—1978)》《厦门解放》等文献资料,对重要历史事件的史实进行比对和梳理,订正之前有关出版物的一些疏漏,补充了一些新的史料。但限于时间和水平,不免存有遗漏和谬误,恳请读者朋友不吝指正。

编者
2019年11月